于是集

梅剑华 著

华夏出版社

献给外祖父梅大沛先生

目 录

序 / 001

第一部分 读书

柏格森与爱因斯坦的时间之争 / 003
七种武器：从罗素、维特根斯坦到克里普克 / 010
一次被忽视的因果革命 / 030
自我是个幻觉？ / 046
为学不作媚时语 / 053
极端的理论与合理的解释 / 065
从日常感知开始探究意识 / 074
走出笛卡尔 / 085
从北大的知识论研究传统说起 / 091
知识是社会的 / 098
"自从了解了人，我就爱上了动物" / 103
《庄子》的异域读解激活古老思想 / 106
爱读书，更"爱思想" / 109

第二部分　追忆

阿姆斯特朗：澳大利亚最伟大的哲学家？　　　／ 125

普特南：变与不变之间　　　／ 129

怀特：哲学乃根本之学　　　／ 137

金在权：几乎接近真相　　　／ 141

克里普克：20世纪分析哲学最后一个标志性人物走了　　　／ 145

法兰克福：别无选择，仍需负责　　　／ 149

虚云："法无高下，贵在契机"　　　／ 153

王国维：可爱与可信的两难　　　／ 156

郭沫若："地下发掘出的材料每每是决定问题的关键"　　　／ 160

沈有鼎："研究《墨经》的不二人选"　　　／ 165

洪谦：断定根本上是一种体验　　　／ 168

庞朴：一分为三的辩证法　　　／ 171

赵已然：用生命歌唱的西北汉子　　　／ 175

金庸：武侠与武道　　　／ 181

朱高正：豪侠式的人物　　　／ 188

曾自卫：有谁走在正确的路上　　　／ 191

李泽厚：八零后的精神遗产　　　／ 193

于振立：从"山海精"到《山海经》　　　／ 216

第三部分　对话

前奇点时代的地方性困惑　　　　　　　　/ 223
哲学和科学的交汇　　　　　　　　　　　/ 246
哲学家也做实验?　　　　　　　　　　　/ 250

第四部分　行动

程广云和他逝去的江湖　　　　　　　　　/ 275
哲学合作社　　　　　　　　　　　　　　/ 292
越界：从尼采到实验哲学　　　　　　　　/ 298
一切诚念终将相遇　　　　　　　　　　　/ 309
行动让生命有意义　　　　　　　　　　　/ 313

第五部分　追问

学哲学面临的困境　　　　　　　　　　　/ 321
上帝无处不在?　　　　　　　　　　　　/ 329
虚拟的世界是真实的吗?　　　　　　　　/ 334

因果追责与疫情叙事　　　　　　　　　　　／ 344

解释鸿沟是可解释的吗？　　　　　　　　　／ 352

自由意志之惑　　　　　　　　　　　　　　／ 362

后记　　　　　　　　　　　　　　　　　／ 369

序

在《河边的错误》里，余华经常使用"于是"这个语词，把彼此没有因果的事情联系在一起：

"没跑出多远她就摔在地上，于是她惊慌地哭了起来。"

"局长走来，于是两个人便朝河边慢慢地走过去。"

"这个时候，马哲又听到了那曾听到过的水声。于是他提起右脚轻轻踢开了鹅，往前走过去。"

"那时父亲正在打麻将，他看到父亲的朋友都朝着他嘻嘻地笑。于是他就走到角落里，搬了一把椅子在暗处坐了下来。"

评论家梅雪风先生敏锐地注意到这个用法：

"这两个字，当然是余华的一种惯用词汇，但当它被用在诸多看起来并没有因果关系的惯常性动作当中时，整个句子以及整部小说呈现出一种奇异的质感，它让这些人物看起来都像某种牵线木偶，他们不得不这样做，于是他们又一次这样做了。这种句式让余华小说的每一个细部都充满着随机而又带着某种决定论的气息。"

在汉语里，"于是"可作连词，承上启下，也有"如此、此时"之意。

当我读到雪风先生的这段评论时，突然被点醒了。生活中充满偶然，却又冥冥之中自有定数。那遥远的命运之神看我努力冲撞，一切不过在其掌控之中。我们言之凿凿的那些因果，不过是自以为是的偏见。

五年前的一个下午，四月的北京还有一些沙尘暴，天空阴霾。朱岳领着我穿过德胜门的地下通道，走进西边的高楼里。在某一高层，我们钻出电梯，绕过古色古香的家具、郁郁葱葱的绿植和各种摆放时尚杂志的书架，见到了一位文化刊物的主编。忘记为何而来，也忘记谈过什么，但是彼此加了微信。那天，主编给我推荐了曹轩宾的《送元二使安西》，在还能喝醉的时候，我在朋友圈发了这首歌。后来，她给我推荐了这位梅姓本家。再后来，她出国了，久不联系，微信的名字也忘却了。但她推荐的梅雪风老师留在了我的微信朋友圈。于是，我看到了他的影评——"《河边的错误》避开了余华小说里最重要的东西"。

于是，我想到用《于是集》来作为这本小书的名字。

是为序。

梅剑华

2023 年 12 月 6 日于德胜门东

第一部分

读书

能够忍受枯燥乏味的人,一定可以潜心学术。
强大的内心世界,单调的现实生活。

柏格森与爱因斯坦的时间之争[①]

讨论时间问题的人,无不从奥古斯丁的那句名言开始:"时间究竟是什么?没有人问我,我倒清楚;有人问我,我想说明,便茫然不解了。"这话耐人寻味。自有人类文明以来,我们从四季轮回、日夜更替中理解时间。进入工业文明以后,我们从时钟、手表、电脑上读出时间。日常感知塑形了人类的时间认知,以至于当有人请爱因斯坦通俗地讲解相对论中的时间时,他幽默地用了一个众所周知的例子:"一个男人和一位美女对坐一个小时,会觉得似乎只过了一分钟;但如果让他坐在火炉上一分钟,那么他会觉得似乎过了不止一个小时。这就是相对论。"这是一个美丽的故事,似乎也展现了爱因斯坦浪漫不羁的公众形象。

作为20世纪物理基础观念的革新者,爱因斯坦对欧洲哲学(康德、马赫等)并不陌生;作为当代欧洲思想界的领袖,柏格森对当时

[①] 本文是为《柏格森与爱因斯坦的时间之争》所写的书评。吉梅纳·卡纳莱丝:《柏格森与爱因斯坦的时间之争》,孙增林译,漓江出版社,2019年。

的科学亦有深入理解。长期以来,时空问题就是科学家、哲学家共同关注的话题。种种机缘促成了1922年4月6日爱因斯坦与柏格森在巴黎的会面。

双方争议的焦点是如何理解时间,当时柏格森发表讲话提出:物理时间之外尚存在哲学时间,哲学时间和爱因斯坦相对论中的时空观并不冲突。爱因斯坦则针锋相对,说了一句广为人知的话:"哲学家的时间并不存在",只存在物理时间。这是20世纪哲学家和科学家之间最为重要的一次争论,究竟谁拥有对时间本性的最终发言权,回答这一问题殊非易事。

那次历史性的会面由法国哲学学会组织,彼时,柏格森早已名满天下,而爱因斯坦的影响力则远逊于柏格森。在1889年出版的《论意识的直接材料》中,柏格森便发现时间并非抽象的形式,而是与生命和自我黏连在一起的实体——这成了他获得1927年诺贝尔文学奖的重要原因。"他称时间为'绵延'(duration)……所谓的绵延可以通过集中的内省而意识到,所以它是由外而内的向心意识","我们通常所谓的时间,与绵延完全不同,那是以钟表的机械运动或太阳的运行过程来测定的。这种时间只是由精神和行动所构成的形式……只适用于空间的形式"。这一授奖词明确支持柏格森的立场:不存在唯一的对时间的理解。而在爱因斯坦看来,有且只有一种时间——物理时间。柏格森因此指责爱因斯坦,"一种嫁接在科学之上的形而上学不是科学"。

柏格森虽然对自己的时间观念持之不疑,但他花了很大气力研读了爱因斯坦的相对论,甚至"比爱因斯坦还爱因斯坦"。在他看来,绵延的时间观念和爱因斯坦的实验结果并不冲突。不能仅从科学的角度理解时间，必须以哲学的方式对其加以理解。对此，爱因斯坦的回答很简单：可以从物理学理解时间，也可以从心理学理解时间，但并没有所谓的哲学时间。从爱因斯坦的视角去理解柏格森，他只会认为柏格森的贡献不过是让心理学时间客观化了。

对于当时的智识界来说，既存在爱因斯坦发现的"宇宙时间"，也存在柏格森捍卫的"我们生活的时间"。欧洲智识阶层不能接受这种完全以科学为主导的哲学，他们既想接受爱因斯坦的时间观念，也想保留柏格森的时间观念，这就是柏格森和爱因斯坦巴黎会面时的时代思想氛围。

会面后不久，爱因斯坦获得了诺贝尔奖，但却是因为发现了光电效应，而非相对论。获奖通知书上写道："在昨天的会议上，皇家科学院决定把去年（1921年）的诺贝尔物理学奖授予您，理由是您在理论物理学方面的研究，尤其是您发现了光电效应定律，但是没有考虑您的相对论和引力理论的价值，将来这些理论得到确认后再考虑。"除了当时相对论缺乏实验验证，柏格森对爱因斯坦的批评不能不说是一个重要的影响因素。这放在科技成为主导思想范式的当今来看，不啻天方夜谭，哲学家怎么可能对科学家的评奖产生影响呢？

自此之后，柏格森的影响力日渐衰弱，而爱因斯坦的影响力逐渐上升，终成神话。在柏格森之后，虽然也有哲学家获得诺贝尔文学奖——罗素在1950年获诺贝尔文学奖，因为"他的作品持续不断地追求人道主义理想和思想自由"；加缪在1957年获诺贝尔文学奖，因为"他的重要文学作品透彻认真地阐明了当代人良心所面临的问题"；萨特在1964年获诺贝尔文学奖，因为"他的作品理念丰富，充满自由的精神和对真理的探求，对我们的时代产生了广泛的影响"……但是，他们所涉及的话题已不再是哲学家和科学家可以共同探索的主题了。

哲学与科学分道而行，哲学家此后只该关注自由、良心、理想这样的精神话题，或者追随科学家从事科学化的哲学研究。哲学与科学、人文学科与自然科学的区分和撕裂，成为20世纪最重要的思想事件。1992年5月，牛津大学授予德里达荣誉博士，由分析哲学杂志《一元论者》(The Monist)的编辑B.史密斯起草、著名哲学家奎因和阿姆斯特朗等人签名的信件发布在5月9号的《泰晤士报》上，对德里达的"反理性哲学"进行攻击，试图阻止其获得荣誉博士。爱因斯坦和柏格森的世纪之争在哲学圈内部换了一种方式重演。

科学史学者吉梅纳·卡纳莱丝（Jimena Canales）的著作《爱因斯坦与柏格森之辩：改变我们时间观念的跨学科争锋》，以1922年4月6日的双雄会为契机，展开了对20世纪最为重要的科学与哲学之争的历史探索。

他们相遇那一年，爱因斯坦42岁，正当盛年；柏格森62岁，正值哲学家的黄金时期。爱因斯坦执着于追求宇宙的统一性，柏格森则认为宇宙处于永无休止的变化中，哲学应探索流变、偶然和宇宙不可预测的本性，以及人类在其中的位置。在柏格森看来，物理学本身并不能回答他的问题。柏格森反复强调，他不想质疑任何科学结论，不关注物理学家小写的时间，他选择用"绵延"来强调他所关注的时间的特性。

在这里，我们有必要区分科学主义和科学精神，读者不妨把对物理学结论做过度引申看作科学主义，坚持对物理学结论进行有限制的理解才是恰当的科学精神。这种区分，实际上也带来了科学和哲学的区分。1750年时，狄德罗仍然宣称"哲学"和"科学"是同义词；1843年，焦耳的《关于电磁的热效应和热的功值》发表在英国《哲学杂志》上，1850年他又将热功当量的主要实验结论发表在英国皇家学会的《哲学学报》上。曾经，哲学和科学之间并没有严格的区分，而柏格森和爱因斯坦之争不仅让哲学和科学的区分变得更加明显，甚至加深了哲学内部的分裂——逻辑实证主义者卡尔纳普对海德格尔的批评、分析哲学内部自然化哲学与概念化哲学的区分、欧陆哲学和英美哲学的区分等。

在这场巴黎相会的前后数十年，欧洲有无数科学家、哲学家卷入到相对论的争论中来。法国数学家、科学家彭加勒是柏格森的支持者。吊诡的是，爱因斯坦阅读了几乎所有彭加勒的著作，因为彭加勒的理论距离相对论只有几步之遥。在法国，哲学和科学的交融有悠久的传统，法国哲学学会甚至用哲学化的科学（Philosophical Science）来理解其宗旨。即便是当今法国哲学家巴迪欧，其思想核心也是数学本体论，运用集合论构建其本体论。

彭加勒和柏格森都反对笛卡尔式的永恒真理，尤其反对那种用机械论方式解决所有问题的哲学。洛伦茨、彭加勒、迈克尔逊这些离爱因斯坦相对论最近的科学家，并未选择支持爱因斯坦。相反，他们认为相对论是可以接受的，但不是必须接受的。迈克尔逊的实验结果被认为直接证明了爱因斯坦的时间观，但他本人认为，完全可以不同的方式理解实验结果。

郎之万是首先支持爱因斯坦的法国科学家，此外还有德国哲学家恩斯特·卡西尔。卡西尔不仅支持爱因斯坦,还在自己的著作中对柏格森评价甚低,他坚定地站在康德、爱因斯坦一边,把科学的形而上学视作根本。卡西尔把柏格森和海德格尔划归同类,"在他们的思想中发现了欧洲知识界衰败的根源"。在弗里德曼教授《分道而行:卡尔纳普、卡西尔和海德格尔》这部哲学编史学名著之中,弗里德曼回顾了1929年卡西尔与海德格尔的达沃斯之会。双方围绕如何理解康德展开了争论,自此之后分析哲学和欧陆哲学分道而行。

作为新一代欧洲哲学家,海德格尔虽然和柏格森一样反驳对时间的度量和空间化理解,但他不再像柏格森一样去和科学家争论时间的本质,而是追问究竟是什么造就了时间。"与其说人类生活发生在时间之中,毋宁说人类生活就是时间本身。"[1]海德格尔着眼于"日常性",他的时间既不全是时钟时间,也不全是生命时间,而是二者的结合。时间和我们的日常感知交织在一起,当我们"烦"的时候,"一个人就会感觉不到时间,仿佛被驱逐出了时间之流"。但愉悦之时,又何尝不是如此?这不免让我们想起爱因斯坦关于相对论的比喻。在日常感知之中,也许他"比海德格尔还要海德格尔"。

这场世纪之争背后涉及我们对科学、哲学的根本理解。物理学自有其理论价值、实用价值。但根据物理学引申出来的形而上学主张呢?这些主张和我们的精神生活有什么关系?柏格森的质疑,今天仍然值得深思。走出唯一时间观念,并不意味着失去了真理性。

20世纪初发生在欧洲的这场争论也有中国版本,那就是1923年

---

[1] 吉梅纳·卡纳莱丝:《柏格森与爱因斯坦的时间之争》,孙增林译,漓江出版社,2019年,147页。

前后以丁文江、胡适为代表的科学主义派和张君劢为代表的生命派之间的争论。无论如何，那都是一个有真实争论、愿意争论的时代。柏格森与爱因斯坦的争论，倏忽已近百年。卡纳莱丝的这部科学史力作，真实复原了"无法还原"的复杂，为我们呈现了20世纪最富有精神魅力的一幅画卷。

七种武器：从罗素、维特根斯坦到克里普克[①]

对西方哲学史有所涉猎的读者大概都知道，哲学史家文德尔班的名著《哲学史教程》是以康德为中心叙述的哲学史。文德尔班是一个典型的康德主义者，在他眼里西方哲学史分为三个阶段：康德之前的哲学、康德哲学和康德之后的哲学。以此类比，当代美国语言哲学家司各特·索姆斯（Scott Soames）的两大卷《20世纪分析哲学史》可称得上是以克里普克为中心叙述的哲学史。在索姆斯眼中，20 世纪前 70 年的分析哲学历史不妨划分为克里普克以前的哲学和克里普克哲学两个阶段。虽然从目录上看不到这个区分，你读到的是摩尔（伦理学、认识论和哲学分析）、罗素（逻辑和语言分析）、早期维特根斯坦（《逻辑哲学论》）、逻辑实证主义（包括情感主义和伦理学）、晚期维特根斯坦（《哲学研究》）、日常语言哲学派（赖尔、斯特劳森、奥斯丁、格赖斯等）、奎因（哲学自然主义）、戴维森（真理与意义）、克里普克

[①] 本文是为《20世纪分析哲学史》所写的书评。司各特·索姆斯：《20世纪分析哲学史》，张励耕、仲海霞译，华夏出版社，2019 年。

(《命名与必然性》)等。稍加留意就会发现,索姆斯是以克里普克的语言哲学(主要是《命名与必然性》的立场)为线索,重构了20世纪分析哲学史(1900-1975)的版图。

七种武器

2004年秋,我到北大外哲所老化学楼227室旁听叶闯老师的研究生课程"分析哲学原著选读"。当时叶闯老师的指定读物就是克里普克的《命名与必然性》。当问到如何学习分析哲学时,叶老师的建议是在两三年时间内,把弗雷格、罗素、维特根斯坦、卡尔纳普、奎因、戴维森、克里普克等7位哲学家的代表著作系统读一遍。

我把这7位哲学家的相关著作概括为分析哲学必备的七种武器,包括:

7个哲学家 {
弗雷格:《算术基础》《概念文字》(部分),
麦克·比尼编辑:《弗雷格读本》;
罗素:《哲学问题》《我们关于外间世界的知识》《逻辑与知识》《数理哲学导论》《我的哲学的发展》;
维特根斯坦:《逻辑哲学论》《哲学研究》;
卡尔纳普:《世界的逻辑构造》《语言的逻辑句法》《意义与必然性》;
奎因:《从逻辑的观点看》《语词和对象》;
戴维森:《论行动和事件》《对真理与解释的探究》,以及克里普克:《命名与必然性》《维特根斯坦论规则和私人语言》。
}

实际上，把这些代表著作系统读下来是相当困难的。

叶老师极重视克里普克，多次开课讲读《命名与必然性》，对该书每个注释所涉及的问题如数家珍。叶老师开设的其他课程也多与克里普克哲学密切相关。印象中我读过卡尔纳普的《意义与必然性》、萨蒙的《弗雷格之谜》、索姆斯的《超越严格性》、赛恩斯伯里的《没有指称物的指称》等。2010年，叶闯出版《语言·意义·指称：自主的意义与实在》，提出语言的发生学图像和语义学图像的区分，进一步区分形而上学指称和语义学指称，系统回应以克里普克为代表的直接指称论。有人或许以为叶闯追随克里普克，步克氏思想之后尘。实际上，尽管他很喜欢克里普克风格的哲学，但从具体论证到整体图景，叶老师都反对克里普克的指称论，站在了弗雷格一边。

言必称柏泉

克里普克何以值得索姆斯大书特书，以他为哲学史撰写的中心？暂且按下克氏不表，先说一说人尽皆知的罗素和维特根斯坦这对早期分析哲学师徒。民国时期罗素堪称分析哲学在中国的代表人物。张申府先生是当时学界公认的罗素专家，罗素这个中文译名即出其手。据罗素书信，曾有一个法国青年想研究罗素哲学，写信求助，罗素回信说有一个人比他自己还了解他的哲学，那就是中国的张申府。申府先生引导其弟、中国哲学大家张岱年先生阅读罗素哲学，张岱年先生在罗素哲学的影响下，于1936年提出了哲学上一个可能的综合：孔子、马克思和罗素三结合。逻辑学的鼻祖金岳霖先生靠着罗素三大卷本《数学原理》开启了中国的数理逻辑学派,沈有鼎、王宪钧、殷海光这些大学者都出自金先生门下。十多年前我曾从清华图书馆借出过这三大卷《数学原理》复印,贴在卷首的借阅单上依稀可见数位逻辑前辈的签名。

话说1920年9月罗素到中国,除了演讲"中国问题",还讲了"心的分析",先后结集出版。这些观点至今并未过时,《心的分析》所提出的中立一元论甚至成为近期心灵哲学的热点。1927年张申府先生翻译了维特根斯坦的《逻辑哲学论》(译为《名理论》),这是《逻辑哲学论》第一个外文译本。在老辈学人看来,分析哲学在中国基本上等同于罗素在中国,《名理论》不就是罗素逻辑原子主义的扩展版吗?20世纪二三十年代的北京,"柏泉之学,浩如烟海","柏泉"乃是"Bertrand"旧音译。遥想当年,"柏泉吾友"和"我的朋友胡适之"一样,简直成了学界的通行证。在这种学界风潮下,牟宗三先生早年也苦学逻辑,阅读罗素的《意义和真理的探究》,并写下长达两万字的书评,还撰写了《逻辑典范》一书。殷海光先生从金岳霖先生学习罗素,撰写《逻辑新引》,带动研习罗素之风。20世纪上半叶,罗素在国朝学界就等同于分析哲学甚或等同于哲学。为学无论中西,似乎都重视分析哲学,都重视从数理逻辑的观点看,据说这是咱们中国文化最欠缺的。

柏泉之学一时蔚为风尚,终有过气去势之日。自20世纪50年代始,学界风气为之一变。海德格尔的《存在与时间》和维特根斯坦的《哲学研究》逐渐进入华语学界视野。牟宗三开始阅读《存在与时间》和《哲学研究》,很快他发现自己读不通海氏之作,参不透维氏的《哲学研究》,遂重拾康德三大批判哲学,依据康德的形而上学建立了新儒家哲学思想体系。直到 20 世纪 90 年代,中国学界才接通海德格尔与中国天道。

维派、概帮、自然门:分析哲学的三国演义

迟至 20 世纪末,维特根斯坦哲学方在国内获得应有之地位。在陈嘉映、韩林合、江怡等学者的推介带动之下,维特根斯坦巍成显学。在我求学的年代,陈嘉映翻译的《哲学研究》、韩林合的《维特根斯坦哲学之路》和江怡的《维特根斯坦:一种后哲学文化》是了解维特根斯坦的必读之作。陈嘉映老师曾在北大外哲所带领学生逐字逐句研读《哲学研究》,开创了国内研习《哲学研究》的风气。2004 年我到北大外哲所老化学楼 227 室旁听韩林合老师开设的两门维特根斯坦哲学课:一门《逻辑哲学论》研读课,一门《哲学研究》研读课。其间韩老师还约请陈老师在课堂上展开了一次指称论的讨论。这两门课分别对应韩老师在商务印书馆出版的两本大部头著作《〈逻辑哲学论〉研究》和《维特根斯坦〈哲学研究〉解读》。江怡老师的《维特根斯坦:一种后哲学文化》出版较早,我在本科阶段就读到了。彼时在我看来,分析哲学不就等同于维特根斯坦哲学吗?早期维特根斯坦代表了早期分析哲学的大成,后期维特根斯坦代表了"晚期"分析哲学的大成,这是早年间我对分析哲学的印象。

一次翻看《走我自己的路》,李泽厚先生特意提到维特根斯坦和主

流分析哲学的区别。李先生有此言论，想必受其好友王浩先生的影响。1954年王浩曾在牛津大学主持洛克讲座，讨论过维特根斯坦的《数学基础》。王浩反对其导师奎因的自然主义哲学，亲近弗雷格、哥德尔的柏拉图主义哲学。这可算作分析哲学中的自然门与概帮之争吧。维特根斯坦独树一帜，既和弗雷格、哥德尔概帮路线不同，也和奎因、丹尼特自然主义路线不同。私心以为分析哲学的格局大抵可以看作维派、概帮和自然门的三国演义。颇有意味的是，研究逻辑的王浩是柏拉图主义者，典型的概帮长老；同为研究逻辑的叶峰却是一个自然主义者，朴实的自然门大侠，虽然他们二位都同意维特根斯坦与主流分析哲学不同。如何看待哥德尔、维特根斯坦这样的哲学家在分析哲学史上的地位，可以区分各自不同的哲学立场。这种立场，经常被李泽厚总结成几句口头禅式名言：要康德不要黑格尔、多来点波普尔少来点海德格尔，甚至多来点神经科学少来点存在主义（在《李泽厚对话集·中国哲学登场》这本访谈录里，他曾提出运用神经科学证据研究阳明的龙场悟道）。李泽厚喜休谟似更胜分析哲学，无论如何，李泽厚把维特根斯坦和分析哲学拉开距离，还是启人深思的。

分析哲学当然既不止于罗素，也不止于维特根斯坦。公允而论，罗素和维特根斯坦是两种截然不同的风格。概而言之，罗素是大众的哲学，维特根斯坦是贵族的哲学（可参维氏传记《天才之为责任》），纵使二位都算出自贵族门第。选择罗素还是维特根斯坦，实际上是从精神气质极为不同的两种哲学中作出选择。要罗素还是要维特根斯坦，似乎是每一个分析哲学研究者面对的问题。百年中国分析哲学界的趋势是从罗素哲学逐渐转向维特根斯坦哲学。

分析哲学的典范之作

客观来说,奎因以来的分析哲学界并不太重视维特根斯坦。克里普克是个例外,他 1981 年根据演讲稿整理出版了《维特根斯坦论规则和私人语言》,只手搅动了英美学界,形成了一个研究维特根斯坦的热潮,不过这是一个关于克里普克所理解的维特根斯坦的研究热潮。克里普克把对《哲学研究》中遵循规则部分的解读和传统怀疑论(休谟对因果关系的怀疑、古德曼的归纳悖论)结合在一起,引起了英美哲学界的极大兴趣。我最早读到这方面的中文文献,乃是发表在赵汀阳先生主编的《论证》1998 年第一期上陈嘉映和程炼二位先生关于私人语言和遵循规则的文章。这些文章现在读来,仍让我颇受教益。克里普克的论著自发表以来,就招致了很多批评,著名者如维特根斯坦研究专家彼得·哈克等。批评者尽可以指责克里普克错解了维特根斯坦,不过克里普克本人早就说过,他关注的是打动了克里普克的维特根斯坦论证,而非维特根斯坦本人的论证。他不是做文本解读重构,而是以维氏思想为起点提出了自己的论证。

这种论证思路也体现在《命名与必然性》一书上,克里普克提出了一种新的指称论:名字的意义就是指称,名字通过命名仪式和因果历史链条获得指称,从而反对了弗雷格-罗素-塞尔所主张的描述论:名字的意义就是描述,意义确定指称。不过需要注意的是,克里普克并不是要反对哲学史上的弗雷格观点、罗素观点和塞尔观点,而是要反对一般意义上的描述论。他在演讲中所刻画的描述论立场要比哲学史上曾经出现的描述论更为全面系统。一旦他反驳了自己所刻画的描述论，那些历史上曾经有的各种描述论版本就不攻自破了。所以他不在乎历史上有谁对描述论说了什么，而是在乎描述论可能是什么，并进一步反驳之。

这个思路和图灵的名作《计算机与人工智能》的策略类似。图灵在提出通过图灵测试的计算机就表示它具有思考能力之后，就系统列举了九种可能的反驳，并一一加以回应。2004年秋季，我在程炼老师于北大外哲所开设的研究生课程"心灵哲学"课上读到此文，程老师将此文定位为分析哲学的典范之作。我想，分析哲学不在乎历史文本细节，而在乎论证和反驳，这是分析哲学的基本精神。在这种精神气质熏陶下，你可能因为个人偏好喜欢某个分析哲学家，但不大可能崇拜某个分析哲学家，因为这违反了分析哲学的基本精神。不过这并不意味着分析哲学家不重视文本细读，实际上这正是分析哲学家重构论证的起点。正是因为细读，才得以发现思想具有多重构造的可能性。

"真正的哲学家"要懂数学

罗素的中国之行、数次婚姻、几度入狱和获得诺奖，这些不凡的经历给他增添了夺目的光彩。维特根斯坦更为学人所津津乐道：罗素一读到他的文字即惊为天才。维特根斯坦放弃自己的巨额遗产，在认为解决了所有的哲学问题之后改行去做小学老师，这些都为他的哲学增添了无比的魅力。与罗素、维特根斯坦相比，克里普克的生平乏善可陈，他不过是个学院里的哲学家。1940年出生的他，既不能像维特根斯坦赶上一战被俘虏在战俘营做哲学，也没有赶上二战像奎因一样参加海军服役获得上校军衔。但据说他六岁就能阅读《圣经》，九岁读完《莎士比亚全集》，小学四年级就独自"发明"了数学，考虑到了笛卡尔的怀疑论问题。高中时，他已经写了几篇模态逻辑的文章先后发表，在审稿人看来，他早已是一个成熟的逻辑学家，而非乳臭未干的高中生。当他把文章寄送给普林斯顿大学数学系时，对方以为他是在找工作，于是，给了他一个 offer。克里普克回信说，我妈妈告诉我，我应该先读大学才能教大学。罗素、维特根斯坦和克里普克都在早期就表现出卓越的数理天赋，这是他们的共同之处。这让人不禁想起了柏拉图学院门口的训示：不懂几何者切勿入内。以赛亚·伯林也是因为不懂数理，被哈佛逻辑学家谢弗劝诫不要做真正的哲学，遂转行做了思想史。

后来克里普克到哈佛大学读数学本科，同时给麻省理工的研究生教数理逻辑。1960 年左右的哈佛哲学系应该是奎因哲学主导的。据说有一次奎因写了个东西想请克里普克看一看。第一次约在奎因的办公室讨论，结果克里普克爽约了。奎因又约了第二次，见面结束后奎因送克里普克到门口，有人在走道听到奎因目送克里普克远去身影时的喃喃自语："难道我错了吗？难道我错了吗？"大学毕业后的克里普克没有继续攻读博士学位而是留校任教了。毕竟，哈佛还有谁能教克里普克呢？ 1968 年他转到洛克菲勒大学，王浩邀请的他。

新范式之争：《命名与必然性》

真正让克里普克声名鹊起的是他 1970 年到普林斯顿大学哲学系做的三次公开演讲，当时克里普克刚刚年届三十。这三个演讲录音稿是吉尔伯特·哈曼（1938年生人）和托马斯·内格尔（1937年生人）整理的。哈曼和内格尔正当盛年，见证了一个新哲学范式的诞生。克里普克在《命名与必然性》一书中提出的观点，塑造了1970年以来美国分析哲学的基本框架。他的指称论不仅仅在语言哲学、心灵哲学和形而上学上有重要价值，在元伦理学、美学上也有应用，甚至齐泽克在《崇高精神的客体》中也专辟一节讨论了描述论与反描述论之争、严格指示词的哲学蕴含。大哲学家是为我们的思考提供基本框架的。克里普克最重要的贡献是提出了后天必然命题，他指出了像"晨星是暮星""水是H_2O"等命题是可以通过经验发现的，但又是必然为真的。这就打破了逻辑经验主义者所秉持的分析命题就是必然命题就是先天命题、综合命题就是偶然命题就是后天命题的二元概念框架区分，对人类知识给出了新的解说。在这个意义上，克里普克对后天必然命题的阐释呼应了康德先天综合判断如何可能的问题。

　　《命名与必然性》一书对英美分析哲学界影响巨大，兹举两例。第一例是，2002年由苏珊·哈克教授和陈波教授联合发起的过去五十年来最重要的西方哲学著作投票中，克里普克的《命名与必然性》得了六票，位列第五。在此书之前的是《哲学研究》和《正义论》九票，《个体》八票，《事实、虚构和预测》七票。客观来讲，《个体》和《事实、虚构与预测》两书的影响不敌《命名与必然性》。第二例是，在非常有名的3am哲学家访谈系列中，每一个访谈者都被要求推荐五本哲学著作。在问到当世逻辑名家、美国人文艺术科学院院士范恩（Kit Fine）的时候，他只推荐了一本书，那就是《命名与必然性》，这本书被视作语言哲学和形而上学领域的必读之作。如果说罗尔斯的《正义论》恢复了政治哲学研究的合法性,那么克里普克的《命名与必然性》恢复了形而上学研究的合法性。学界莫不认为《命名与必然性》建立了语言哲学的新范式,这个范式概念来自库恩。有一个关于克里普克和库恩的段子。二位哲学家都任教于普林斯顿大学,其哲学思想有冲突之处。库恩的范式概念,讲不同时期的思想和对象是不可通约的;而克里普克的指称论,恰恰强调个体和对象在不同历史时期的同一性。概而言之,库恩强调世界、思想的断裂和变迁,而克里普克强调世界、思想的连续和统一。

据说库恩畏惧克里普克的名声盖过自己,不允许自己的学生、后来成为电影和纪录片导演的埃洛·莫里斯去听克里普克的课。有一次哲学争论,库恩忍不住把烟灰缸砸向了莫里斯。心怀芥蒂的莫里斯后来也没能学成哲学,转行搞电影去了。从事电影行业的莫里斯不忘初心,搞副业出版了《库恩的烟灰缸》,叙述当年恩怨。该书和《维特根斯坦的拨火棍》相映成趣。这本书并不限于八卦,莫里斯试图回归哲学,从克里普克-普特南(本质主义、实在论)的立场出发,批评库恩的相对论和观念论,提出了他所谓的探索的实在论立场:虽然没有所谓绝对真理,但我们可以通过理性、观察、探索、思考和科学研究来获得真理。在莫里斯看来,这可视作克里普克理论的应用。

克里普克的希腊工作方式

克里普克是一个典型现代学术体制下的学院哲学家,但他的工作方式却是希腊的,他很少为了发表而撰写哲学论文和著作。所有的文章和专著实际上都是根据现场演讲录音稿整理而成，读来有明显的口语化风格。他只出版了三部专著：《命名与必然性》是演讲稿，《维特根斯坦论规则和私人语言》是演讲稿，《指称与存在》是洛克讲座演讲稿。据纽约城市大学克里普克中心提供的信息，克里普克还有大量的演讲录音材料没有整理出来。

克里普克的研究作风相当传统，迄今为止，他的论述主题仍然集中在弗雷格、罗素、维特根斯坦、哥德尔这些哲学家上，除了罕见地在《科林伍德与英国观念论研究》杂志上发表了一篇《历史与观念论：科林伍德的理论》(2017)，那实际上是他在哈佛上学期间的本科论文，1960 年写就的。在他当时的老师 Richard T.Vann 教授和一些科林伍德研究领域学者的催促之下，才在半个世纪后发表此文。他的《指称与存在》是 1973 年洛克讲座的演讲稿，多年来一直存放在牛津大学图书馆，没有正式发表。我曾辗转多人获得一份复印件（此稿 2013 年正式在牛津出版）。与他本人大量原创的思想相比，他发表的作品极少。当然也有人指出，也许是因为他晚年身体不好的缘故。

他的研究重点是早期分析哲学史上的人物所关注的话题。2005 年，罗素《论指称》发表 100 周年之际，他在分析哲学杂志 *Mind* 上发表了长篇论文《罗素的范围概念》，2008 年他发表了研究弗雷格的论文《意义与指称：没有完成的笔记》。他还在纽约城市大学研究中心（CUNY）开设了一系列分析哲学课程：2012 秋季：跨时间同一性；2013 年春季：后期维特根斯坦；2013 年秋季：维特根斯坦、罗素和我们的自然数概念；2014 年春季：路易斯·卡罗尔与逻辑认识论 I；2015 年春季：罗素哲学；2015 年秋季：逻辑认识论 II；2016 年春季：

《命名与必然性》专题再讨论；2017年春季：弗雷格；2018年春季：真理论；2018年秋季：偶然先天与数字的识别性；2019年春季：跨时间物质对象的同一性；2019秋季与菲尔德、普拉斯特合开真与说谎者悖论讨论课。这些课题都是他经年累月思考的主题。他在1981年发表的《维特根斯坦论规则和私人语言》序言中已经说过，大概从1965年左右，他就在思考这个问题，直到十几年后，思考成熟才加以发表。

克里普克的写作风格重视直觉、重视思想实验、重视概念区分。从分析哲学的三派来看，他当属概帮。他的指称理论极大依赖于他所诉诸的大众的普遍直觉：我们都直觉到尼克松可以不是1972年的美国总统，但尼克松不能不是尼克松本人；哥德尔可以不是真正发现算数不完全性定理的那个人，但哥德尔不能不是哥德尔本人。在举这些例子时，尼克松正任美国总统，哥德尔就在他讲座的普林斯顿大学工作，克里普克的例子取自生活。克里普克认为这种关于名字的直觉是人类所普遍具有的，支持了名字的意义就是指称这个论断。克里普克关于直觉的看法，激起了实验哲学家调研直觉的研究风潮。新一代哲学家通过设计思想实验，调查大众关于名字的直觉。克里普克的哥德尔案例成为实验语言哲学引用最广的思想实验。这些都是克里普克没有料想到的。在获悉实验哲学的结果——西方人具有因果历史直觉，东方人具有描述直觉——之后，据说克里普克有个颇不友善的回应：难怪东方人没有哲学（大意）。他对描述论的批评不仅仅带着论证，还带着偏见。

1970年初期发表了直接指称论观点后，克里普克意识到自己的理论存在漏洞。1973年洛克讲座《指称与存在》，他试图解决空名的指称问题。1979 年，他发表长文《信念之谜》，试图解决名字在内涵语境下的可替换问题。

从分析哲学到分析哲学史

1970 年以来，克里普克吸引了一大批追随者在他的理论框架下推进分析哲学研究。其中，加州大学圣地亚哥分校哲学系教授内森·萨蒙和克氏在普尼斯顿的前同事现任南加州大学哲学系教授的司各特·索姆斯堪称克里普克哲学的两大拥趸。萨蒙 1980 年出版了系统解释克里普克哲学的专著《指称与本质》，1986 年出版的《弗雷格之谜》可以看作对克里普克《信念之谜》的推进。索姆斯的著作《超越严格性》一书的副标题即为"命名与必然性：未完成的事业"，其语言哲学核心工作就是修改扩充完善克里普克哲学。

除了继承发扬克里普克哲学，索姆斯还有一项重要的工作，就是撰写分析哲学史。他自觉地把克里普克放在分析哲学历史的中心，从克里普克的视角去重构分析哲学史。2012 年，索姆斯根据普林斯顿大学哲学系研究生课讲稿修改成书两大卷《20 世纪分析哲学史》（此书的英文名直译为《20 世纪哲学分析》，这实际上是一个更具野心的题目，表明除了分析哲学方法再无其他哲学分析方法）。我在开头提到，叶闯老师建议阅读七名分析哲学家的著作。在意识到存在实际操作困难之后，叶老师给了一个更为实际可行的建议，初学者主要阅读由马蒂尼奇教授编辑、牟博教授主持编译的《语言哲学》论文选即可，因为这个文献涵盖了语言哲学和早期分析哲学领域的基本文献。即便如此，该文选里的一些论文如塔尔斯基的《形式语言中的真概念》对于初学者仍然是非常困难的。

最近一些年，叶老师的建议就是初学者可以阅读索姆斯的两大卷《20世纪分析哲学史》。这套书有其独特价值。索姆斯在序言中指出了他所理解的分析哲学史的两项主要成就：

> 在我看来，这段时期内的分析传统所造就的两项最重要的成就是：（i）认识到哲学思辨必须扎根于前-哲学的思想；（ii）在理解如下这些基本的方法论概念并将它们彼此区分开的方面，取得了成功：逻辑后承、逻辑真理、必然真理和先天真理。就前一项成就而言，一个在该时代最好的分析哲学作品中反复出现的主题便是：人们认识到，无论一个哲学理论抽象地而言有多么吸引人，与产生自常识、科学和其他研究领域——该理论有涉及这些领域的推论——的大部分日常的、前-哲学的信条相比，它都不会得到更多可靠的支持。在某种程度上，所有的哲学理论都面临上述这些信条的检验和约束，没有一种切实可行的理论可以大规模地推翻它们。当然，不只是分析哲学家们认识到了这一点；如我们将看到的那样，他们也并不总是可以抗拒创立一种不受约束的、有时非常反直觉的理论的诱惑。不过，这种传统已经拥有了一种修正上述偏差并回归可靠基础的方法。就（ii）而言，与在区分逻辑后承、逻辑真理、必然真理和先天真理，以及理解其中每一项的独特特征方面所取得的成功相比，二十世纪没有任何一项哲学进步比之更重要、影响更深远且注定会更持久。导致了这种成功的斗争道路是漫长而崎岖的，其中有很多弯路。但是，当我们站在一种他们

帮助我们达到的立场上来回顾二十世纪诸位伟大的前辈时，便会发现，上述斗争的最终结果，以一种现在才显得明显的方式改变了哲学的图景。(《分析哲学史·序言》)[1]

《20世纪分析哲学史》的特点

索姆斯刻画的两个成就揭示了分析哲学的两个重要特征：重视直觉常识、重视概念分析。这不是一本完全"公正"的哲学史著作，但却是一本真正的哲学著作。黑格尔称哲学史是哲学的展开。索姆斯所建构的哲学史就是20世纪分析哲学的展开，而且是一个有立场（克里普克视角）的展开。因此这个哲学史难度要高于一般的本科教材，但要比文选和专著难度略低。有些教材是以问题为中心进行叙述的，例如莱肯的《当代语言哲学导论》，但对于中文读者来说，从历史脉络来进行叙述更容易进入语境。不过与纯粹以历史为线索的教材相比，索姆斯的书更重视论证的重构和批评回应。站在今人的视角上更容易看到早期分析哲学家的"功过"，是者是之非者非之。此书出版之后，即有学者批评指出索姆斯的视野过于克里普克了，以至于掩盖了其他重要的历史事实。不过我们已经说过，这本书并不是要提供一个全面系统的哲学史叙述，而是提供了一个基于特定视角的哲学史论证重构。我们已经提到了克里普克的策略，在《维特根斯坦论规则和私人语言》

---

[1] 司各特·索姆斯：《20世纪分析哲学史》，张励耕、仲海霞译，华夏出版社，2019年，见序言。

一书中，克里普克为自己的论证做了辩护：我不是关注维特根斯坦到底说了什么，我关注的是打动了克里普克的维特根斯坦论证。索姆斯也可以做一个类似的辩护：我不是关注哲学史到底发生了什么，我关注的是打动了索姆斯的分析哲学史。如果你的兴趣是了解分析哲学史，那么这本书可能会错失一些东西。但如果你的兴趣是了解和学习分析哲学，阅读这本书不会让你错失掉什么。因为通过索姆斯的论证和批评，一方面了解分析传统中的哲学论证和批评，可以看到以索姆斯为代表的分析哲学家如何做哲学；另一方面可以尝试建立自己的论证和批评，真正学会如何做哲学，而不是仅仅谈论如何做哲学。

除了上述两大特点，此书以摩尔开篇，有深意存焉。索姆斯重点分析了摩尔捍卫常识反驳怀疑论的论证和他在伦理学上提出的开放问题论证。作者把知识论和伦理学作为分析哲学史的起点对于读者是相当友善的。人类如何认识世界和人应该如何生活这两个基本的哲学问题是初入门者最容易理解也最直接感受的哲学问题。虽然他的处理较为烦琐细碎，但并非不可以完全掌握。在第二卷日常语言学派的论述中，他又不断回到知识论和伦理学这两大主题。这是他的著作和一般分析哲学教材的不同之处。

索姆斯在撰写两卷本分析哲学史之后，开启了更大的计划，撰写五卷本分析哲学史。目前已经撰写了两卷《奠基的巨人：弗雷格、摩尔、罗素》(卷一)、《哲学中的分析传统：一个新的视角》(卷二)，他还撰写了一本《分析哲学在美国以及历史和当代哲学论文集》，专门讨论美国的分析哲学。普特南曾言："我们从康德那里学到很多，而无须称自己为康德学派；我们从詹姆斯和杜威那里学到很多，而无须称自己为实用主义者;我们还可以学习维特根斯坦,而无须称自己为维特根斯坦学派。同样,我们也可以从弗雷格、罗素、卡尔纳普、奎因及戴维森那里学到很多,而无须称自己为'分析哲学家'。"[1]在这个意义上,分析哲学本身也进入了哲学史,成为哲学史研究的一部分。作为一种思潮的分析哲学和现象学业已退出了历史的中心舞台,但分析哲学的历史发展却留下了方法、问题、目标和规范,为后续哲学发展奠定了更为稳固的基础。分析哲学史研究逐渐成为分析哲学和哲学史研究领域的一个热点。

展望:中国的分析哲学史研究

涂纪亮先生20世纪80年代出版的《分析哲学及其在美国的发展》是分析哲学史领域的滥觞之作,陈波教授主持编辑的《分析哲学:回顾与反省》(第二版与江怡教授合编)是分析哲学史的重要研究文献。江怡教授主持翻译的由麦克·比尼教授主编的《牛津分析哲学史手册》即将出版,这将进一步推动我国的分析哲学史研究。这本《哲学史手册》中译本属于江怡教授2012年主持的国家重大招标项目"分析哲学运动与当代哲学的发展研究"的部分结项成果。比尼教授是《英国哲学史》刊物的主编,研究弗雷格、罗素、维特根斯坦早期分析哲学,乃分析哲学史领域的一员老将。他还担任中英美暑期学院的英方主席,推动中西哲学交流。比尼教授将于今秋到清华大学哲学系开设早期分

---

[1] 普特南,《亲历美国哲学五十年》,载《世界哲学》2001年第二期。

析哲学课程，这也是诸君阅读索姆斯《20世纪分析哲学史》的一个契机。今夏索姆斯大著出版前后，江怡教授获批"分析的西方哲学史研究"国家重点项目，运用分析方法对西方哲学史进行重新解释，并担任了国际分析哲学史学会执行理事。这些都充分说明了分析哲学史和基于分析方法的哲学史研究获得了国内外学界的高度重视。

80年代以来，在几代学人的努力下关于分析哲学的翻译、教学和研究获得了长足的进步。在撰写教材方面，大陆学界赵敦华教授撰写了《当代英美哲学举要》，陈嘉映教授撰写了《语言哲学教程》并修订撰写了《简明语言哲学》，江怡教授撰写了《分析哲学教程》，陈波教授撰写了《逻辑哲学》，韩林合教授撰写了《分析的形而上学》，黄敏教授撰写了《哲学分析教程》。大陆学者还组织在人大出版社翻译出版了原典哲学教材译丛，复旦大学出版社组织翻译出版了《知识论》《形而上学》等分析哲学教材，复旦的徐英瑾教授翻译了塞尔的《心灵导论》等；港台学界有王文方教授撰写了《形而上学》《语言哲学》，彭孟尧教授撰写了《知识论》。凡此种种，流布后世，嘉惠学林。此次索姆斯教授《20世纪分析哲学史》的出版，进一步推动了分析哲学的教学、研究和传播。《20世纪分析哲学史》的主题内容和叙述方式介于教材、专著、史论之间，学界仁者见仁智者见智，自有不同意见。该书当年在美国出版即引起相当热烈的争论，此次中译本出版希望能引起读者诸君更多批评讨论、反思、质疑、批判，追求真理而非盲目跟随崇拜，千百年来哲学即是如此。

附记：2019年10月索姆斯教授为他的新书做宣传，来山西大学做讲座，我的一段日记：下午索姆斯教授做讲座《道德的客观性和生活中的意义》，结束后和他到南中环老太原餐馆吃饭，敬坤后到。办公室出来一路和他聊了很多，他也喜欢看西部片、听布鲁斯。我们都很欣赏伊斯特伍德。他给我推荐了一部老的西部片：The Shootist（1976）。晚饭时，聊了他很多年轻时的经历，大概1971年他和他太太开车从西部到波士顿读研究生，有一天晚上去看电影，就是伊斯特伍德的西部片，看完所有人都鼓掌，这是他第一次知道有那么多人喜欢伊斯特伍德。

我说到自己去过新奥尔良、墨西哥，他说自己很多年前有一个女朋友是墨西哥人，他们在新奥尔良一起喝酒、吃饭、玩乐，去过很多地方。一天晚上两人都喝醉了，他女友的衣服里面掉了一把手枪出来，很晚的时候他们把车停在一个地方，第二天谁也不知道车停在什么地方，费了好大的劲才找到。

平时他不怎么出去，楼下是健身房，健身时听布鲁斯，大概就是他的主要娱乐吧。我问到他对莫顿·怀特的印象，他说在普林斯顿的时候，怀特邀请他一起吃饭，聊过塔尔斯基。他认为怀特在哈佛的时候，并没有什么影响，主要是奎因的影响。又说到最早，奎因想邀请卡尔纳普来哈佛任教，但是被C.I.路易斯阻击了，因为路易斯反对卡尔纳普关于伦理学的立场：伦理学是没有意义的。结束的时候和他合了个影。总的来说，他的哲学也比较偏向分析哲学早期，重视数学和逻辑，对时髦的东西不感兴趣。丁哥说他在生活中有点像陈嘉映老师，喜欢小幽默一下。昨晚有学生提问：如何阅读他的新书？他当即就说从第一页开始看到最后一页就可以。我今天告诉他明天早上check out 的时候，没有什么可做的。他当即回我："那我就这样什么也不管走出来。"

一次被忽视的因果革命[1]

> 西方科学的发展建立在两个巨大成就之上：古希腊哲学家在欧几里德几何中发现了形式逻辑系统，文艺复兴期间通过系统实验尝试发现了因果关系。
>
> 爱因斯坦，1953 年

珀尔简介

1936 年 9 月 4 号，朱迪亚·珀尔（Judea Pearl）出生在特拉维夫市（当时属于巴勒斯坦的英属托管地）一个波兰犹太裔移民家庭里。1956 年，珀尔服役不久便进入以色列理工学院修习电气工程，还结识了自己的妻子露西。1960 年本科毕业，珀尔移民美国到现名为新泽西

---

[1] 本文是为《为什么：关于因果关系的新科学》所写的书评。朱迪亚·珀尔、达纳·麦肯齐:《为什么：关于因果关系的新科学》，江生、于华译，中信出版社，2019 年。

技术研究所的纽瓦克工程学院读研究生,并于 1961 年毕业。1965 年,他获得了罗格斯大学的物理学硕士学位,同年获得布鲁克林理工学院(现名为纽约大学工学院)电气工程博士学位。他毕业后从事超导研究,但半导体研究一度让他筋疲力尽。1969 年珀尔转到加州大学洛杉矶分校工学院,1970 年转入该校计算机科学系,1976 年升任正教授,1978 年创建了认知系统实验室。他的毕生宗旨乃是要理解人类如何认知世界。据说当时这个实验室唯一的家当就是自己的办公室,他在自己办公室门口贴了一个永久标签:"不要敲门,正在试验!"

转到加州之后,珀尔的人生轨迹随即发生了变化,开始转向人工智能研究。他最早赖以成名的工作来自组合式搜索。不久后,他开始教授概率论、决策论课程,逐渐转向概率推理研究。现在看来,这个转向极大地改变了几十年以来人工智能推理领域的面貌。今后的科学史可能会这样描述珀尔的贡献:"珀尔在 20 世纪 80 年代意识到人工智能基于规则系统的局限,提出了基于概率推理的贝叶斯网络。20 世纪 90 年代,他又意识到概率推理的局限转向了因果推断,用一种反事实因果推断来推动人工智能的发展。"因为珀尔的开创性工作,他 2002 年获得了科学哲学中的拉克托斯奖,2011 年获得了计算机领域的图灵奖,其授奖词这样写道:"通过发展概率推理和因果推理,对人工智能领域做出了基础性贡献。"珀尔实至名归,2012 年因其杰出成就入选美国科学院院士、工程院院士。

珀尔在 20 世纪 80 年代先后出版了两部计算机和人工智能领域的经典之作:1984 年出版了《启发式:针对解决计算问题的智能搜索策略》,1988 年出版了《智能系统的概率推理》。20 世纪 90 年代以来,他又转入因果推理领域不断耕耘，21 世纪初先后出版《因果性》第一版（2002）和第二版（2009）。《因果性》一书兼具思想性和技术性。为了帮助读者理解其中的技术细节，2016 年他撰写出版了《因果中的统计：一个导论》。如果说《因果中的统计》是《因果性》一书的技术版，那么《因果之书》（2018）就是《因果性》著作的思想版。在《因果之书》中，一方面他从学术思想史的大视野来介绍人类认识因果关系的历史，另一方面他从跨学科尤其是哲学的角度来理解因果关系的本质。本书虽居科普之列，但应该称之为哲学 - 科学著作。读这本书不免让人联想到笛卡尔的《谈谈方法》、达尔文的《物种起源》之类的经典著作。

2016 年 3 月 1 日，珀尔到计算机研究领域的重镇匹兹堡卡耐基梅隆大学领取迪克森奖，发表获奖演讲《科学、反事实与自由意志》。当时我正好访学匹兹堡大学科学史与科学哲学系，恭逢盛会。讲座前，CMU 因果推断领域的领军人物 Clark Glymour 也前来祝贺。因果推断领域大概分为三派。哈佛大学统计学教授唐纳德·鲁宾教授自 20 世纪 70 年代以来在统计推断领域引入因果推断，提出了潜在结果模型，和珀尔的结构方程模型并驾齐驱，二人惺惺相惜。珀尔学派和鲁宾学派可比作江湖中的武当与少林两派。少林派又分南派与北派，珀尔代表的加州学派不妨称之为南派。以 Clark Glymour 和他的学生 Peter Spirtes、Richard Scheines 为代表的 CMU 因果推断学派同时期提出了与珀尔相似的因果模型，先后出版了《因果、预测和搜索》第一版（1993）和第二版（2001），不妨称为北派。南派北派谁最早创建因果模型尚存争议，不过同为少林弟子也可共生共荣，克拉克此次到场也算是北派的表态，彼此认可了江湖地位。虽然珀尔出版著作在后，但他的关键性思想早在九十年代业已形成。鲁宾的潜在结果模型在20世纪70年代既已发表，也是直到2015年才出版总结性专著《统计学、社会科学和生物医学中的因果导论》。在科学领域，发表论文比出版专著远为重要。

因果性是哲学传统中的大问题，但在社会科学和人工智能领域并未引起足够重视。时不我待，珀尔除了进行实质的理论建构、批评和回应之外，还在进行因果推断的普及推广工作。《因果之书》就是珀尔对自己思想的"通俗"阐释。有学者曾谈到阅读科普读物的经验：更愿意读科学家的科普之作，而不愿意读一般科普作者的科普之作。科学家撰写科普读物，将自己的心得和洞见融入书中，有其独特之处，如沃森的《双螺旋》、道金斯的《自私的基因》、薛定谔的《生命是什么》、克里克的《惊人的假说》、霍金的《时间简史》等科普读物。与之相比，《因果之书》毫不逊色。以《圣经》为喻，《因果、预测和探索》可视作《旧约》，《因果性》可视作《新约》。以此类比，《因果之书》应该算《新约》中的《四福音书》，重要性自不待言。尤为有趣的是，珀尔幼承庭训，熟读《圣经》。《因果之书》多处引用《圣经》，诠释因果。

从图灵测试到因果测试

因果推理在人工智能领域、社会科学和自然科学领域有着极为广泛的应用。不妨先从人工智能领域谈起。1950年，天才科学家图灵在著名哲学杂志《心灵》（Mind）上发表了《计算机器与智能》，此文旋即成为人工智能领域的经典必读文献。此文有两个中译本，其一收录在人工智能哲学家博登编辑出版的《人工智能哲学文选》（2001年国内翻译出版），其二收录在尼克所著《人工智能简史》附录（2017）。图灵此文和珀尔的《因果之书》同样属于哲学 – 科学交融的典范之作。图灵测试的核心思想非常简单：他设计了一种"模仿游戏"，由测试者轮流向一个人和一台计算机提出问题，人和计算机都借助打字机进行回答。如果在一段时间内，测试者无法识别两个回答者中哪一个是人哪一个是机器，那么计算机就可以算作通过了图灵测试，具有了思考能力。

反对者认为通过图灵测试的机器不具有真正的人类智能，人类的心灵不能通过算法模拟而获得。在给出测试标准后，图灵考虑了认为计算机不能思维的九个反驳，并逐一回应。这是一种典型的哲学论证方式，通过对可能反驳的回应来建立自己的立场。图灵对反驳的考虑相当具有前瞻性，很多后来的批评者意见都落在图灵最初设想的反驳范围内。从现在的视角来看，批评者尽可以责难图灵的回应不够充分，但不可以认为图灵对此一无所知。有兴趣的读者不妨做一次思维练习，先想一想自己的反驳，再看自己的批评会不会落入图灵的预期之中。

第一，神学反对意见："思维是人类不朽灵魂的一种功能。上帝把不朽的灵魂给了每个男人和女人，而没有给任何其他动物和机器。所以任何动物和机器都不能思维。"第二："机器思维的后果太可怕，我们希望并且相信机器做不到这一点。"第三，离散状态的机器是有限度的，例如机器无法对著名的哥德尔定理做出判定。第四，机器没有意识，缺乏真情实感。第五，机器有能力缺陷，不能像人一样和世界打交道。第六，机器缺乏创造性，不能创造出新东西。第七，大脑神经系统是连续的，但计算机系统是离散的，离散的机器不能模仿连续的大脑。第八，人可以解决突发问题，人具有默会知识，但机器只能遵循规则。第九，人类可以心灵感应，但机器不行。第一、第二和第九个反对意见多数源自大众的观念。第三到第八个反对意见基本上都出现在后来学界的批评之中，直到今天依然存在。例如，心灵哲学学者会认为计算机不能具有意识，认识论学者会认为计算机不具有默会知识，数学哲学学者会认为计算机不能判定哥德尔定理，神经科学学者会认为机器不能完全模拟神经系统等等。对这些问题的回应也极大地影响了人工智能的进程。

话说图灵不仅回应这些批评，还预测到 2000 年，聊天机器人可能会让 30% 的对话者受骗，误以为机器是人类。实际上直到 2014 年 6 月 7 日——图灵逝世 60 周年纪念日，聊天程序古思特曼（Eugene Goostman）才成功地通过了图灵测试。图灵测试的初步目标是聊天机器人能够在对话中成功欺骗对方。按照这种标准制造出来的机器人是一个专家，可以在某项特定任务上超过人类。

但机器若要真正具备像人一样的智能，就不能仅仅具有某个领域的专家智能，还需要具有通用智能（AGI），像人一样在真实环境里处理问题。例如，2018 年 7 月麻省理工学院机器人领域科学家罗德尼·布鲁克斯（Rodney Brooks）提出了升级版图灵测试：真正的人工智能不仅仅要求制造出通过原初图灵测试的聊天机器人，而是制造出家庭健康助理或老年看护机器人（ECW），全方位帮助老年人生活：

既能为老年人提供身体上的帮助,也能提供认知上的帮助,让老年人过上有尊严的生活。通过检测老年人的各种生理指标,对其健康状况进行评估从而修正看护策略,这就要求机器人具有敏锐观察到周边环境的变化和进行复杂推理等认知能力,像家庭保姆一样具有真正的人类智能。

珀尔认为,人的根本能力是因果推断能力,强人工智能就是让机器人具有因果推断能力。据此,他提出了一个因果版图灵测试:测试机器能否回答人类可以回答的因果问题。为什么天是蓝的?为什么雪是白的?为什么地球看起来静止不动?为什么人类看起来自私自利?有人可能会认为,即使机器能够回答实际的因果问题,仍然不理解真正的因果关系。珀尔认为机器要通过成功回答因果问题来欺骗对话者非常困难。如何让机器人具备因果能力是对人工智能领域的一个巨大挑战。在《因果性》一书中,珀尔提出了因果推断的形式化模型,并在《因果之书》中对因果模型背后的哲学思想进行了深入浅出的阐释。

因果推断是人类的基本能力

因果性在人类实践生活中具有头等重要的地位。寻找事物之间的因果联系,是人类的一种自然冲动。小孩涉世之初都喜欢问为什么,为什么天会下雨、为什么有白天黑夜、为什么周一要上学、为什么妈妈不喜欢我了……民间有谚"打破砂罐问到底",形象地刻画了小孩爱发问的天性。教育多半要保护和发展这种爱问的天性。小孩在问与答的互动中逐渐成长,那些喜欢问自然之理的孩子多半会往科学道路走,而那些喜欢人伦之理的孩子多半会偏重与人交道的行业。问为什么，就是问事物之间的因果联系。亚里士多德说哲学始于惊奇，这个惊奇就是人类面对"神奇的"自然现象，在脑子里画了一个大大的问号，去追问现象背后的因果机制。

我们通常会认为因果背后有一个行动主体，不管是上帝也好，是人类也罢，只要他们的主动行为引起了世界中的某个变化，这种因果就称为行为者因果。比如，上帝想惩罚人类就降下了大洪水，动物饿了就出去觅食，人类为了争夺利益就大打出手，这都是行为者的前因后果。另外一种因果观认为因果背后没有主体，只有事件的前后相续，天地万物运行、人类生生不息，无论人还是自然都不过是因果链的一环，可以称为事件因果。因因果果，至于无穷。

因果关系固然重要，因果解释更为基本。《圣经·创世纪》有一段广为人知的对话。上帝问亚当：你吃树上的果子吗？亚当回答：你赐予给我的女人递给了我树上的果子，我才吃的。夏娃回答：蛇引诱了我，所以我吃了。上帝只是问了一个事实问题"亚当是否吃了树上的果子"，亚当和夏娃的回答却给了一个因果解释。西周伯阳父曰："夫天地之气，不失其序。如过其序，民乱之也。阳伏而不能出，阴迫而不能蒸，于是有地震。"伯阳父为地震也提供了一个因果解释。钱钟书说中学西学心理攸同，因果解释东西皆有。当然，这种因果解释建立在因果推理的基础之上，人工智能更关注人如何实际运用因果推断能力与世界打交道。

从人类推理思维方式的转变也可以看出因果推理的重要性。有一种说法认为初民的思维方式主要是感应式的，今人的思维方式主要是因果式的。感应背后有一套感应机制，因果背后有一套因果机制，二者在人类生活中具有相似的功能。汉学家葛瑞汉指出，宋学里感应和西学里因果类似。但感应思维和理性思维并非截然二分。《人类简史》作者赫拉利指出：我们的祖先获得想象不存在事物的能力至关重要，这使得彼此之间更容易交流。我们对神灵、来世、期望的想象改变了我们的实际生活。这种想象当然是一种典型的感应思维方式。但所谓想象改变生活，实际上指想象影响了生活。这种想象也是一种因果思维方式。你的照片掉在了地上被人踩了一脚，你心里觉得不舒服。为什么你的照片被踩会影响到你的心情呢？宫廷剧中，经常有妃子为了争宠，雕制一个皇后的小木人，请来道士画符用银针扎小人，以求皇后遭厄运。路人的脚没有踩到你的身上，道士的针没有直接扎到皇后身上，这之间没有什么直接的物理因果联系。但我们仍然感觉到两个事件的因果关联，通过做某件事改变另外一件事情。感应思维和因果思维相去不远：感应和回应之间的关系与原因和结果之间的关系都可以理解为前者决定、导致、引起、影响了后者。看起来各有不同，实际上相互关联。人类能从感应思维过渡到理性思维也在于这两种思维方式之间的相似性。即便佛教中讲的因果报应离现代的因果观念较远，讲究既有业因便有业果，也和感应思维一样，具有相似的因果结构。

反事实因果

古希腊时期，亚里士多德提出四因说：形式因、质料因、动力因、目的因。必须指出古人的原因概念和近代以来的因果概念有所区别。

希腊人理解的原因不和结果相对。在亚里士多德那里,"原因"与"为什么"相对,而不与"结果"相对。我们针对一个对象可以提出多少"为什么"的问题,就有多少原因。四因中,质料因回答事物为什么在运动中持续存在,因为由不变的质料构成;形式因回答事物为什么以某种特定的方式运动。动力因回答事物为什么会开始或停止运动,目的因回答事物为什么运动。例如雕塑活动的质料因是铜,形式因是雕像的模型,动力因是雕塑工匠,目的因是工匠致力于雕成一个人像。

近代以来对因果的理解主要有两种:规则论和反事实论。规则性因果说源于休谟:"我们把原因定义为有另一个对象跟随的对象,那么所有和前一个对象相似的对象都有和后一个对象相似的对象跟随。"问题在于,相关不蕴含因果,事件 a 和事件 b 规则性相关,但二者之间并非因果关系。公鸡打鸣天就亮了,但公鸡打鸣并不因果导致天亮;夏天来临,冰淇淋销量大增同时犯罪率也上升,但冰淇淋销量大增并不因果导致犯罪率上升。

哲学家刘易斯意识到规则论的局限,提出了因果的反事实理论。按照刘易斯的读解,休谟实际上也提出了因果的反事实定义。在给出因果的规则性定义后,休谟说:"或者换句话说,如果前一个对象没有存在,后一个对象永远也不会存在。"这并非换句话说,而是给出了截然不同的反事实定义:如果 a,那么 b;并且如果非 a,那么非 b。人类能够想象反事实是认知能力的一大提升,是从已知到未知的一跃。

珀尔关于因果推断的想法受到了刘易斯反事实因果理论的启发。反事实推理对于人类生存实践至关重要,因为人类不可能实际上穷尽所有的可能性,只能基于有限的数据去推断。规则因果建立在对实际发生事件彼此关联的归纳之上，反事实因果则是建立在非实际发生事件的关系上。反事实推理要比规则推理更抽象、更普遍也更符合人类实际的推理情况。我们和周遭世界打交道的经验极其有限，依赖对反事实的想象可以拓展我们对世界的经验。理解因果推断能力的关键，就是理解反事实思维方式。让机器具有因果推断能力，就是让机器具有反事实思维能力。

珀尔认为要攀登因果的三个阶梯：观察、干预、想象。第一是观察层次，人类和动物都可以对周边环境的规律进行观测。当前深度学习的主要成就不过是曲线拟合，尚停留在相关性层次上。第二是操作干预层次，通过预测后果作出相应的行为，例如早期人类使用工具。第三是想象反事实情形的层次，通过想象来获得对世界的理解。在技术上让机器人具备因果推断能力，必须解决两个最实际的问题：第一，机器人如何与环境互动来获取因果信息？第二，机器人怎么处理从它的创造者那里所获取的因果信息？珀尔的工作主要试图解决第二个问题。图模型（有向无环图）和结构方程模型的最新进展已经使得第二个问题的解决成为可能，而且也为第一个问题的解决提供了契机。珀尔为因果推断提供了一套完整的形式化语言，为人工智能中的因果推断打下了坚实的基础。

人工智能与因果推断

无论是人们对机器具有思维的质疑，还是对通用人工智能的追求，都对人工智能提出了更高的标准：机器人不能仅仅像传统的工具一样帮助人们，而是要从事人类能做的各项工作，才能具有真正的人类智能。不妨说弱人工智能是传统工具的延伸，而强人工智能是大脑的延伸。从专家智能到通用智能的跨越，忽略了一个关键性因素，那就是机器人需要具有一种独特的能力：因果推断能力。

早期的专家推理系统取得了巨大成就，却不能像小孩一样进行常识判断、因果推断。它可以做出超越专家的事情，但无法做出小孩很容易做到的事情。小孩对外界环境的刺激进行回应，通过因果学习，建立因果推断模式。相比计算机而言，小孩获得的数据是少的，但解决的任务是复杂的。这就是珀尔的同事加州大学计算机视觉研究专家朱松纯提出的：人工智能不是大数据、小任务，而是小数据、大任务。环境中的智能体通过观察、操控，甚至设想环境中的有限信息（小数据），建立信息和行为之间的因果关联，从而做出复杂的行为（大任务）。

朱松纯做了一个对比：大数据小任务的典范是鹦鹉学舌，通过给鹦鹉输入固定的语音信息，使得鹦鹉学会相应的语句。但鹦鹉和聊天机器人都不懂得真正的说话，不能在语句之间建立真正的联系。小数据大任务的典范是乌鸦喝水。乌鸦比鹦鹉聪明，"它们能够制造工具，懂得各种物理的常识和人的活动的社会常识"。

乌鸦进城觅食，它找到了坚果，面临一个任务：它需要把坚果砸碎。通过在马路边观察，它发现，路过的车辆可以把坚果压碎。但是它也发现，如果它在坚果压碎之后去吃，很可能会被车辆轧死。怎么办？乌鸦既需要车辆把坚果压碎，又需要避免被车辆压到自己。乌鸦把最初的任务分解成了两个问题：第一，让车辆压碎坚果；第二、避免车辆压到自己。通过进一步观察，它认识到等车辆停止时自己就不会被压死，有红绿灯的路口就是这样一个合理的场景。它发现了红绿灯和人行横道、车辆之间的因果关联。因此它选择在红灯车辆等待的时候去捡坚果。在这个过程中，乌鸦获取的数据是少的，但任务是大的。问题的关键不是它获取了多少数据，而是它有效提取了数据之间的因果关联，根据这个因果联系，制定了解决方案。

如果人工智能要能成为真正的人类智能，就必须对人类的因果认知推理模式有深入的了解。只有让机器人建立了真正的因果推理模式，机器人才具有真正的智能。在珀尔看来，今天的机器学习导向就是错误的，因为它是以数据为导向，而不是以人的推理特征为导向。机器学习的倡导者认为数据里面有真经，只要具有巧妙的数据挖掘技术，学习机器通过优化参数来改进其表现就可以了。学习机器通过大量的数据输入来实现其表现的改进，但是强人工智能之为强人工智能，是希望机器拥有像人一样的能力。人的大脑是处理因果关系最为先进的工具，在与环境互动的过程中，建立了系统的因果推理模式，回答各式各样的因果问题。让机器人拥有理解和处理因果关系的能力，是通向强人工智能的核心目标。珀尔的《因果之书》为这一目标做了相当清晰通俗的讲解。

重视因果推断是珀尔和其他主流人工智能研究的分界线。早期的人工智能算法基于符号逻辑的演绎推理，1980年以来的人工智能算法基于概率（贝叶斯网络）的归纳推理。因果推理是结合了演绎推理和归纳推理两个维度的推理模式。珀尔认为目前的机器学习、深度学习不能发展出真正的人工智能，忽视因果推断是其根本缺陷。当前的人工智能是爬树登月，要登月不应该去爬树，而是要乘坐宇宙飞船。

社会科学与因果推断

应该承认,因果推断在人工智能领域目前尚处于理论建构阶段,还没能进入实践。珀尔在人工智能大会讲座的时候门可罗雀。机器学习引领时代,深度学习如日中天。但在社会科学领域,因果推断正当其时。前面提到的鲁宾教授的潜在结果模型和珀尔的结构方程模型是社会科学方法的两种主要模型。在流行病学、社会学、政治学、经济学、统计学等领域大量使用因果推断方法已成为业界共识,甚至可以说无因果推断就无方法。这一点不难理解,因为我们从事社会科学,就是要发现社会现象背后的前因后果,从而理解社会的机制,为制定政策的机构提供相应的依据。

例如吸烟是否会导致肺癌,通货膨胀是否会导致失业,控枪是否可以降低犯罪率,选举是否导致动荡,加强公共卫生是否减少流行病的传播等,都是要在庞大的数据中发现真正的因果联系。通常我们会进行对照试验。在关于某个新药的测试上,选择一些人接受治疗,另外一些人吃安慰剂,经过一段时间之后,观察二者之间的差异,从而发现真正的原因。但对于有些事情无法进行真正的试验。我们不能随机选取一组人连续抽烟 10 年,而让另外一组人远离烟草。这既不可操作又违反伦理。我们也不能对经济、社会、政治现象进行干预控制实验。但如果我们有好的因果模型,就可以做一种想象的实验,在大数据中发现真正的因果关系。如果说在人工智能领域,具有因果能力就是在小数据的基础上施行大任务;那么在社会科学领域里,运用因果推断,是在大数据里面发现相对较小的目标。

数据必须与正确的理论相匹配。不妨套用康德的一句著名论断：数据没有理论是盲目的，理论没有数据是空洞的。数据能够告诉我们谁服药可以恢复得比其他人更快，但是不能告诉我们为什么，而人的优越性在于他能够回答为什么的问题，比如干涉问题：服用这个药物对身体的康复有效吗？比如反事实问题：这个没有接受过大学教育的人，如果他接受大学教育，那么会怎么样？珀尔为盲目的数据提供了一套完备的反事实因果理论模型。

一场新的科学革命

托马斯·库恩在其名著《科学革命的结构》中提出"科学革命"的概念，例如天文学领域的哥白尼革命、经典物理学的牛顿革命、化学领域的拉瓦锡革命、近代物理学的爱因斯坦革命都是典型的科学革命。科学革命是一次巨大的范式转换，从地心说转变到日心说、从燃素说转变到氧气说、从经典力学转变到相对论，等等。有人评价珀尔两次居于人工智能领域科学革命的中心，在20世纪80年代引领了从逻辑规则系统向概率推理的转变，在20世纪90年代引领了从概率推理向因果推断领域的转变。基于贝叶斯网络的概率推理如今已是人工智能领域的主流范式，因果推断实践尚在探索之中，其价值尚未得到充分重视。《因果之书》是珀尔为公众介绍因果推断的重要之作，在人工智能已经成为街头坊间热议话题之际，引进《因果之书》有着极为重要的现实意义。

珀尔夫妇膝下两女一男：艾马拉、米歇尔和丹尼尔。不幸的是，

2002年身为《华尔街杂志》记者的儿子丹尼尔在巴基斯坦被基地组织和国际伊斯兰阵线涉嫌的武装分子绑架杀害了。人间悲剧莫过于白发人送黑发人。为此，珀尔拿出图灵奖的大部分奖金建立了"丹尼尔·珀尔基金会"，用于化解宗教冲突，致力于实现丹尼尔所深深认同的价值观念："毫不妥协的客观性和完整性，洞察力和异端观点，容忍和尊重所有文化传统的人，坚定不移地相信教育和交流的有效性，以及对音乐、幽默和友谊的热诚。"有人问珀尔何以如此。他回答说："仇恨杀死了我的儿子，我决定与仇恨斗争。"在某个特定凶手杀死丹尼尔和宗教仇恨杀死丹尼尔之间，珀尔认为仇恨才是真正的原因。珀尔所建立的因果推断模型也许能帮助找到杀手和丹尼尔之死的因果联系。但要弄清楚这种杀害源自宗教仇恨，恐怕人工智能需要更多的人类智慧，也许这才是未来人工智能所遭遇的真正瓶颈吧。

《为什么》的英文书名颇有深意：*the book of why*：*the new science of cause and effect*，副标题直接限定了追问为什么的范围：用科学方法追问因果关系。我们知道罗尔斯的《正义论》英文标题是 *A Theory of Justice*，中译应为《一个关于正义的理论》，罗尔斯认为自己的理论不是唯一的，只是为正义提供了一种理论。回头来看，珀尔此书副标题弃用不定冠词"a"，选择了定冠词"the"，显然他认为自己不仅仅是为因果推断提供了一种理论，而是为因果推断提供了唯一正确的理论。好像追求科学真理只有 the book，没有 a book。但科学也许就是用一本一本的 a book，去逼近"终极真理"的 the book。在这个意义上，《为什么》离 the book 庶几近矣。

自我是个幻觉？[①]

据称德尔菲神庙给苏格拉底的神谕是"认识你自己",这被看作是哲学家反思自我、理解世界的开始。古希腊以来,自我就成为哲学中最重要的问题之一了。反检日常生活,诸如"超越自我""迷失自我""实现自我"此类说法不绝于耳。如何看待自我?宗教徒会说,自我是一个纯洁的灵魂,无神论者声称自我不过是一团行走的物质。著名学者侯世达著作《我是个怪圈》为此提供了一个新的视角:我是一个怪圈。

1945年出生的侯世达乃当世著名的认知科学家。他1979年出版的《哥德尔、艾舍尔、巴赫——集异璧之大成》先后获美国普利策非虚构类作品奖和美国国家图书科学类奖。侯世达家学渊源深厚,其父霍夫斯塔特(Robert Hofstadter)获1961年诺贝尔物理学奖。侯世达本科在父亲执教的斯坦福大学学数学,后来到俄勒冈大学获得物理学

[①] 本文是为《我是个怪圈》所写的书评。侯世达:《我是个怪圈》,修佳明译,中信出版社,2018年。

博士学位。看似子承父业，谁想博士毕业后，侯世达的研究重心从理解世界的物理学转向了认识自身的认知科学。毕竟人工智能、脑科学的兴起是 20 世纪 20 年代以来的天下大势。更何况要在物理学领域超越早已拿到诺贝尔物理学奖的父亲并非易事。侯世达另辟蹊径，除了在认知科学、计算机研究领域有不俗的成就，他还是颇受大众喜爱的科普作家。

他的研究追求优美的论证结果，他的科普著作也追求优美的形式结构。追求优美的数学模型、优美的解释、优美的字体、优美的声音模式……对美的追求贯穿了侯世达的职业生涯。如他自己所言，一脚踏在人文艺术领域，一脚踏在科学技术领域，追求真和美的统一。这种追求并非流于表层，侯世达也是一个货真价实的艺术家，不少大学展出过他的艺术作品。

常人大都对书的标题《我是个怪圈》心存迷惑，我怎么就是一个怪圈。怪圈之说源于侯世达对著名的哥德尔不完备性定理的读解。哥德尔定理复杂且深刻，概而言之乃是刻画形式系统的局限性。但如何从哥德尔定理读出怪圈？大哉问，难言之。不妨让我们放下深奥的哥德尔定理，从常识的自我说起。通常我们认为人有两个部分：身体和心灵（或灵魂、精神），二者相互作用。灵魂会升向天空或转世，身体则腐烂、消散归于尘土。千百年来，古今中西的文化思想传统都或多或少接受这种心身两分模式。哲学的行话称之为心身二元论。启蒙以来，自然科学普及昌盛取得巨大成就，从科学的观点看待人的存在是一个巨大的诱惑。如果你"不幸"接受了较为系统的科学教育，甚至涉猎了当代的心理学、神经科学和认知科学，你可能会得到一个截然相反的看法：人是一个物理存在，除此之外别无其他。个人所具有的道德、情感、意识都源自这个物理功能体，不存在一个独立的心灵或灵魂来承担解释。这种立场被称之为物理主义。顾名思义，物理主义是以物理科学为基础的主义。这里的物理科学不仅仅限于物理学，而是包括化学、生物学、神经科学广义的物理科学。

物理主义者主张：一切事物都是物理的，一切都可以为物理科学所描述和解释。第一句话不妨称之为物理主义的本体论主张：断定除了物理的事物，别无其他事物存在；第二句话不妨称之为物理主义的认识论主张：断定物理科学可以描述和解释所有存在的（物理）事物。稍加反思就会发现，这两个主张彼此紧密联系。例如我们说原子存在是一个本体论主张，但我们是通过原子论来断定原子存在的。说世界上有什么东西存在，也需要有一个与之对应的理论来给出解释。直观常识断定山川河流、日月星辰都是存在的，存在不需要理论，人们习以为常。涉及微观层次的事物如电子、夸克和宇观层次的事物如黑洞等，就需要借助理论才能知晓其存在。物理主义者相信只有这些物理的事物才是真实的存在，其他不过都是梦幻泡影。当然物理主义还有另外一种更严格的表述方式：天地万物要么是物理的事物，要么和物理层面的事物有着必然的联系。例如意识过程必然和大脑过程联系。如何理解这个"必然"，不是本文主旨。只说一点，物理主义者都有个基本信念：所有事物最终都要锚定到物理事物上，所有的科学最终都要归总到物理科学。

侯世达就是这个物理主义科学传统的传薪者，他不仅和其他物理主义者一样相信人是一个物理存在，而且指出常人眼中的自我不过是一个幻觉。侯世达说:"最终,我们自我感知、发明自我并被锁入一场叫作'我的'幻境里,这些不过是自我指称的小小奇迹。"[1]

幻觉提法是全书的重心。在《哥德尔、艾舍尔、巴赫——集异璧之大成》中,他比较系统地阐释了哥德尔的定理。在《我是个怪圈》一书中,他把哥德尔句引入自我的讨论中。所谓的哥德尔句是一种自指句,例如"我正在说谎""下一句话为假,上一句话为真"等。不难发现句子的真假依靠对句子本身的理解,对于"我正在说谎"这句话,如果我认为这个句子是真的,那么这个句子是假的;如果我认为这个句子是假的,那么这个句子是真的。这就是自古希腊以来有名的说谎者悖论。这类句子被称作自指句。以此类推,我们会发现有无穷多的自指句,例如我们日常谈话总是从"我……"开始,日常言谈中存在大量"我如何如何"的语句。这些语句是否为真,依赖于我真的如何如何。在侯世达看来,这就是自我的来源。长期使用以我开头的语句,相互交错,叠成怪圈,形成了人类的自我理解模式。语言不是表达思想,而是塑造成形思想。在这里,侯世达和维特根斯坦关于语言的看法相去不远。

侯世达对自我的理解和他对人工智能的理解交相呼应。他多次声明自己不是一个人工智能研究者,而是一个认知科学家。在他看来,机器不能获得真正的人类智能,其中一个重要的原因就在于:人类可以发现哥德尔定理,一个基于算法的机器却不能发现哥德尔定理。在漫长的研究中,他发现机器学习、深度学习都是数据拟合,基于算法

---

[1] 侯世达:《我是个怪圈》,修佳明译,中信出版社,2019年,434页。

实现。而我们的大脑是不能被算法所穷尽的。对于当今如火如荼的人工智能研究和应用，侯世达疑虑重重。他声称要做真正的人工智能，所以自觉地和现在这些人工智能研究者保持距离。毕竟双方对何谓智能的理解有霄壤之别。一般来说，人们可能认为：物理主义者相信强人工智能，二元论者反对强人工智能。这不难理解，如果人是一个物理性存在，那就与机器没有分别，人能拥有的能力机器也具有，机器可以实现强人工智能；另一方面，如果人是一个心身二元体，那就意味着人和机器是有分别的，人拥有心灵，而机器不具有的心灵，因此机器不能实现强人工智能。但真相与此相悖，物理主义者侯世达反对强人工智能，他的学生、二元论者查尔莫斯却支持强人工智能。

查尔莫斯是目前最为知名的心灵哲学家，1996年出版了心灵哲学领域里程碑式著作《有意识的心灵》。他少年早慧，13岁读到《哥德尔、艾舍尔、巴赫——集异璧之大成》，15岁读到丹尼特和侯世达合著的《心我论》，自此和侯世达通信不断，植下了意识研究的种子。虽然查尔莫斯颇具数学天赋，一心想成为大数学家，但侯世达关注的问题一直在勾着他，牵引着他的思考最终走向哲学。彼时牛津哲学继承日常语言学派风格，从"意识"诸概念的日常用法出发讨论心灵哲学，这和查尔莫斯希望从科学中获得教益的旨趣相去甚远。于是他写信求教侯世达，申请读他的博士。两人一拍即合，查尔莫斯远渡重洋到美国印第安纳大学侯世达主导的认知科学项目中心读博。其博士论文确立了查尔莫斯和侯世达物理主义世界观不同的自然化二元论立场：他认为意识不能被还原为物理事物，意识和物理事物一样属于世界中的基本事物。与那些神秘的二元论不同，查尔莫斯也指出意识不过是一种自然现象。他在《有意识的心灵》中提出了著名的僵尸论证：我们可以设想只具有物理层面而不具有内在意识层面的僵尸存在。如果这样的僵尸可能存在，就表明内在意识和物理层面之间的联系并非必然。但如前所述，物理主义承诺内在意识层面和物理层面之间的联系是必然的：有其心（灵）必有其物（理），有其物（理）定有其心（灵）。因此僵尸的存在就等于否认了物理主义。僵尸论证是心灵哲学的一个巨大工业，有丰富的细节讨论，暂且略下不表。

与此相关，师徒二人对人工智能的看法也截然相反。侯世达不会认为让机器具有意识是人工智能的主要困难。按照他的看法，人类意识本身就是个幻觉，谈不上机器具有意识。他在意的乃是如何制造出和人类一样具有推理能力的机器人。当今的人工智能基于逻辑推理、统计推理，都是一种形式化推理；但真实的人类并不做这类形式化推理。因此他认为以形式化推理模型为基础的强人工智能是不可能实现的。查尔莫斯的着力点不在推理，只要涉及推理，人类就总可以找到终极算法，问题在于机器是否具有和人类同样的意识。塞尔提出中文之屋思想实验，认为机器不具有人类的理解能力。但查尔莫斯认为机器可以具有意识和理解。不能因为人类具有生物基础，而机器缺乏生物基础，就断定机器不具有和人类一样的意识。机器只要在功能上模拟人脑就可获得意识。因此对于当前讨论的"奇点问题"——人工智能全面超越人类智能的时刻，查尔莫斯是乐观的。他认为奇点来临是可期的。或者用他的行话，奇点是逻辑上可能的。

僵尸是逻辑上可能存在的，奇点是逻辑上可能存在的。利用这个看似琐屑的逻辑可能论证，查尔莫斯一方面反驳了物理主义，另一方面支持了强人工智能，为我们理解人类自身打开了新的视野。不过，有些工作不能单单依赖逻辑论证，而是需要落实到实际的人工智能探索上才行。在这方面，侯世达是先行者、实践者。与通常的人工智能学者不同，侯世达不研究推理，而研究类比，出版了皇皇大著《表象与本质：类比，思考之源和思维之火》。他认为人和机器的根本不同在于人会做类比，而机器不会。类比是人与世界打交道的一个基本方式，在禅宗或者《庄子》书里，类比随处可见。我是一个怪圈，不能从字面理解，而是一个类比。研究类比就是研究真正的人工智能。

  对哥德尔定理、人工智能、自我的贯通理解，就是侯世达从《哥德尔、艾舍尔、巴赫——集异璧之大成》到《我是个怪圈》三十年来写作的心路历程。这两本书都不是单纯的科普著作，而是哲学－科学著作，打破了流俗的科学和哲学的两分，为我们认识自己和世界提供了更深入的理解。阅读《我是个怪圈》，与这个世界上伟大的心灵对话而有所感所思，也只能是具有"幻觉"的我们所享有的"特权"。

为学不作媚时语[①]

  2022 年 6 月 15 上午，我有幸参加了由商务印书馆、北大哲学系和康德哲学学会组织的康德《纯粹理性批判》新译座谈会。很多人，包括我自己都没有料到韩林合老师会翻译《纯粹理性批判》。更加出乎意料的是，韩老师的新译本和以往的译本相当不同，有将近 10 万字的研究性注释。不用说，韩老师下了大功夫。作为学生、作为晚辈，拿到沉甸甸的新译本，感喟莫名。一则以喜，一则以惧：喜的是，《纯批》有了可读的新译本，老师又有了新成果；惧的是，作为学生远远追赶不上老师的步伐，需要继续努力。提笔写这个感想，主要是帮助自己省思学术，也给我的学生一些激励。这篇小文章分为三个部分：第一个部分谈谈韩老师的为学；第二个部分结合座谈会的情况简单介绍康德哲学对中国学界的影响及韩老师的翻译；第三个部分，主要引介韩老师颇具特色的注释，并结合韩释探究康德和分析哲学的关系。不过

[①] 本文是为韩林合译《纯粹理性批判》所写的书评。康德：《纯粹理性批判》，韩林合译，商务印书馆，2022 年。

这些粗浅的介绍和讨论都要加一个限定词:"我眼中的"。

最早知道韩老师的名字是在21世纪之初,武汉中南路的洪山广场书店。韩老师的《〈逻辑哲学论〉研究》在商务印书馆初版,好友王辉祥先我买了一册。韩老师在后记中写道,1994年在台湾出的《维特根斯坦哲学之路》关于《逻辑哲学论》研究的部分压缩了篇幅,这是第一次出全。我翻了翻书,有60万字之巨,印象深刻。《逻辑哲学论》的篇幅不到3万字。韩老师的解读有古人注经的气魄。后来,我北上求学,到北大蹭课。2004年秋季,韩老师开了两门课"《逻辑哲学论》专题研究"和"《哲学研究》专题研究",我听了一些,但没有完全跟下来,很大的一个原因是韩老师的课程都在上午,我记得是周三、周五的上午。对于当时习惯于熬夜的我,实在困难。但韩老师讨论问题的严谨和决断给我留下了很深的印象。那时,他已经完成了《〈逻辑哲学论〉研究》的修订(2007年再版),转入了维特根斯坦后期哲学研究。维特根斯坦的后期著作《哲学研究》在国内学界乃至广义文化界更为流行,很多人都是从阅读《哲学研究》开始了解维特根斯坦的哲学的。不过,韩老师认为如果不深入了解其前期哲学,尤其是《逻辑哲学论》,就很难深入理解《哲学研究》。2010年他出版了《维特根斯坦〈哲学研究〉解读》,100万字的巨著。

我有写日记的习惯,翻到和韩老师的几次交谈。转录如下:"2009年4月15日借春游之机,去北大见了韩老师,上午十点十分左右到,下午两点结束。在谈论维特根斯坦时,韩老师帮助我澄清了对《哲学研究》首段奥古斯丁图画的误解。谈到庄子哲学,他认为身心是统一的整体,只有建立在身心统一体基础上才能谈论人的精神自由。他的庄子解释立足于此点，对庄子进行了系统解释。2009年4月21日，北大开现象学会议，我下午过去见韩老师，他送了我一本《维特根斯坦〈哲学研究〉解读》打印本，谈了这本书的体例、写作经过等。在讲到如何做学问时，他尤其强调做学问一定要专注。从2003年开始一直到现在，他为了撰写这本书，六年时间，基本不与任何人交往，基本不开会议、不做讲座等杂务，拒绝与这本书写作无关的任何事情。他的最初计划是写100万字，交稿正好符合要求。严密计划，严格执行，不打丝毫折扣。做学问和做别的不一样，自己知道自己会达到一个什么位置。这和名利追求不太一样，你不知道自己会走到哪一步。做学问一定不要在乎其他东西，否则只能做肤浅的研究。最后谈了他的写作计划，在这本书结束之后，他要根据维特根斯坦观点写一本《批评的二十世纪分析哲学史》，然后再写一本《批评的西方哲学史》，哈克写完《〈哲学研究〉评注》后，即是如此。2009年6月17日中午在北大见了韩老师，一起午饭。聊了不少学界的事情，韩老师说做学问既要专业又要有大视野，否则要么失之琐屑，要么失之粗俗。2011年4月1日周五上午去北大上韩老师课，他讲到维特根斯坦早期所理解的对象从形而上学立场出发，因此没法认识和命名，是一大问题。后来《哲学研究》中，开篇即讲到实指定义，乃矫正前弊。"一晃十多年过去了，韩老师的学术研究愈发系统深入。

回顾过往，韩老师之为学，启发有三，试一一言之。第一，做学问既要专业又要有大视野。韩老师的研究，一方面始自维特根斯坦，延续到对逻辑经验主义的研究（《石里克》）、语言学与语言哲学的研究（《乔姆斯基》）、形而上学研究（《分析的形而上学》）以及匹兹堡学派研究（翻译约翰·麦克道威尔的《心灵与世界》，等等）。另一方面他研究道家哲学，先后出版了《虚己以游世：〈庄子〉哲学研究》《游外以冥内：郭象哲学研究》。我的硕士专业是中国哲学（先秦哲学方向），最早的研究兴趣是先秦哲学。在韩老师的学生中，我最为关注他的中国哲学研究，也因此有机会参加过牟博老师组织的"中西比较哲学圆桌论坛"。此论坛好几次都在北大召开。韩老师的视野是开阔的，横跨中西哲学传统。据说，他最近又在研读佛教哲学、印度哲学。韩老师的著作不仅视野开阔，专业性也极强。他的维特根斯坦研究独树一帜，《庄子》哲学研究自成系统，把维特根斯坦和《庄子》的思想做了真正的交融交汇。他的道家哲学研究和我们通常的票友式、串行式研究不同，而是开辟了一条研究中国哲学的新路。尤其是他提出要在身心统一体的基础上去认识人的精神自由，我当年只在日记中记下来，并无太多体会。读博士以来，一直关注心灵哲学，慢慢觉得韩老师的这个思路才是一条更值得探索的路。探究心身问题，也许要考虑放弃笛卡尔的框架，回到亚里士多德或者维特根斯坦的理解上来。英国哲学家 E. J. Lowe 在 *Subjects of Experience*（1998）一书中也提出了一种非笛卡尔式的二元论，其实质也是主张对经验主体的理解应该建立在身心统一体的基础之上。我认识到这一点，已经是十年之后了。韩老师的文字简练，逻辑清晰，没有废话。王博老师在座谈会上说："读韩老师的《〈逻辑哲学论〉研究》，文字非常优美。读康德新译"序言"，觉得就应该这么翻译康德。"韩老师除了专业性和大视野的哲学格局之外，还建立了一种学术写作的风格。不过，一般来说，没有耐心读书的人，很难体会到这一点。

第二，十多年前的一次谈话中，他说到做学问要专注，一定不要在乎其他东西，否则只能做肤浅的研究。印象所及，北大的老师们，淡泊名利、醉心研究。说得更具体一点，都不爱参加外面的学术活动，而是埋首书斋。和韩老师一起参加过的会议也就两次，一次是2010年冬季，在中国人民大学召开的"维特根斯坦与当代哲学会议"。第二次是2018年冬季，在深圳大学召开的"东西方心身哲学国际会议"。除了北大哲学系、外哲所组织的会议，很少见他出来开会，也很少见到他在外面做学术报告，当然就更别提一般的学术文化活动了。大多时候，他就是在哲学系的办公室读书写作。找他是很容易的。我经常头一天联系他，第二天就可以去找他。王博老师说，他的精神世界极其丰富，实际生活单调枯燥。记得有几次去找他，两人就是去燕南餐厅的地下一层咖啡厅，一人一杯咖啡，一个鸡肉卷，打发了事。如果不是有事或者有问题请教，一般我都不会去耽搁他的时间。博士期间，我曾经做过一次论文报告，被他批得很惨，他也许忘记了，但促使我意识到自己写作的问题所在。后来，每当我批学生比较狠的时候，都拿韩老师的批评做例子。我说："与韩老师的批评相比，对你们的批评都是毛毛雨。"韩老师治学严谨，批评也严厉，包括学界同仁。批评起来毫不留情，对事不对人，这就是他对待学问的态度，这里没有什么私情和偏见，学术乃天下之公器。正因为如此，他在学界的交往超乎我的意料。这次座谈会来的各位老师们都来自不同的哲学研究领域，和韩老师有着不同的学术交谊。座谈会是康德专家、康德学会会长韩水法老师亲自张罗的。商务印书馆的陈小文老师也以此次出版康德新译作为私器公用的典范——他与韩师是北大哲学系1982级的本科同学。我自己了解到的同辈中，像黎萌老师，她受到韩老师的影响而关注形而上学；像骆长捷老师，在韩老师的推荐下，翻译了斯特劳森《怀疑主义与自然主义及其变种》。机缘巧合，我也是自己脑子中的想法发生变化的时候，才关注到斯特劳森这本书的价值，才结识了译者骆长捷老师，才意外得知是韩老师推荐这本书给她翻译的。回想北大几年读博，有宝山空回之感。

第三，韩老师的研究非常重视翻译，他的翻译是和研究紧密结合在一起的。他关于维特根斯坦的研究，是建立在对维特根斯坦文本的系统翻译之上的。商务出版的八卷本《维特根斯坦文集》，他翻译了六卷。在这之前他已经出版过《逻辑学笔记》《逻辑哲学论》《哲学研究》等译本。正是建立在对维特根斯坦文献极其熟悉的程度上，他才撰写了两部研究维特根斯坦的扛鼎之作。关于维也纳学派的研究，他贡献了一本著作《石里克》和一本译著，即哈勒的《新实证主义》。我在写物理主义的博士论文时，他指出要看看维也纳学派时期的物理主义论述，当时参考了他在《石里克》一书中的相关解释。维特根斯坦和匹兹堡学派关系密切，他关注匹兹堡学派，重译了麦克道威尔的《心灵与世界》。他还翻译了马蒂尼奇《语言哲学文选》的部分文章、施特劳斯《政治哲学史》的部分章节等。他撰写的《乔姆斯基》和《分析的形而上学》也都是建立在翻译和深入了解西方学界基础之上的。可以说，韩老师的翻译和研究是交织在一起的。翻译《纯粹理性批判》是他的一个阶段性工作。已在商务印书馆出版的《人：遵守规则的动物》，包含了对亚里士多德、康德、维特根斯坦、道家四个研究领域的系统论述，这应该是他系统提出自己哲学立场的一部原创性著作。"人是规则的动物"这个提法建立在融会中西哲学传统的基础之上,也建立在大量的学术翻译研究基础之上,有着深厚的思想资源和分析论证,可以说是汉语学界一本特别值得期待的哲学著作。不管是翻译还是研究,韩老师都注重吃透原文。我曾经问过他读文章的标准,他的回答是,一般的文章读三遍,需要研究的七、八、九遍都正常,维特根斯坦则是无数遍。当然,首先是要研究第一手文献,读康德、维特根斯坦应该用德文、读斯宾诺莎需要用拉丁文。也是因为受他注重原著研究的影响,我原本对维特根斯研究很有兴趣,因为不能完全用德语研读,就浅尝辄止了。

我写博士论文的时候,他说论文或书的逻辑结构一定要非常清楚,这样可以从任何一个地方开始写,而不需要从头到尾。这就意味着你对全书的内容成竹在胸。他还说:"如果你能把你讨厌的东西写成一篇博士论文,那你就可以做学问了。"能够忍受枯燥乏味的人,一定可以潜心学术。强大的内心世界,单调的现实生活。韩老师就是一个活脱脱的"北大康德"。

这次康德纯批新译出版,激起了我再一次阅读康德的激情。我最早接触到康德,是因为在大学一年级时看了李泽厚先生《批判哲学的批判》,然后读蓝译本,得其门而未入。叶秀山先生写过很多文章,强调阅读康德的重要性:康德是可超而不可越的,康德是哲学的一道门槛,读懂康德才算进入哲学。但蓝译本的文字表述造成了理解障碍。幸好,当时杨祖陶先生和邓晓芒老师合作出版了《康德〈纯粹理性批判〉指要》,让我略知康德大意。后来还读了二位先生合译的《康德三大批判精粹》,郑昕先生的《康德学述》。再后来,对维特根斯坦和分析哲学的兴趣渐浓，放弃了康德哲学的学习。

康德哲学之于中国哲学的意义是巨大的。郁振华老师在座谈会上谈到张东荪先生的多元认识论、牟宗三先生的两层存有论、李泽厚先生的人类学历史本体论和冯契先生的智慧说，都和康德哲学关系密切。据说，牟先生因为对维特根斯坦难以悟入，遂返回康德哲学。一句话，康德哲学是当代分析哲学、欧陆哲学和中国哲学共同的思想资源。王路老师谈到康德和分析哲学的关系，他对《纯粹理性批判》也有深入了解。从王老师的观点来看，形而上学的基础是逻辑。理解亚里士多德的逻辑，对于认识亚氏的形而上学是非常关键的。理解康德的逻辑，对于认识康德的形而上学也是非常关键的。康德哲学在分析哲学界向来是研究重镇。例如斯特劳森阐释《纯粹理性批判》的著作《感觉的界限》，是英美学界康德研究的经典之作。分析哲学家更看重从康德到弗雷格的这一条线索。芝加哥大学哲学系的 James Conant 教授是新维特根斯坦主义代表人物，他在厚厚一卷《诺顿西方哲学文选：康德之后的分析传统》中写的弗雷格介绍把康德和弗雷格联系起来，他认为弗雷格是要解决数学知识如何可能的问题，这就接上了康德的问题。[1] 牛津大学哲学系 Adrian Moore 教授在《现代形而上学的演化》这部专著里，也讨论了弗雷格对康德的批评，虽然弗雷格的工作不能算作形而上学研究，但他的工作对当代形而上学研究影响巨大。[2] 如果扩张开来，克里普克在《命名与必然性》中，提出后天必然命题（"晨星是暮星""水是

---

[1] James Conant and Jay Elliott, *The Norton Anthology of Philosophy, Volume V: After Kant: The Analytic Tradition*, W. W. Norton & Co., New York, NY, 2017.

[2] Moore, Adrian W. *The evolution of modern metaphysics: Making sense of things*. Cambridge university press, 2012.

H_2O""金的原子序数是 79"等)如何可能的问题,也是回应了康德提出的形而上学知识如何可能、自然科学知识如何可能的问题。[1]

康德关于分析和综合的区分是后来分析哲学讨论的核心话题。我曾在"分析性、必然性与逻辑真理"一文中把分析与综合、必然与偶然、先天与后天三对概念,从康德开始一直到 Edward N. Zalta 的相关工作做了一个梳理。[2] James Conant 编辑了《诺顿西方哲学文选》第五卷《康德之后的分析传统》,第四卷是尼采专家编辑的《康德之后:解释的传统》。[3] 分析哲学和欧陆哲学均接受了康德的遗产。近期分析哲学史研究逐渐升温,韩老师对康德的重译,也呼应了这一趋势。注重康德和分析哲学的内在联系乃应有之意。我在后面将重新回到这一话题。

在谈到译本时,韩立新老师讲到日本人的哲学翻译一定要加注释,注释反映译著的水平。因此译本的比较,也是译者注释的比较。韩老师新译的最大特点就是增加了 10 万字的注释,对关键性术语的翻译和理解做出了深入探讨。甚至一个注释就可以展开为一篇文章。

周程老师对康德的日译本做了系统的介绍,他说《纯粹理性批判》在日本有 12 个译本,岩波书店 20 年代出了好几版纯批上册,下册 1、2 卷是在 1930 到 1931 年间出的。韩林合老师推测蓝公武先生的译本

---

[1] Perrick, Michael. "Kant and Kripke on Necessary Empirical Truths." *Mind* 94, no. 376 (1985): 596-598.

[2] 梅剑华:"分析性、必然性和逻辑真理",《哲学分析》(月刊),2014 年第 1 期,69-82 页。

[3] Richard Schacht. *The Interpretive Tradition, Volume Four of the Norton Anthology of Western Philosophy* (New York: Norton, 2017)

受到了日文译本的影响。我国的哲学术语大多受到日本翻译哲学术语的影响。目前,《纯批》有 12 个日译本,有 8 个中译本:胡仁源译本,蓝公武译本,韦卓民译本,牟宗三译本,邓晓芒、杨祖陶译本,李秋零译本,王玖兴译本和韩译本。据闻,谢地坤老师也要出康德《纯粹理性批判》的新译本,那就是 9 个中译本了。

我记得张祥龙老师撰文谈到《存在与时间》在日本有 7 个译本,国内只有 1 个译本。在系统的哲学翻译工作上,中日存在差距。座谈会开幕,商务印书馆的负责人顾青老师致辞时说:汉译经典还需要继续努力发展,不能停留于此。郁振华老师讲韩老师用了"构造""训导""范则"等一系列新的译法提高了汉语哲学的说理能力。韩老师说,目前的哲学翻译,已经到了开始超越日译的阶段了。此次康德新译,就是一种尝试。

康德翻译有三个主要阵地。一个是武汉大学,杨祖陶先生和邓晓芒老师翻译了"三大批判"。同辈人则有杨云飞老师翻译了康德的《道德形而上学奠基》《论教育学·系科之争》。第二个是中国人民大学,苗力田先生翻译了《道德形而上学原理》等,李秋零老师主持翻译了《康德全集》。第三个是北京大学,韩水法老师翻译了《实践理性批判》,韩林合老师翻译了《纯粹理性批判》。韩水法老师总结北大有康德哲学研究的传统,上溯到老一辈学人郑昕先生的课堂,有牟宗三先生、齐良骥先生等学习康德。社科院也有康德研究传统,尤其在叶秀山先生多年倡导下,研究者有黄裕生老师、王齐老师、赵广明老师等。研究康德不仅仅是一种纯粹的学术研究,也是一种精神的坚守。2019 年秋季,德国康德专家赫费(Otfried Höffe)还在清华专门讲解了康德的名篇《什么是启蒙》。印象所及，北师大李红老师和唐热风老师都开过康德读书班和课程。谢晏龄老师为大众写的康德普及读物《康德的大刀》也是我常推荐的。挂一漏万，难免唐突。总之，康德哲学尤其是《纯粹理性批判》乃不同哲学领域的学者都必须研读的经典文献。

座谈会时，张志伟老师说起，李泽厚先生在出版《批判哲学的批判》之前，请苗力田先生看过书稿。因为李先生自己读《纯粹理性批判》主要用的是斯密的英译本和蓝译本，担心理解出现偏差。李泽厚对康德和黑格尔有比较性的评价，有一句非常有名的话"要康德，不要黑格尔"，这是 1981 年 9 月李泽厚先生在"纪念康德《纯粹理性批判》出版 200 周年和黑格尔逝世 150 周年学术讨论会"上提出来的。这个提法和他说的"多来点波普尔，少来点海德格尔"是一致的。"要康德"是强调人的主体性，"多来点波普尔"是强调科学理性。前者呼吁从一种绝对性、必然性的思想禁锢中解放出来。后者则强调，不要走得太远，走向了非理性，而要守住基本的科学理性。李泽厚也讲了阅读康德和黑格尔的不同感受。大意是，康德的每一句话都很清楚，但连在一起就不清楚了；黑格尔则是每一句话都不清楚，但大致意思是很清楚的。参加座谈会的应奇老师和我都有相似印象。例如黑格尔讲质、量、度，整个架构都是很清楚的，但具体到每一句，则很难懂。我记得上大学时，受到一位学者的影响，读了《小逻辑》和《哲学笔记》，几乎抄了《小逻辑》一遍，但思想上没有深入。王路老师说，你读亚里士多德、弗雷格会让你进步，但你读黑格尔、海德格尔则不会有这个感受。我想这可能和写作方式有关系。不过，张志伟老师的意见不同，他认为："黑格尔的德语和现代德语貌似区别不大，而且句子没有康德长。康德的句子不仅长,而且文风貌似有些半文半白的味道。因为康德的每句话都不是一句话,而是一大堆话,所以不可能每句话都说得清楚。"没有查到李泽厚先生这句话的出处,只能存疑。但哲学著作的文风、论述方式的确是一个值得探究的话题。

此次《纯粹理性批判》新译本的出版,对于学界来说是提供了一个可靠的新译本,但更重要的是在当代哲学的语境下重新思考康德提出的问题和解决方案。于我个人而言,康德与分析哲学的关系,例如康德与弗雷格、维特根斯坦、克里普克的关系,例如康德与心灵哲学、行动哲学的关系,都是希望进一步探索的课题。不管是关注康德的翻译文本,还是关注韩老师的翻译注释,重新阅读康德、把康德带回到当代分析哲学的核心讨论中来,都是一件特别值得尝试的工作。

极端的理论与合理的解释[①]

"如果世界上从来就没有中国人,还有中文吗?""如果人类消亡了,语言还存在吗?如果存在,那在什么意义上存在?""当你掌握一门语言时,你究竟掌握了什么东西?这和你掌握开车技术一样吗?""孙悟空不存在,为什么我们可以有意义地谈论他?"……这些奇奇怪怪的问题,我曾在北京大学外国哲学所老化学楼227室的语言哲学课堂上,作为少数的听课者之一,被无数次地问到,提问者正是《语言·意义·指称》一书的作者——叶闯教授。实际上听课的学生除了哲学系学生之外,相当部分来自其他专业,有语言学博士、IBM的工程师、法律事务所律师,也有写小说的、做动漫的、攻数学的、学计算机的,等等。此书的写作始于三四年前,对此书的讨论始于五六年前,而其构思则已超过十年。"我最初的想法表达在1998年写就的一份只有几页纸的英文提纲中。"

---

① 本文是为《语言·意义·指称》所写的书评。叶闯:《语言·意义·指称》,北京大学出版社,2010年。

众所周知，语言哲学的核心议题是意义理论，对意义的考察占据着语言哲学的核心地位。为解释意义对语言本身以及语言实践的作用，传统的语言哲学家提出了多种不同的理论：早期维特根斯坦的逻辑图像论、后期维特根斯坦的语言游戏论、牛津日常语言哲学家的语用理论、奎因的行为主义、名字的直接指称论。这些传统理论尽管在理论旨趣及构造上各不相同，但都共享一个基本的框架：语言和世界存在一种表达关系——语言表达世界。此假设或明或暗、或弱或强地出现在各种理论中。然而在此框架下构造的各种理论均存在着各种各样的困难：有的来自某个特定理论本身，有的来自某种特殊语言现象，有的则是语义学家们需要共同面对的。几乎所有的解决方案都在"语言-世界"框架下展开。哲学家好比在玻璃瓶子里寻找出口的苍蝇，最好的脱身办法是打碎这个玻璃瓶。在作者看来，历史上出现那么多困难的原因在于，理论的提出者假设了错误的前提。因此之故，作者提出了一个异端理论来解释日常的语言现象和语言本身的构造问题，那就是：语言本身不表达世界。语言在根本上自主，语言的主要功能并不是表达世界，或者表达世界只是语言使用的一种形式。据此核心观点，作者做出如下区分："第一个是'语言表达的意义'与'交流中使用有意义的表达'的区分；第二个是'意义'与'意义的历史发生'，或者'意义本身'与'意义的发生学'之间的区分。"

区分根据何在？一个直接的考虑在于：数学和数学的使用（在物理学、经济学中的应用）是两件不同的事情，逻辑和逻辑的使用（具体思维活动中的推理）也是两件不同的事情，当然也可以说语言本身和语言的使用是不同的事情。数学、逻辑和语言的独立性之差别仅仅在于程度上,而非种类上。另外一个考虑在于:承认这两个区分对于我们处理各种语言问题不无裨益。据如上区分,则维特根斯坦、奎因、戴维森都站在发生学的角度考察语言:维特根斯坦通过日常的语言活动来探讨语法问题,奎因的极端翻译和戴维森的极端解释则想通过某一原始语言场景的田野考察,来获取对语言之理解。但语义学家要做的并非田野工作——那似乎僭越了人类学家的领地,问题的关键在于如何构造语义学。

考虑到传统理论的重心在于指称问题,作者从指称入手给出了基本的语义学规定。名字是指称性语言表达,直接或者间接指称世界中的一个对象——这是语言-世界框架的一个基本观点。传统中所理解的指称被作者定义为形而上学指称,因为名字指称世界中的实际存在物。作者在此书提出了另一种指称:语义学指称——指称为语义学系统所限定的对象。提出语义学指称的直接理由源于形而上学指称产生了日常话语中的谬误:含有空名的陈述,比如"独角兽只有一只角""孙悟空三打白骨精",或者,关于某个理论实体的陈述,比如"燃素解释了物体的燃烧"等都会没有任何意义——因为并没有为之假设的形而上学指称存在。然而,这些大量出现在文学、科学、艺术文献中的陈述显然都意义丰满、生机勃勃。这又如何解释呢?作者直接的反应不是对这类陈述做出某种特殊理解,如麦农或克里普克那样,而是径直质疑形而上学指称观念本身:含有这类名字的陈述之富有意义的根据,不在于名字的形而上学指称之有无,而在于它们("孙悟空""燃素")和其他的名字如"库布里克""贡布里希"一样具有语义学指称。在形而上学指称/语义学指称这对概念的区分下,弗雷格的

"意义确定指称"得到重新解释，意义确定了语义学指称而非形而上学指称。克里普克的论证（模态论证、语义学论证、知识论论证）不会危及新的意义理论，语义学指称只根据系统中的定义获得。仔细考虑，日常谈论出现空名难题的根源在于：在日常谈话中涉及世界的实际对象时，说话者所假定的形而上学指称和语义学指称似乎是等同的，说话者没有认识到这个区别，并且进一步认为只存在一种指称——形而上学指称。一旦我们清楚区分了形而上学指称和语义学指称，并把我们的讨论限制在语义学指称的层面上，就将成功消解那种所谓的困难（空名问题）。我们不需要像麦农或者克里普克那样扩大对象的概念，也不需要像刘易斯那样扩大真的概念，更不需要像大卫·布朗那样扩大命题的概念。一旦我们重新定位指称问题，空名就不再是一个特殊的问题，它将在我们的语义学范围内消失。

不过仍然存在一类问题：我们的语言中可以接受"宁采臣心仪聂小倩"这样的句子，却不能接受"宁采臣心仪麦当娜"这样的句子。粗粗看来，作者所构造的语义学似乎可以接受后者——因为"麦当娜"和"聂小倩"在同样的意义上具有语义学指称。如何处理这一类问题，构成了作者第二章的主要内容。作者运用并修改了语义学家卡茨的"语义标记"概念，成功地排除了类似"宁采臣心仪麦当娜""毛泽东三赚诸葛亮"等种种奇异语句。"第一类语义标记"直接用来描述对象性质：空名陈述之有意义，在于其"第一类语义学标记"和一般的名字没有区别。"第二类语义标记"是关于名字本身的语义标记。名字可能具有"虚构叙事""历史叙述""科学假说""科学理想化""常识话语""未来设想"等语义标记。

通过更为细致的刻画,"第二类语义标记"在系统内部限制了奇异句的出现。实际上,通过第一、二章关于指称问题的具体讨论,作者建立了异端语义学的基本框架。在第三章,作者运用基本的结论对一些现有的难题给出了解释:由于意义和指称的重新解释,最终意义确定指称被修改为意义产生指称。而指称理论也在新的理解下被归属为意义理论。根据异端语义学,否定存在陈述以类似卡尔纳普区分外问题和内问题的方式得到了新的解决,普特南的孪生地球实验也得到同样的处理。

作者在第四章展开了对分析性问题的说明。分析性问题在语言哲学中具有相当重要的地位,对分析性的讨论自休谟、康德、弗雷格到卡尔纳普、奎因,源远流长,歧见纷出。作者在对奎因所设定的两种分析性概念(逻辑分析性、语义分析性)提出批评之后,考察了历史上出现的关于分析性的七种定义,最终提出了自己的语义学分析性概念:在语义学范围内,只存在完全由语义系统资源以确定其真值的语句(即分析句),以及不能够为语义学系统资源确定其真值的语句(即非分析句)。

在新分析性概念下,分析性并不是与综合相对照的一个概念,而是与非分析相对照的一个概念。所有对分析性的认识论分析都被拒斥,只存在语义学的分析性概念。那么,"猫是哺乳动物"是一个分析句么?按照作者的思路,如果"哺乳动物"出现在"猫"的描述性质中,那就是分析句;如果"哺乳动物"没有出现在"猫"的描述性质中,则是非分析句。"弗雷格之谜"给直接指称论者造成的麻烦,也都因作者采取了一种去形而上学化的弗雷格立场而得到处理。从分析指称问题入手,然后通过给出两种语义标记来解决几个典型哲学难题,直到通过对传统分析性概念的批评给出了纯粹语义学的分析性概念,作者建立了一个意义理论的全面框架(与一、二章所建立的基本框架对照)。对这个理论的形而上学说明集中在第五章中,这是全书最具哲学思辨的部分,讨论了意义的形而上学性质,也在某种意义上回答了本文开头提出的问题。我希望把它完全留给读者去阅读和思索,而不给出任何解说。

要之,作者提出了一个全新的理论,毫无疑问这个理论充满异端色彩,在整体上背叛了语言和世界关系的基本图像。更为具体的:异端不仅是对传统的反叛,还是对某种特定禁忌的破坏。"每一个时代的哲学都有一些禁忌",我们时代的禁忌是:当讨论意义时,不能把意义当做实体。使用理论和行为主义这些"守规矩"的理论无一不把意义的非实体化作为建构理论的前提。作者在前言中给出了反驳:"一个守规矩的传统理论并不能满足有效解释的需要,其基础在概念上、直觉上、事实上、解释力上、理论的简单性上都没有让人不可抗拒的力量使得我们不得不接受它。相反,不守规矩的理论中的一些,即使不是更好,也未必在相关的方面就更差。"

简言之,异端理论是传统理论的一个替代方案,这个替代方案至少不会比传统理论差,更何况如作者指出,异端理论实际上更具有解释力,如此,以假设意义实体这个异端教条为代价的意义理论就有了立足之地。除对异端理论本身进行构造以外,作者对异端理论的外部论证大致分为两步:首先,异端理论本身不比传统理论更差;其次,异端理论在解释语言现象时,比传统理论更好。因之,能够合理解释语言本身和语言现象的异端理论完全可以成为传统理论的替代方案。

对这个异端理论的可能评价有几种，在肯定性的评价中存在这样一种估量：此书提出了一种新的指称观念，是弗雷格、克里普克、麦农之后的第四种指称观念。我的解释略有不同：前三种指称观念都实质地共享了作者所反驳的语言和世界这个基本框架，因此本质上只是同一种指称观念的不同变种。如果一定要在指称观念的层次上谈论，那么可以说作者提出了第二种指称观念。实际上，指称在作者那里具有两个基本的作用：首先，指称作为一个问题，使得作者可以依托指称论展开自己对语义学的构造，因此指称问题具有工具性的意义；其次，指称新观念也是作者异端语义学的一个直接结论。异端语义学的结论不止于此，新指称观念是其中的一种。

对异端理论的一种否定性的评价是：这个理论看起来太荒谬了，况且能用它干什么呢？贝克莱的唯心论是荒谬的，刘易斯的可能世界是荒谬的，直接指称论也是荒谬的。荒谬并不是否定一个理论成立的理由。即使接受其荒谬，但总得有用吧，反驳者退了一步。在替贝克莱回应其他反驳者时，约翰·海尔写道："唯心论只承认心灵和心灵的内容之存在，并通过它们来解释一切现象，从而无须再去处理那些关于心灵之外的物质对象和世界的乱七八糟的问题。"

在此，异端语义学享有和贝克莱的唯心论一样的优点，异端语义学只需要承认语义学对象之存在，就可以通过语义学规定解释许多语言现象，而无需处理那些因为形而上学指称而导致的空名、否定存在陈述等麻烦。在此意义上，异端语义学非常有用，它拥有全面系统地处理语义问题的能力。

该书的论证策略是经过反复思考的。作者认识到无法对意义实在论给出直接的论证,而且也无法对作者所提出的两个直观区分给出原则的说明,因此作者的意义实在论和直观区分的论证在两个层次上得以体现:它们是建构语义学所必需的要素和前提,以此为基础对语言现象给出的解释是合理且有效的。

本书的写作风格,按照作者的说法是"我只说我自己的东西"。因此读者在这里看不到多少引文和对其他理论的解说,作者的目的乃是要提出一个全新的语义学理论。就如戴维森所提出的真值条件语义学成为引领一代思潮的"戴维森纲领"一样,叶闯教授在此书中提出了一种新的语义学纲领:纯粹语义学纲领或者实在论语义学纲领(作者曾经为此书所定的书名为《语义学纲要——从实在论观点看》)。在此纲领下,有大量的工作需要展开:比如对"第二类语义标记"的应用问题、组合性原则的说明、内涵语境的阐释、隐喻的理解、信念之谜的处理等。相信纯粹语义学纲领会吸引一些有志于开创语义学新疆域的学者。

对于读者来讲,这是一次高难度的阅读,也是一种智力的挑战,当然更多的是获得关于语言本质的理解。此书并不是一个西方哲学的中国介绍,也不是一个西方哲学的中国评注,更不是一个西方哲学的中国批判。实际上此书的理想版本应该是一部英文著作,它的潜在阅读对象应该是那些英语世界的大学哲学系、语言学系、计算机系从事语言哲学、语义学、逻辑哲学、形而上学、算法研究的教授和学生,当然还包括那些有着严肃哲学兴趣的其他领域的非专业读者。因为此书所讨论的话题不仅处在语言哲学的主流,而且站在语言哲学的框架内挑战了语言哲学的传统。此书严格、规整、清晰，且具有相当的技术含量，每一个问题的处理都在跟某一个或某一类哲学家或哲学理论较劲、论辩。所有的传统意义问题经过重新解释都合理地安放在稳固的语义学框架之内，从而获得了新的涵义。这是一部纯正的哲学著作，为我们正在学习和了解的语言哲学做出了实质性的贡献。在中文哲学写作中，这不是一件很容易的事情。也许，有人觉得作者殚精竭虑、耗费篇幅，整本书的讨论居然仅仅在追索意义问题，问道："这有意义吗？难道，哲学不是在追求真理吗？"

"自然，在最终的意义上，我们仍然坚持哲学对真理的追求。"

自然，在最终的意义上，我们仍然坚持哲学对真理的追求。

从日常感知开始探究意识[①]

　　黄仁宇先生的《万历十五年》选取1587年这个平平淡淡的年份，勾勒了一幅明朝中晚期社会矛盾逐渐显露、政治缓慢走向衰败的画卷。通过此书，黄仁宇试图解释一个重大的问题：中国在历史上何以落后于西方。熟悉的读者都还记得他那颇不寻常的篇章布局：万历皇帝、首辅申时行、世间已无张居正、活着的祖宗、海瑞——古怪的模范官僚、戚继光——孤独的将领、李贽——自相冲突的哲学家。黄仁宇采取了和学院写作不同的风格，立论独特，分析老到，一时洛阳纸贵。

　　与黄仁宇的《万历十五年》写作方式类似，英国神经科学家苏珊·格林菲尔德的新著《大脑的一天》在解释亿万年演化的大脑机制时，亦采用了一天的日常视角来解释大脑意识经验。毕竟，最开始让我们困惑的并非学院的专业问题，而是生活中与周遭世界打交道带来的实实在在的感受。大脑意识研究尽可以有概念思辨，尽可以在实验

[①] 本文是为《大脑的一天》所写的书评。苏珊·格林菲尔德：《大脑的一天》，韩萌、范穹宇译，上海文艺出版社，2021年。

室中重复验证，但最终还是要能帮助我们理解日常感知的种种现象。为什么我在美术馆看不出某幅现代派作品的精微之处，专家却能看得出？为什么有的人总会被干扰，而有的人却能一直保持专注？诸如此类。从日常感知开始探究意识，作者的这一想法把格林菲尔德和大多数神经科学家、哲学家区分开来。

大致来说，神经科学的意识研究分两类：第一类研究意识的产生和演化，例如达马西奥、迪肯、Feinberg & Mallatt 等；第二类研究意识的神经相关物，例如 DNA 双螺旋的发现者克里克和他的合作者科赫、迪昂和格林菲尔德等。克里克和科赫长期从事意识的生物学研究，他们认为意识经验（尤其视觉经验）可以被还原为大脑的生理机制。将具体的视觉经验定位在关键性的大脑区域，甚至神经元细胞群。格林菲尔德也聚焦于意识的生物学研究。和克里克不同，她认为意识研究应该以日常意识经验为起点，而不是以实验室中的控制实验为基础。《大脑的一天》"通过经历生活中一个个'跌宕起伏'的事件——醒来、吃饭、工作、玩耍、遭遇困难以及做梦等——来看一下我们何以可能在大脑中（更确切地说），将特定的主观状态与一种截然相对立的客观事件的量化描述建立联系"。[1]

格林菲尔德关心意识研究的根本困难：科学研究是第三人称的、客观的、量化的；意识经验是第一人称的、主观的、定性的。如何用客观的科学理论去解释主观的意识经验？科学理论和意识经验二者之间存在一道解释鸿沟。自 20 世纪 80 年代以来，解释鸿沟问题一直是

---

[1] 苏珊·格林菲尔德：《大脑的一天》，韩萌、范穹宇译，上海文艺出版社，2021年，6页。

心智哲学中头等重要的话题，这也是当代哲学－科学的重大问题，其重要程度堪比黄仁宇关心的历史问题。

作者在该书中提出了神经元集合假说，试图对解释鸿沟做出回应："这一描述框架可以将主观的、现象学术语和客观的、生理学术语对应起来。"[①]作者认为，当神经元的个数结合具有一定数量的时候，就具有相应程度的意识。因此，意识既不是全局性的（整体的大脑），如迪昂和巴尔斯认为的那样；也不是完全地方性的（某个脑区），如克里克和科赫认为的那样，而是处在地方和全局之间的中观层次。作者选择中道，坚持中间层级的不同脑区之间的神经元连结而成的神经元集合假说。我将大致遵照该书顺序，略做概述评论。

第一章为"在黑暗中"，具有双重涵义。一方面，人的一天从黎明前的黑暗开始；另一方面，作者指出当前的意识研究尚处在黑暗之中。神经科学和哲学缺乏共同认可的假设，甚至哲学家之间关于意识的基本预设都是互相冲突的。作者自觉到这一基本困难：即便我们可以了解到大脑的神经状态，我们也很难将这些剧烈的神经生物活动与我们每天生活中体验到的、日用而不知的意识特征相联系。

在作者看来，意识并不能完全通过定义来得到理解，觉醒、觉知、潜意识、自我意识、无意识都和意识难分难解，每一种心理现象都只是意识的一个面向。有人能喝出青岛啤酒和百威啤酒的不同；有人能沉浸在美好的音乐中，忘记自我；有人灯下读诗浮想联翩；有人江舟独坐心境寂寥。凡此种种都是有意识的经验，但并没有一个意识的定

---

① 苏珊·格林菲尔德：《大脑的一天》，韩萌、范穹宇译，上海文艺出版社，2021年，6页。

义满足所有实际的意识现象。日常感知的经验并非量化标准可以穷尽。作者依次列举了种种神经科学、哲学的意识理论，一一加以批评。

作者关心的大脑研究进路乃是意识的神经关联研究（NCC）。如前所述，克里克和科赫聚焦意识的神经生物学，尤其视觉体验。问题在于，将意识简化为单一感觉，可能对意识状态无法做出很好的理解。即便在实验室里，也无法孤立研究某一种感觉。实验研究表明，气味能影响人的理性判断。五种感觉之间的互通，也会导致感觉之间的互相影响。看到了红色的辣椒，你就感觉到有点辣，望梅能止渴。你尝到的食物味道，不再是单纯的感觉，毋宁是一种综合了不同感官经验的感知。钱钟书先生在《论通感》中有过相关阐论。绘画研究也关注到诸如绘画中的听觉效应。克里克、科赫的还原论思路无助于理解意识。更何况，他们还搁置了对于人类生活最为重要的感情、自我意识等的探究。

科学家不妨多关注一些既有的案例，诸如裂脑和盲视。是的，我们可以发现它，可以描述它，但却不能回答为什么。正常的心理现象同样存在只能描述、不能解释的困难。但是，科学家不能主张理解的"寂静"，仅仅描述意识现象，还需要回答何以如此。毕竟，求理解是生而为人的天性。

还原论此路不通。有科学家诉诸"小人"的隐喻，在大脑之内有无数的小人儿（迷你大脑）为解释意识提供了根据。当我们谈到大脑的"中枢"时，不得不假设大脑中有一些特定部分，这一部分负责视觉，那一部分负责推理，另外一部分负责运动控制，这就好比《麻脑壳》连环画中，一群名叫"麻脑壳"的小人儿生活在一个人脑袋中的故事，每个人都有各自的工作。但是谁负责指挥这些麻脑壳呢？难道是麻脑壳里面住着小麻脑壳，小麻脑壳里住着小小麻脑壳吗？在作者看来，这不过是将问题变得越来越"小"，而不是解决了它。

在大脑中寻找意识的物理定位，似乎是我们这个时代的执念。我们知道意识经验发生在大脑之中，但并不知道实际如何产生。很多意识研究的大脑定位理论也许有助于一些实际的医学治疗，但对理解意识经验收效甚微。在经验层面，不管是找到了哈莉·贝瑞神经元、祖母细胞，抑或是像彭罗斯的"微管"，都不能直面意识问题。在理论层面，无论是全局工作空间理论，还是丹尼特的多重草稿模型，抑或是托诺尼的信息整合理论，这种种理论和大脑的经验探究并无根本差异。一言以蔽之，都在使用量化标准（大脑扫描图、数学公式）去寻找非量化的意识。执有以驭无，似乎就是一个 impossible mission。

不妨从日常感知开始，看看物理大脑之"水"是如何酿成主观经验之"酒"的。首先考虑睡眠和麻醉这样的无意识状态（第 2 章）。通常来说，睡眠具有五个不同阶段，从意识模糊到快速眼动睡眠，每一个阶段都有意识的参与。美国医生古德拉描述了麻醉的四个阶段：失去痛觉经验、意识状态不受控制、失去基本反射能力（瞳孔放大），最后处于深度无意识状态。研究表明睡眠和麻醉这样的意识经验，具有不同的程度。意识经验的增强依赖于各个脑区之间的联系。联系越弱，意识越少，但并不等于虚无。清醒、睡眠、麻醉，无论你处于何种状态，意识经验永远在场。这也是为什么笛卡尔从"我思"来定义"自我"的缘由。格林菲尔德和笛卡尔的理解有所不同。在她看来，身体活动和意识经验之间的关系难分难解，须臾不可分离。

身体活动伴随意识经验，身体的活动需要时间。理解意识不要从某一刻的意识状态出发，最好从具有时间历程的意识过程出发。"发生在介于宏观脑区和微观单个神经元之间的层面：这是瞬间的、集体的脑细胞活动形成的一个中层组织，为了适应各种意识深度，它每时每刻都在不断扩大或缩小。"[1]大脑并非一个僵化规整的建筑，而是时而风平浪静时而波涛汹涌的大海。作者提出的神经元集合假说就是对大海这种形象说法的理论抽象，这源起于1949年加拿大心理学家赫布提出的神经元理论：相邻的神经元往往同步，像一个密切联系的团体，突然一起开始活跃。单个孤立的脑区与意识没有一一对应的关系，而是神经元集合以某种方式对意识的产生和丧失产生联系。作者利用光学成像技术——一种可以观察大脑过程而非大脑切片的技术——获得了实验上的证据支持。这就是格林菲尔德在意识研究领域的独特贡献。大海的隐喻，表明意识经验和物理活动之间的关系并非截然二分，而是"体用一源，显微无间"。熊十力先生讲体用论与此颇近，"譬如大海水即此腾跃的众沤相是。倘不悟此，讲求实体于流行之外，是犹求大海水于腾跃的众沤之外。非其愚不至此也"[2]。大海水与众沤，于众沤求大海水，就好比于众神经元集合活动求意识经验。可谓"东海西海，心理攸通"。

　　我们在"黑暗中"了解到意识研究的困难，"醒来"是因为具有了好的意识模型：神经元集合假说。一天的旅程始于遛狗（第3章）。遛

---

[1]　苏珊·格林菲尔德：《大脑的一天》，韩萌、范穹宇译，上海文艺出版社，2021年，63页。
[2]　熊十力：《体用论》，上海书店，2009年，79页。

狗就是散步，牵的是狗，遛的是人。尼采说："所有真正伟大的想法都产生于行走之中。"守时的康德，下午四点准时出来散步。海德堡至今有一条哲学小道。散步对于思考颇为重要。研究表明，按照自己的节奏散步，有利于改善工作记忆。尤其在自然环境中散步，优于在嘈杂的城市中散步。哲学家、艺术家喜欢乡间田野生活，并非完全时代观念使然，也是因为对启发思考有帮助。维特根斯坦冬天曾经专门到挪威的小屋进行写作。返回自然环境，能促进思考。散步及其所遭遇的周边环境不仅对人类感知产生影响，对动物感知亦是如此。动物在充满刺激的环境中进行互动，会提升其认识能力。研究表明，把老鼠放在丰富可互动的环境中三个星期后，与处于枯燥环境中的老鼠相比，前者在行为上表现出了显著的差异。大脑对周边环境的反应，会改善脑细胞，就像锻炼肌肉一样。大脑运动会改善大脑，无论是学习语言还是做数学题、弹钢琴都会对大脑的发展做出贡献。身体的运动会改善心智，甚至想象弹钢琴也会改善大脑。这要求我们放弃笛卡尔式过于简单的心身二元框架，认识到心身复杂微妙的联系。

　　生活不仅有思考，还需感受生活（第4章，早餐）。五官感觉就是日常感知的基本接收器。我们已经提过通感，不同感觉之间互相通达补偿。听音乐，脑海里会浮出画面。读诗歌，耳边恍然有音乐响起。钱钟书解"红杏枝头春意闹"，"把事物无声的姿态说成好像有声音的波动，仿佛在视觉里获得了听觉的感受"。[1] 钱引培根说，音乐的声调摇曳和光芒在水中荡漾，那不仅是比方，而是大自然在不同事物上所

---

[1] 钱钟书：《七缀集》，生活·读书·新知三联书店，2002年，63页。

印下的脚印。① 据说在中世纪欧洲，为了帮助不识字的民众相信上帝的真实存在，传教者曾求助于音乐和绘画。毋宁说，没有孤立的感觉，而是基于每一个人的整体感知，五种不同的感觉互相影响，加强或削弱，最终形成整体感知。

作者引用了大量的具体案例，比较细致地讨论了感觉的种种细微差别和关联。视觉最重，其次是味觉、触觉和听觉，最后是嗅觉。感冒会让很多人觉得食物索然无味。如果你鼻塞，闻不到食物的味道，也会影响你舌头的味觉。登高望远，山川俊秀，碧空如洗，让你产生一种开阔宏大的感受。你的所见、所闻、所嗅、所触，所在环境，形成了一种整体感知。这些感知凝成了语词，表达了此刻的感受。"江流天地外，山色有无中"，"无边落木萧萧下，不尽长江滚滚来"，说的是自然地理，传达的是千古不变的人类情怀。

感受是人类生活的重要一面，在人们工作之时，也因为感受的不同影响到工作状态（第5章）。例如，环境本身会影响大脑的工作。工作地点的颜色会改变人们的精神状态。蓝色促进情绪和记忆，绿色让人感到平静，红色产生警惕和注意。也许是因为人类一开始看到红色就会在生理上有反应，才使得我们把红色作为警戒标志。红色的研究表明感觉和认知之间不可区分。不仅五官感觉之间可以互通影响，感觉和一般认知互通影响，这似乎是意识的应有之意。最终我们建立了对周边世界的日常感知。这种感知不仅包括颜色，也包括空间。有人偏爱在密闭的小屋里创作，有人则喜欢在宽阔高大的空间里工作。正

---

① 钱钟书：《七缀集》，生活·读书·新知三联书店，2002年，65页。

如作者所主张,每一个人的感知经验都是独特的。

上述种种都是如何改善神经元集合,从而获得对生活的丰富感受,具有创造性思维,提升工作效率等等。但人不只有个人生活和工作,还有家庭生活(第6章)。年轻人会焦虑、患上抑郁症甚至精神分裂。老年人饱受疼痛、阿尔兹海默症等疾病的摧残。我们所看到的老年人记忆减退、人格冲突,年轻人的情感紊乱,在格林菲尔德那里就是神经元集合活动的减弱。作者提出通过音乐治疗、记忆训练来克服生理疾患,新意不多,但读到此处的读者应该会对作者的建议抱有高度信任。

日常感知塑造我们的意识经验。即便做梦(第7章),日常感知都有明显的影响。俗语说"日有所思,夜有所梦"。实验调查表明,大多数梦都与日常生活相关。作者运用神经元集合假说做了区分:个体感受到的主观疼痛感的级别与异常大的神经元集合有关,而做梦可能会与异常小的神经元集合有关。这解释了为什么疼痛是在做梦时被抑制的。梦中的神经元集合越大,人就越清醒,越可能梦见清醒时体验到的现实。

梦中醒来,新的一天到来(第8、9章)。神经元集合假说似乎为大脑的一天或大脑的无数天提供了好的解释。让我们回顾一下格林菲尔德提出的这一模型:"在活跃的脑细胞形成神经元集合的过程中,不同的因素以不同的方式决定集合最终的大小(涟漪的范围),而这有时是由感官刺激的程度(投掷石头的力度)、认知关联的程度(石头)、调节因子的可用性(水潭的黏性)以及与之竞争的新集合周转率(随后投掷石头的次数)所决定的。正如我们在一天中的许多不同场景中反复看到的，所有这些因素都会时刻定义某个独特集合的范围。"[1]这种比喻解说，传达了作者的基本思想。

格林菲尔德充分意识到了神经元集合假说的局限性，即便我们找到了模拟神经元的合适的数学工具，我们也找到了对意识产生关键作用的"元集合"，那又怎样？我们还是很难在客观物理现象和主观个人意识之间建立因果联系。统计学里的行话说"相关不蕴含因果"。格林菲尔德说，即便用最抽象的数学也无法跨越从"相关性"到"因果性"之间的鸿沟。无论如何，一天的大脑旅行，让我们对意识问题有了较为深入的理解。

据说诗歌应该在别人结束的时候开始，哲学似乎更应如此。本文结束之时，我想对作者的立场提出一个质疑，即便我们找到了客观物理现象和主观感受之间的因果联系，依然不能跨越意识的卢比孔河。因为用完全客观的语言去解释完全主观的意识，用量化手段去追寻质性经验，犯了基本的范畴错误。缘木求鱼，终不可得。也许关键在于我们要扭转谈论意识的基本框架，乃至要改变自牛顿力学以来的因果观念，如迪肯在《不完备的自然》(*Incomplete Nature*，2012) 中所主张的那样。

但《大脑的一天》仍然是近年来意识领域最好的几本著作之一，作者是知名的神经科学家，担任过牛津皇家学会的主席。2007年第10期的《科学美国人》曾刊登了科赫与格林菲尔德之间的争论。科赫主张具体可大脑定位的神经元群产生意识经验，而格林菲尔德主张整个

---

[1] 苏珊·格林菲尔德：《大脑的一天》，韩萌、范穹宇译，上海文艺出版社，2021年，262页。

大脑中神经元集合之间的关联产生意识经验，意识经验是一种整体的性质。不妨总结一下格林菲尔德的立场，一方面，迪昂、巴尔斯强调全局空间对意识产生的作用，强调高层的东西，可以称为意识研究左派。另一方面，科赫强调具体脑区的神经元对意识产生的作用，强调底层的东西，可以称为意识研究的右派。格林菲尔德的理论涵括左右，力图成为最具解释力的意识理论，前景可期。

汪丁丁把科斯、张五常等所倡导的制度经济学读解为直面现象的经济学：不是从理论模型（古典经济学）出发，也不是从实验室（实验经济学、行为经济学）出发，而是从生活中的经济现象出发来建立经济学。这一转变，开启了经济学研究的新视野。作者从实验室视角转向日常感知视角，直面生活中的意识现象。这种思路转变，在实验室神经科学探究大脑成为主导范式的今天，难能可贵。当然，作者的这一转向，不仅仅在于她从实验室视角转向日常意识现象，也在于她运用了新的光学成像技术，探测到百万级神经元在亚秒级时间水平的活动，才让这种探索成为现实。为此，她还派研究生到日本学习光学成像技术。

回头来看，黄仁宇没有按照政治、经济、社会的主题或者皇权、官僚和民众的阶层来切入明朝政治，而是从具体的人物和案例出发。格林菲尔德也没有把大脑的问题分成感觉、情绪、认知这些主题来解释，而是通过人一天的具体活动（早餐、遛狗、工作、做梦等）入手。从日常感知开始探究意识，开启了意识探索的新思路，是一次跨越意识研究的卢比孔河的重要尝试。阅读《大脑的一天》，对于任何有兴趣了解大脑的读者来说，都将是一次不落俗套的心智之旅，愿为诸君推荐。

走出笛卡尔

中国人民大学哲学与认知科学交叉平台首席专家刘晓力教授主编的"心灵与认知"丛书出版是 2020 年国内哲学与认知科学研究领域的重要事件。这一系列包括四本著作：姚大志的《身体与技术：德雷福斯技术现象学思想研究》、孟伟的《涉身与认知：探索人类心智的新路径》、郁锋的《概念与感知：心灵如何概念化世界》、薛少华的《知觉即行动：从哲学概念到机器实现》。四本专著涵盖了现象学、分析哲学、认知科学、心理学、人工智能等多个学科领域，体现了当前学术研究的一个趋势：以问题为导向、跨越学科界限，引进多种思想资源、方法推进哲学与认知科学的跨学科研究。

德雷福斯是美国著名的现象学家，早期以阐释海德格尔成名，20 世纪 70 年代开始批评人工智能，出版了《计算机不能做什么》（1972）一书，指出人工智能不能模拟人类的根本问题，80 年代在《心灵超越机器》（1986）一书中指出专家系统不能具有直觉的专家技能。他特别强调人类的技能习得，从菜鸟到专家的学习是人工智能算法缺乏的，不妨说专家学习不是深度学习可以模拟的。很多人类的学习都依靠身体学习，例如骑自行车、打拳等，身体参与了学习过程，具身性是人类认知的一个特征。该书从德雷福斯的具身性概念出发系统分析了行为理论、工具理论、技能习得理论，并进一步对人工智能和互联网进行了技术反思。德雷福斯的具身性概念来自梅洛－庞蒂的知觉现象学。在此基础上，作者区分了身体意向性支配的具身行为和明确意识指引的具体行为，引申提出的工具论也相应区分两种行为：身体意向性行为是熟练的行为，明确意识指引行为是不熟练的行为。学习是从不熟练到熟练，从菜鸟变成专家，从意识导向变成身体导向。习武一开始都是有意识的训练，克服动作的缺陷，当达到高级阶段时，就从有意识的活动变成了自动的身体反应，成了像孙禄堂、大山倍达这样的武术大师。认知科学界逐渐认识到，一种具身的和周围环境互动的学习过程似乎是基于推理的人工智能所缺乏的。《身体与技术》一书深入系统地讨论了上述问题，具有一定的原创性，对技术现象学起到了重要的推动作用。本书的立场也呼吁现象学、分析哲学、认知科学的三结合，希望引起国内学界重视。

《涉身与认知》从更一般的原则反思认知问题，涉身认知是一种认知科学的研究新框架，希望更为真实地模拟人类的智能。传统的认知框架是基于规则的表征计算认知主义，计算认知主义可以回溯到笛卡尔的心物二元论：人分为心灵和物质两个部分，心灵的本质属性是思维，物质的本质属性是广延。所有的心理活动（感受、推理、想象）都源于心理，思维成为人类认知的本质，这实际上把包含身体的认知排除在外了。因此传统认知框架强调表征和计算也就不足为怪。涉身认知则是要颠覆这一传统框架。该书对涉身认知进行了全面系统的讨论：涉身认知与传统认知的区别、涉身认知的哲学基础、在线认知与离线认知、涉身认知与社会认知等问题，此书并没有聚焦在某一个具体人物、问题方面，而是对涉身认知这一重要转向做出了系统的讨论。孟伟教授也介绍了德雷福斯的技术现象学、吉布森的功能可见性理论等，这都是另外两部著作（姚大志、薛少华）的主题。该书的优点是为涉身认知提供了一个整体全面系统的引介和讨论，从心灵与认知系列丛书来看，该书可以视为总纲式著作，值得首先阅读。

《知觉即行动》也是涉身认知的一本著作。薛少华系统探讨了生态心理学家吉布森功能可见性知觉理论，行动者对来自外在环境信息进行直接的"拾取"（pick up），提出一种新的知觉理论，并使用该信息来完成一件任务。吉布森1979年出版了《视知觉的生态进路》，与其研究一个动物如何能够很好地探测一个确定的光的波长，不如去解决一个动物是如何对某个确定的光采取反应所进行的行动。因此这就将环境纳入知觉探讨之中。环境具有功能可见性，它为行动者提供行动所需要的资源，例如一个苹果就提供给动物"可食用"这样的功能可见性，平坦的道路就能提供给动物"可行走"的功能可见性，这种功能可见性资源是动物活下去的关键。

我们如何看到物体？不同于我们如何看到一个静止的物体。我们在背景中看到物体，我们带有目标看到物体，我们看到运动的物体，这些都是传统实验不曾考虑的。吉布森所考虑的环境，并非物理环境，物理学将光看作粒子辐射，但光对动物来说，是基于自身的视觉信息反馈产生的。对知觉来说，更重要的不是物理环境，而是和动物交互的生物环境。动物是环境中的动物，环境是动物的环境。心理学的研究范围限于适合动物生存的生态层级，动物与人的栖息环境，因为人类与动物的感知器官没有能力探测微观粒子和宏观星系。作者运用新知觉理论解释虚拟现实、增强现实、混合现实中人们的视知觉与自身行动的关系，建立一种新的概率知觉理论。把功能可见性贯彻到机器可实现的、作为人工智能行动目标的程序设计中，这是一种非常严肃可贵的理论探索。

《概念与感知》从哲学、心理学多个角度探究概念的本质以及我们如何通过概念来认识世界。1992年哲学家皮考克发表了《概念研究》，从心理能力角度建立获得理论。概念是认知主体所拥有的一种心理能力，一种辨别和再认识事物的能力。1998年认知科学家福多发表了《概念：认知科学哪里错了》，从心理表征角度建立了信息原子论。在语义学上，概念内容具有信息，获得一个概念至少部分是由规则性的心灵－世界关系所决定的。在语法学上，概念是原子式的，大多数的概念没有内在结构。当一个概念具有某种内容的时候，就同时具有了某种呈现模式，它在大脑之中就能够被功能个体化。皮考克的概念理论预设了对于某个概念一定存在它的分析性命题式定义这一假定。福多批评了皮考克的概念论，认为皮考克的理论蕴涵了一种认识论上分析与综合的区分。在综合分析各种理论得失之后，作者支持一种知觉经验的概念框架。他提出知觉表征论：1.概念是一种有结构的知觉表征。2.知觉表征和概念表征具有一种时空连续性。3.知觉经验表征对于概念具有基础地位。在他看来，表征的基本模型是"世界－主体－知觉－概念－思想－语言"。我们感知世界，对世界认识形成概念并凝结在语言之中。郁锋的早期研究是心智的形而上学探究，例如心理因果，该书也有涉及。但郁锋更多从经验出发，从认知科学出发去理解心智如何概念化世界。从概念分析到经验探索，既是心智哲学的一个变化，也是郁锋学术轨迹的变化。

四位研究者的思路，用一个整体立场来概括就是走出笛卡尔心身框架。人类认识世界，不是单纯的心灵认知物理世界，而是具身之人去动态地认识周边的环境。认识主体不再是纯粹的心灵，被认识到的客体也不再是纯粹的物理世界。我们在世界中的关系不是笛卡尔框架中心：心灵、身体与世界的关系，而是一种不能脱离身体的心智对与身体相关联的环境的认知，在这里我们看到实用主义、实践哲学、现象学、分析哲学的一种交汇，不过是从人类认知的视角看。丛书主编刘晓力教授的研究方向从哥德尔的数学哲学拓展到认知科学（延展认知）、人工智能（人工智能情感），也反映了心灵与认知研究的思潮变迁。

按照认知科学家萨迦德概括，认知科学有四个主要趋势：第一，认知神经科学在所有心理学的分支中，处于越来越中心的地位。脑扫描技术成为最重要的检测手段。实际这种变化体现在哲学中，例如道德心理学中，关注道德的大脑机制等。第二，基于贝叶斯概率理论的统计模型的兴起。在把大脑理解为推理机器的时候，这种推理方式从早期的逻辑推理转变为更符合人类实际认知的贝叶斯推理，例如视觉和语言这些心智加工都可以通过统计来处理。第三，对具身的重视，拒斥传统的心智的计算表征模型。情感和图像式思维是计算表征不能穷尽的。重视具身认知，也就需要了解大脑在人执行复杂任务时，如何从周围环境提取信息，其检测的手段需要大脑成像技术，其假设的模型需要以贝叶斯模型为基础。如果不仅把这种环境理解为物理环境、生物环境，而是加入社会环境，这就是认知科学的第四个趋势：越来越重视认知的社会维度，社会因素也会影响生物层面。近一些年来，社会文化道德心理学、实验哲学等的发展暗合了认知的社会维度。但这四个趋势并非各自独立，而是互相交叠重合，相辅相成。"心灵与认知"丛书的四种图书也反映了认知科学的趋势，不过主要体现在具身认知、社会认知等方面，在认知神经科学、贝叶斯概率推理方面（《知觉即行动》有讨论）尚有较大的发展空间。不过我们也发现学界正在逐渐关注这一领域，尤其是预测心智加工，Jakob Howey 的《预测心智》(2013) 一书提出大脑是一个复杂的假设 - 检验机制系统，在输入外部环境信息进行预测的过程中，不断地最小化犯错率。这一理论试图解释从知觉到行动的所有心理认知活动。2020 年杭州"心灵与机器会议"的主题就是预测心智，丛书的几位作者也正在从事相关的研究，此次"心灵与认知"丛书出版，承上启下，预示了中国心灵与认知研究的新方向。

从北大的知识论研究传统说起[①]

知识论研究，从金岳霖先生抗战时期写就的《知识论》算起，在我国已经将近七十多年了。据金先生自述，给他带来最大名气的是《逻辑》，最能代表自己思想的是《论道》。但写得最困难，出版最波折的则是《知识论》。此书的正式出版要迟至20世纪80年代。金先生的《知识论》以休谟与罗素为基础，算是对20世纪分析哲学早期知识论的总结和发展。

知识论研究后来有过中断。就笔者所知，金岳霖研究专家胡军教授在北京大学哲学系任教期间，推动了本科生《知识论》课程的建立，胡军教授自己还出版了《现代知识论》。后来外国哲学研究所的叶闯、徐向东、李麒麟几位老师都先后担任这门课的主讲教师。李麒麟正是从这门课程开始走上知识论研究道路的，从这门课的学生成为这门课的教师，从知识论领域的初学者成为知识论领域的专家，接续了北大

[①] 本文是为《知识归属的语境敏感性》所写的书评。李麒麟：《知识归属的语境敏感性》，北京大学出版社，2021年。

知识论研究的传统。

2006年，李麒麟到加拿大麦克·马斯特大学师从罗素专家格里芬（Nicholas Griffin），研究知识论问题（罗素研究档案馆即在该系）。从北大毕业的硕士论文《普特南的语义外在主义》，到2021年出版知识论专著《知识归属的语境敏感性》，麒麟十余年的学术研究不脱知识论研究的核心领域。知识论研究领域涵盖极为广泛，既包括传统的怀疑论、知识的定义、内在主义与外在主义之争、基础主义与融贯论之争等，也包括最近一些年兴起的德性知识论、女性主义知识论、社会认识论等。国内知识论的专著，印象所及有陈嘉明教授的《知识与确证》、郁振华教授的《人类知识的默会维度》、徐向东教授的《怀疑论、知识与辩护》等。陈嘉明教授及其团队更是推动了国内知识论研究的潮流，先后建立了厦门大学的知识论研究中心和上海交通大学的知识论与认知科学中心。此外，还有华东师范大学哲学系建立的知识与行动中心。

李麒麟的著作探讨知识论中的语境主义。语境和语言的使用不可分割，麒麟研究的特点是注重知识论和语言哲学的结合。通常根据如何理解"知道"，认知语境主义可以分为两类。第一类是基于二元关系的认知语境主义，代表人物有基思·德罗斯（Keith DeRose）和大卫·K.刘易斯（David K. Lewis）等。他们认为知识是认知主体和目标命题之间的二元关系，该关系对认知归属的语境具有敏感性。"知道"一词的语境敏感性功能类似于"高""平"等语境敏感的词项，这是一种关于知识的索引词理论。第二类是基于三元关系的认知语境主义即对比主义，主要代表人物是乔纳森·沙弗尔（Jonathan Schaffer），他主张知识是认知主体、目标命题和其他（语义）参数之间的三元关系；其中的相关的语义参数可以是诸如知识归属标准、替代选项（alternative）或者是可供参照的错误的可能性。这些相关的语义参数反映了语境的相关特征。这是一种关于知识的对比理论。例如"摩尔知道他有一双手"，根据其对比命题"摩尔有残肢"而获得这一知识。该著总结了上述认知语境主义对当代知识论研究的三大贡献：第一，认知语境主义可以为知识的怀疑论问题提供一种解决方案，既能解释与怀疑论相关的直觉，亦能保留我们的日常知识。第二，认知语境主义在认知封闭原则和认知谦逊之间保持了很好的平衡。第三，认知语境主义还可以为知识的可错论提供很好的辩护。

麒麟的论证策略如下。首先，他表明认知语境主义本身存在局限：基于二元关系的认知语境主义是有问题的（见第2章"关于知识归属的二元的认知语境主义理论"），基于三元关系的认知语境主义也是有问题的（见第3章"对比主义：关于知识归属的三元的认知语境主义理论"）。认知语境论者对"知道"所假定的语境敏感机制缺乏合理的语言层面解释。因此，我们缺乏一个可靠的框架来设定知识归属的语境敏感。仅仅基于关于"知道"的语言事实，我们不能接受任何关于知识归属的语境论。麒麟的论证细致且复杂，总体上支持了一个基本论断，如果对知识取语境解释就总会遇到各种不同的反例。我们通过一些认为基本或者普遍的案例出发来抽象构造出一种知识理论，再用这种知识理论去解释更为普遍的知识事实。问题在于，似乎并不存在关于"知道"的普遍理论。也许，这并非语境论所特有的问题，任何企图概括所有知识场景的理论都会面临这个问题。

其次，麒麟论证上述谈到的认知语境主义的三大贡献也言过其实。依次分为三章讨论，怀疑论（第4章"语境主义与怀疑主义"）、认知封闭原则（第5章"语境主义与认知封闭原则"）和可错主义（第6章"语境主义与可错主义"）。不妨把第2章和第3章看作对认知语境论本身的批评，而把第4-6章看作对理论应用所产生的批评。

第4章提出语境论者主张区分知识归属的怀疑论语境和日常语境。我们不能在日常语境使用和怀疑论语境同样的知识原则，因此拒斥了全面的怀疑论。麒麟构造了一个两难：如果我们坚持认为怀疑论的直觉是真实的，那么就不可避免地导致全面或普遍的怀疑，从而表明认知语境论是错误的；而如果我们否认怀疑论直觉，只关心知识的日常语境，那么我们也就不需要接受认知语境论，因此它就是没有价值的。因此认知语境论并不能很好地处理怀疑论问题。

第5章解释在认知语境论的框架下认知封闭原则和认知谦虚之间的张力。认知封闭指如果认知主体知道一个命题P，他就应该知道这个P的所有逻辑后承。如果主体知道P，并且P蕴含Q，那么主体就知道Q。这一原则显然太强了。一个更为合理的表述是刚刚去世的哲学家埃德蒙德·盖提尔提出来的：对任何命题p，如果S得到辩护地相信p，并且p蕴涵q，并且S通过演绎推理从p推论出q并将q视为是相关推理的结果而接受了q，那么S得到辩护地相信q。（转引自李麒麟书）。麒麟系统论证了语境论不能对认知封闭原则提供合理的理论框架，从而不能为几种主流的认知封闭原则提供满意的辩护。

第6章解释语境论与可错论之间的关系。语境论者认为语境主义和可错主义关系密切，甚至可错就意味着以接受语境主义为条件，例如二元语境论者科恩。麒麟表明传统的、非语境主义的可错主义知识不过是对人类知识本质的一种真实表述，它不需要提供对怀疑论的回应。语境论从是否能解决怀疑论去批评可错主义是错误的。因此语境主义并非是接纳知识可错主义观念的最佳理论框架。

认知语境主义者的辩护诉诸最佳解释推理策略，希望表明认知语境论比其他理论在解决典型的知识情景中更合适。但李麒麟的研究表明，这一主张是错误的。与认知恒定论相比，认知语境论没有明显的、实质的理论优势。语境论仅仅帮我们判定在什么情况下所知为真，在什么情况下所知为假，但并不能帮助我们理解知识的本质。

据说有一个著名的经济学者穷毕生精力研究古代经济史的一个问题，通过大量数据资料分析表明，我们当今对它的理解是错误的。有人质疑，这一研究有什么重要价值呢？这位学者回应说，我做完这个研究后，以后不会再有学者在这个问题上耗费时间了。在马克斯·韦伯看来，学术研究自有其内在天职："首先是专业化，科学已经踏入了一个前所未知的专业化阶段，而这种趋势在未来还会持续下去。一个人只有在严格的专业化情况下，他才能体会到，自己在科学领域里获得了某种真正完善的成就。在今天，一项最终确定的杰出成就无不属于专业性成就。而如果谁没有能力，完全蒙上双眼，不顾周围一切地想象，他灵魂的命运就取决于他是否对抄本此处的文本做出了正确的推测，他就尚未步入科学的门径，他自身也将永远不会对科学有所谓'体验'。"（马克斯·韦伯《以科学为业》）只有这样学术才能建立自主的标准。麒麟的书实践了这一原则。读者可以从该书大量繁复、细致、专门的论证窥其端倪。

这和通常所设想的哲学研究创作略有不同。分析哲学研究大都通过修改前人的理论，甚至批判前人的理论得到进一步发展。研究某一领域，并不代表研究者就对这一领域的基本主张照单全收，发扬光大。而是根据自己的独立研究，进行客观的评判。康德在《什么是启蒙》一文中指出，启蒙就是独立自主运用自己的理性能力，当代分析哲学方法也符合这一标准。

　　奎因算卡尔纳普的学生，但在分析性问题上他对卡尔纳普的批判最为激烈。克里普克和刘易斯作为奎因的后一辈，但对于模态的理解和奎因截然相反。而最近几十年以范恩（Kit Fine）为代表的哲学家又开始系统批评并走出了刘易斯的可能世界理论。分析哲学正是在不断地批评乃至自我否定中成长起来的。陈波教授和叶闯教授的克里普克指称论研究，都是在反思和批评克里普克指称论中发展起来的，前者发展了关于专名的社会历史因果描述论，[1]后者发展出了意义的实在论理论。[2]韩林合教授的维特根斯坦研究也早就秉持这一传统，笔者数次听到韩老师谈到维特根斯坦某些错误，并独立发展出一种基于维特根斯坦基本精神的解释框架。(《〈逻辑哲学论〉研究》《维特根斯坦〈哲学研究〉解读》，商务印书馆 2007 年、2010 年先后出版）我们不禁想到 20 世纪洪谦先生与冯友兰先生就形而上学展开的争论，沈有鼎、周礼全先生和金先生关于逻辑的争论。我想这种追求真理的风格正是北大外国哲学研究的传统。

---

[1] Socio-historical Causal Descriptivism, *Croatian Journal of Philosophy* 16 (1): 45–67, 2016.

[2] 参见叶闯：《语言·意义·指称》，北京大学出版社，2011 年。

麒麟的工作表明，认知语境主义是有问题的，知识论研究应该有新的方向。默会知识论、德性认识论、知识优先论、社会认识论等都在国内有了新的研究。从金岳霖先生 80 年前的《知识论》（1943）到李麒麟《知识归属的语境敏感性》（2021），中国学者的知识论研究正在走向成熟、走向自主，我们期待有更多的原创性研究。

知识是社会的[1]

斯蒂芬·斯蒂奇在《理性的碎片》一书中区分了两种知识论：第一种关注怀疑论、知识的定义、内在主义与外在主义等。第二种关注在科学研究中运用较多的归纳推理、演绎推理等。不妨说，前者是从柏拉图、笛卡尔到盖提尔的分析知识论，后者是从培根、穆勒到波普尔的科学知识论。这种区分或许失之粗糙，大意不难明白。

分析的知识论更专业、更精致，但有些讨论过于细节化，失去了某种现实感。科学知识论似更实质、更具体，研究人类认识世界的具体探究过程，不仅包括科学方法论、认知科学，行为经济学也可以包括在这种广义的认识论之中，但未免给人以不够深入之感。我们希望有一种系统的认识论，既能够回应普遍的现实困惑，又不失去其概念化专业反思的深度。

自20世纪80年代以来社会知识论的兴起，可以说满足了上述两

---

[1] 本文是为《知识社会维度与当代社会认识论研究》所写的书评。尤洋：《知识社会维度与当代社会认识论研究》，北京师范大学出版社，2022年。

种基本条件。尤洋教授出版了《知识社会维度与当代社会认识论研究》，呼应了知识论的发展。社会知识论"其主旨在于研究知识本身所具有的社会属性，即知识的传递、知识的社会互动以及认知劳动的分工等等"。[①] 如果说传统的知识论是一种个体化的知识论，那么社会知识论就是一种群体的知识论。既然知识是人类在追求真理过程中产生的，"牛顿站在巨人的肩膀之上"，那以群体知识为核心的社会知识论显然把握了知识的本质。

如果说古代的知识论探究人类的认识能力，无论是笛卡尔通过怀疑确定知识的基础，还是康德提出认识如何可能的问题，都是探究人类认识世界的可能性。当代知识论的"一个核心问题则是探究科学知识的合法性"。[②]

回望 20 世纪，一方面，知识论研究接续了笛卡尔传统，在如何定义知识，如何理解知识和辩护、信念的关系中深入发展。不管是盖提尔对传统知识定义的反驳，还是普特南运用缸中之脑思想实验反驳怀疑论，都可看作这一分析传统的代表。

另一方面，知识论研究和自然科学相结合。逻辑经验主义承认科学知识和逻辑数学知识的合法性。知识论研究关注我们通过什么样的方法去探究并获得未知的科学真理。无论是证实、证伪还是科学纲领，都和科学知识联系紧密。奎因倡导自然化认识论，从整体主义入手，强调科学和哲学的连续，为人类的追求知识提供了一种系统说明。"个

[①] 尤洋：《知识社会维度与当代社会认识论研究》，北京师范大学出版社，2022 年，23 页。

[②] 同上，39 页。

人主义的""科学主义的""自然主义的""自然化的"等说法都反映了哲学家对知识的看法,那就是科学知识优先。但此时的科学,主要还是以物理科学为范式。普特南在哈佛大学开设非科学知识课程,认为在主流科学之外有重要的知识。这种理解看到了前人理解知识的局限:不是只有自然科学才能提供知识。在这个意义上,社会科学为知识论研究扩充了视野,提供了新的研究对象。反过来,这又为知识论研究带来新的问题域。社会知识论和传统知识论一样研究知识的起源、本质、辩护,但社会领域有不同于个人的现象。试举两例。

第一个是陈词问题,简单来说就是把别人的话语或看法当作证据。这种现象发生在我们生活中的方方面面,陈词就是人们告诉我们的东西,它唯一的要求就是某人的思想和信念的陈述,这些思想可以普遍地指导世界。[1]对陈词做出唯一正确的定义是困难的,但通过对陈词的探究能够帮助我们理解生活中的知识是怎样的。

第二个是专家意见问题。我们这个时代信息爆炸,人人都能通过自己的办法获取知识,引导自己的行为。人们在寻找信息的时候,往往会相信专家,但专家满天飞,同一个现象,不同的专家的说法互相冲突。我们该信任什么样的专家?这样的社会认识论问题戳中了每一个人的痛点。在传统社会,阶层是固定的,例如士农工商四民。知识是固定的,例如"四书""五经"。目标是唯一的,诸如考取功名、升官发财。传统社会中,唯一的专家或权威就是古书或掌握古书的先生。但在现代社会,一切都是流动的,一切都需要自己做主,如余华所言

---

[1] 尤洋:《知识社会维度与当代社会认识论研究》,北京师范大学出版社,2022年,156页。

"我们活在巨大的差异之中"。但是，对此我们缺乏必要的知识。在生活中的方方面面都需要寻找专家的支持，孩子该怎么教育？疫情之后如何投资？生病了去什么医院？现代人是这样一种"知识人"，他在做任何事情之前都需要问人，希望自己没有走错路入错行。在这个意义上，专家为他提供了一个方向。但是，有不少专家基于特殊的利益，说出了很多超出专家判断之外的事情。公众很难判断。这样的专家误导公众行为的事情比比皆是。

尤洋教授此书对陈词、专家意见、集体知识等话题做了深度分析讨论。学过知识论的人大都了解"知识是可辩护的真信念"这个三要件的基本分析框架，后续的研究都会从如何给出第四个条件、第五个条件进行讨论，或者颠倒顺序，如威廉姆森认为知识是优先的，而辩护、真和信念是非基本的。但实验哲学家会从另外一个角度提出质疑，这反映了欧洲白种男人的知识观念……这种看法虽然不免极端，但反映了知识的社会维度。因此，女性主义的社会认识论话题，也在此书讨论之列。性别所导致的社会身份的差异，进一步导致女性的一系列关于世界的看法被主流话语所忽略或拒斥。女性主义认识论本身可以看作社会认识论的一个部分。

互联网一代，获取知识的最快途径就是通过网络。不仅获得知识需要网络，甚至在寻找灵感时，也要上网搜索一番。作者把维基百科也列入讨论范围之列是颇有见地的。维基百科提供知识，但它和主流科学提供知识很不同，它的生产方式是平等、公开的，作者指出，"维基百科信息不仅被理解为陈词，而且应该被理解为合作性的陈词、一种集体性的陈词"。① 在实践维度这一章，作者还讨论了认知偏见、信息和知识等话题。这些都为传统的知识论所忽略。

尤洋教授专著以语境论做结，很多学者会不由自主想到山西大学科学哲学多年倡导的语境学派。在知识论研究领域中，语境主义可以说是当代最为主流的一个流派，北京大学哲学系李麒麟教授有专著《知识归属的语境敏感性》问世。在社会认识论领域以语境论为基本立场是一种内在选择。一方面，将个人主义的语境认识论拓展到社会、群体层面，拓展了既有的认识论研究；另一方面，将语境论从科学哲学、认知科学拓展到知识论领域，丰富了语境论学派的内涵。

在为什么需要知识论的最原始的理论渴望中，我完全同意并认可如下判断："在全书即将结束之际，笔者试图提出一个问题，一个笔者多年来反复思考的重要问题，即哲学家研究认识论的目的是什么？只是单纯地为了获取知识的辩护理由吗？又或者是为了完善和解答盖提尔问题吗？如果仅仅是这样的话，那么这种认识论的研究或者说知识论研究就显得过于狭窄。那么如何看待上面所提的问题？笔者试图大胆地猜想，哲学研究或者说认识论研究的终极目的应该是为了获取人类对内心的观照以及外部世界的完整图景。"②

外部世界不止是物理世界、生物世界，外部世界也是人的世界，是一个各种社会寓居其中的世界。尤洋教授此著，对于推进社会认识论研究具有重要的意义。

---

① 尤洋：《知识社会维度与当代社会认识论研究》，北京师范大学出版社，2022年，369页。
② 同上，472页。

"自从了解了人,我就爱上了动物"[①]

彼得·汉德克在《无欲的悲歌》中写道:"自从了解了人,我就爱上了动物。"大抵,有时候,人比动物还残忍,更缺乏合作和同情心。想一想办公室政治和奥斯维辛,人类内部争斗的历史千古延续,于今不绝。当然,能够反思斗争之恶,并从争斗走向合作,也是人类更重要的一面。

科学家研究动物,是想透过动物行为和动物认知来了解人之为人。人也是动物中的一类,人和其他动物彼此之间分享了一些基本特性。生物和社会的交叉是 20 世纪生物学和社会学的重要交叉研究领域。赵鼎新教授早年研究昆虫,获得生物学博士,后来研究社会学,获得社会学博士,任教于社会学重镇芝加哥大学社会学系,这种治学转变背后也自有其内在逻辑。

[①] 本文是为《动物的社会行为》所写的序。尼可拉斯·廷伯根:《动物的社会行为》,刘小涛译,华夏出版社,2021 年。

威尔逊1975年出版的巨著《社会生物学——新的综合》影响巨大，曾于1989年被国际动物行为协会评为历史上最为重要的关于动物行为的著作。不过，威尔逊对动物的社会行为研究并非首创，在他之前已经有不少生物学家做了开创性的工作。本书作者廷伯根就是先驱之一，他在20世纪三四十年代就对动物行为进行了深入的观察研究。

廷伯根生于1907年，逝于1988年，是荷兰裔英国动物学家，现代行为生物学的奠基者之一。他自幼就对生物尤其是鸟类生活富有兴趣，《动物的社会行为》就充满了对银鸥、三刺鱼、鳟眼蝶、蚂蚁、蜜蜂等动物的详尽观察描述。廷伯根与生物学家洛伦茨合作，重视动物行为的演化，并将行为生物学的研究方法用于研究人类行为，例如婴儿孤独症等。廷伯根著有《本能的研究》《动物的社会行为》及《银鸥世界》。因为关于动物行为研究的开创性贡献，他于1974年和洛伦茨、弗里施一起获得了诺贝尔生理学或医学奖，这标志着行为学研究得到了主流科学的承认。值得一提的是，以《自私的基因》而闻名学界的道金斯就是廷伯根早年的学生。

廷伯根善于设计实验，在复杂环境背景中去寻找诱发动物行为的原因。这就意味着他需要在真实的场景下进行实验调查，因为只有没有干扰地观察动物在自然环境中的行为，才能获得真实的数据，从而形成合理的因果推论。这是欧洲行为生物学家的主要工作模式。与之相对，美国比较心理学家主要在实验室条件而非自然环境下工作，专注于研究大白鼠等少数几种动物的认知。20世纪下半叶，两大学派交融互补形成了生物学的新研究方式。本书荷兰语初版于1946年，英文初版于1953年。回头来看，正是奎因自然主义哲学的蓬勃时期。奎因拒斥分析与综合的截然二分，反对经验主义的还原论，接受整体论，尤其在语言学上强调行为反应刺激建立意义，这些都暗合于行为生物学的基本预设。

译者刘小涛教授研习科学哲学、语言哲学有年，以逻辑分析、语言分析见长学界。他因探究乔姆斯基语言研究方案，而了解康拉德·洛伦茨所谓"生物化康德"研究取向对乔姆斯基的影响，开始涉足动物行为研究领域。许多重要的哲学家都认真研究过或讨论过动物行为。如亚里士多德、培根、笛卡尔、莱布尼茨，亚氏著有《动物四志》。更好地理解人自身以及人所处的自然世界，乃哲学家和科学家共有的动机和追求。动物和动物行为是自然的重要构成部分，对动物行为的恰当理解当然也是逻辑实证主义者所说"科学的世界概念"的构成部分。

自20世纪80年代认知科学兴起以来，哲学家和科学家的理智兴趣多集中于人类认知。近些年，动物行为研究和动物认知研究（如动物心灵）的兴趣逐渐升温。《动物的社会行为》乃动物行为研究的经典之著。不管是意在人兽差异，还是好奇动物认知，抑或关心社会行为，此书堪称案头必备。佛头着粪，祈请读者诸君见谅。谨以为序。

《庄子》的异域读解激活古老思想①

抛开文字表达本身带来的通俗或晦涩,一个年轻人、一个西方人,当他看到《论语》和《庄子》时,可能更愿意选读《庄子》,因为《庄子》里面充满了想象、自由和怪诞、奇妙的故事,这也是为什么从事儿童哲学研究的作者会写作《与庄子哲游》。毕竟阅读《论语》这种充满了人间实践智慧的经典,需要人世历练的经验,而《庄子》书中扑面而来的夸张比喻,更容易捕获年轻人的心灵。当然这并非意味着《庄子》属于初级读物,《论语》属于高阶读物。在金庸的武术世界中,罗汉伏虎拳是初级功夫,般若掌是高深功夫,萧峰的太祖长拳虽算不上高深,一样能击退强敌。

《论语》文字朴实,道理貌似简易,但于初学者尤难悟入。大儒朱子,平生注解《论语》,所涉及论语讲习之书达七种之多:《论语集解》(已佚)、《论语要义》(已佚)、《论语训蒙口义》《论孟精义》《论语集

---

① 本文是为《与庄子哲游》所写的序。奥斯卡·柏尼菲、维多利亚·契尔年科:《与庄子哲游》,奥斯卡哲学翻译组译,华夏出版社,2021年。

注》《论语或问》《朱子语类》等。《庄子》雄文，奇义诡谲，不论义理，文字本身就是拦路虎。所幸以外文写就再译回中文的《与庄子哲游》，少了文字的障碍，多了一点西方的哲学重构。这让我想起前辈学者朱高正先生曾言学习《周易》，一直困扰于其义理难解，后到德国求学，读了德文版《周易》，再回头读中文版《周易》，豁然开朗。通过翻译媒介帮助理解似乎是一个不错的途径。中文表达向来言简意赅，重意境韵味而轻推理结构。德文表达繁琐冗长但论证结构清晰，一字一句皆有实处。以德文看《易经》，能够获得对原文语义最基本的捕捉。先求其清楚表达、严谨论证再探其境界韵味，则可循序渐进，登堂入室。

在华语学界，庄子研究是中国哲学思想研究的重镇。早在20世纪中叶，陈鼓应先生就出版了《庄子今注今译》，80年代陈先生在北京大学开设庄子研究课，影响深远。王博先生出版了《庄子哲学》，一时洛阳纸贵。韩林合先生则出版了《虚己以游世：〈庄子〉哲学研究》。在韩老师看来，庄子的著作和维特根斯坦的思想有相当内在的一致性。陈鼓应先生也曾把庄子与尼采对比，认为尼采的《查拉图斯特拉如是说》和《庄子》在形式和内容上有相通之处。中国的古老思想在现代西方思想中找到了知音。当然，80年代庄子研究影响最大的还是刘笑敢先生的《庄子哲学及其演变》，将华语学界的庄子研究推到了一个新的阶段。近些年来，陈少明先生的《〈齐物论〉及其影响》、郑开先生的《庄子哲学讲记》、张文江先生的《〈庄子〉内七篇析义》、杨立华先生的近著《庄子哲学研究》皆为上上之选。庄子研究在国内成熟且多元。任何有兴趣深入了解庄子的人可以选择上述任何几种书籍研读，借此以窥堂奥。

但此书的价值并非纯粹学院研究，作者乃哲学践行者，从事哲学治疗、儿童哲学推广、思维训练等哲学实践多年。"哲学践行"有点儿不同于希腊哲人提出的"30岁以后才能学哲学"的主张。"人人都是艺术家。"在某种意义上，我们也可以说人人都是潜在的哲学家，反思乃是人类的特质，尽管并非人人都好反思。

华夏出版社引进出版此书，对于推动庄子哲学的大众化具有重要价值。从西方人的角度来读解庄子，也许会有不同的效果。我的看法有点不同，我宁愿把这本书看作一本借《庄子》故事来讲一般哲学的哲学导论。"自其异者视之，肝胆楚越也。自其同者视之，万物皆一也。"毋庸讳言，该书介绍讨论之庄子或失之偏，但这种异域读解却可能激活古老思想中的哲学精神，召唤每一个爱好思想、喜欢想象的人来反思生活，反思我们所处的世界。果如此，则不负庄子。

爱读书，更"爱思想"

1. 弗兰克·奈特 《经济学的真理》 浙江大学出版社 2017 年

芝加哥经济学派的开创者、社会思想委员会的精神领袖、张五常心中的大师——奈特可谓经济学家中的经济学家。五常讲过一个故事，奈特当年执教芝加哥大学经济系数十年，有一次，一位他曾经教过的学生到芝大去接刚完成博士考试的儿子。此君见到奈特出的考卷试题，发觉竟然跟 20 多年前他考奈特出的博士试题一样。正感奇怪，却见年迈的奈特从走廊迎面而来，于是问："教授呀，我儿子今天考的试题跟 20 多年前你出的一样，难道你的学问没有长进吗？"奈特看也不看他一眼，擦身而过，喃喃自语："试题一样，答案可不相同！"奈特所在时期，正是行为主义兴盛时期，他力拒心理学对经济学的入侵。《经济学的真理》一书涵盖了经济学、心理学、社会学、伦理学多个学科，奈特指出人类的行为不仅仅依赖于刺激和反应的关系，且与人类的目的、历史、环境、制度有着密切的关联。他告诫公众，经济学家的预测能力是有限的，"经济学即是科学又是文学，有时候又两者都不是"。

今天如何理解经济学和心理学之间的关系，仍然是经济学方法论的一个争点。不久前，因在经济学中引入心理学实验和方法，芝加哥经济学系的塞勒获得诺贝尔奖，不知道老奈特是否会对这个同样的问题给出不同于他当年的解答。无论如何，在经济学高度实验化、数理化的今天，重温奈特大著是值得的。遗憾的是，迄今尚未见到《奈特文集》中文版第二卷问世。

2. 程炼 《思想与论证》 北京大学出版社 2005 年

在哲学界，陈嘉映先生和程炼先生的写作风格具有高度的可辨识性。学界给程炼贴上分析哲学标签，但程炼不认为自己只在做分析哲学，他坚持声称是做哲学的。在《思想与论证》的序言里，他提出了后来广为人知的苏二条："第一，我们要用清晰的概念将思想清晰地表达出来，我们要用字面的意思而不是修辞的方式说话；第二，我们的思想要经得起推敲和论证，而不是愿望式的、跳跃式的、故弄玄虚的。"支持清晰表达，反对故弄玄虚，是程炼的一贯立场。他尤其反对迷魅地谈论世界，我们尤其要抵制把"内在""灵性"这类学院行话读入事物之中，并"把它们外推为世界的一个与众不同的部分从而让人取得不容质疑的客观性"。作为自然主义者的程炼对迷魅的行话有着高度的自醒。他在"哲学合作社访谈录"有些刻薄地提醒那些喜欢哲学的朋友：哲学令我最不满意的地方在于，它似乎有一种诱惑力。往往一个人越不适合做哲学，哲学就越是吸引他。哲学在这个方面有点类似于婚姻，越不适合结婚的人，婚姻对他的诱惑力就越大，结婚的次数就越多。当然他更期望的是，在健全的科学主义世界观下写出来的不是《〈理想国〉导读》或《〈单子论〉评述》，而是我们这个时代的《理想国》或《单子论》，但这是一项极其困难的事业。我手头的《思想与论证》乃是程炼先生 2006 年秋季参加首师大哲学系举办的政治哲学国际论坛之际所赠，保存至今。除了这本书，他的《伦理学导论》《伦理学关键词》，译作《现代性的隐忧》，以及散见各种期刊报纸的大小文章都是中文哲学写作的典范，值得致力于汉语哲学写作的诸君一读。

3. 朱岳 《蒙着眼睛的旅行者》 北京联合出版公司 2016 年

铃木修次的《中国文学与日本文学》谈到中国文学的主流是经世文学，文学总和某种现实性的因素交织在一起。从《诗经》、杜甫、白居易到鲁迅、北岛、余华，经世文学向来是中国文学的主流。这种主流模式滋养了商界、政界和文化界。甚至《三体》科幻中的政治隐喻都迎合了文学主流的要求。是否还有非经世文学或虚构文学的生存空间，哪怕对那些非经世文学作者来说，即使他们不能通过写作小说盈利，但至少存在一个表达自我的渠道？ 现在的文化大家似多在完成自己年轻时未竟的文化理想，所主导的文化市场推出的作品反映了他们那一代的品味。一般说来，也没什么不好。但这种推介若成为唯一的传播模式，文学就僵化了，看不到新的可能性。新一代作者任由别人指手画脚，列出条条框框，最终阉割自我，成为末流。这不是一代人的悲惨命运，这是无数代人的悲惨命运，当然这首先是我们的悲惨命运。朱长老说："改变我们悲惨的命运，首先从改变我的悲惨命运开始。"十余年来，朱岳自己努力写作，出版了一系列短篇小说集《蒙着眼睛的旅行者》《睡觉大师》《说部之乱》等。他也因缘际会主持后浪文学部的华语原创文学，推出了像黄锦树、袁哲生这些不凡的华语小说家的作品。但我始终忘不了他收录在《旅行者》中的"垒技""关于费耐生平的摘录"这些奇妙的文字。套用一位朋友的话，朱岳的小说展示了智性的焦虑，当然那也是生存的焦虑。如今朱岳已成秃顶会首"圆"，也开始有权决定出版哪些原创小说，希望他不忘焦虑之初心，推出更好的文学作品，不管是别人的还是自己的。

4.How History Gets Things Wrong：The Neuroscience of Our Addiction to Stories By Alex Rosenberg MIT 2018

有时候评价一部著作的价值，更多要看同时代其他作者说了什么。有的著作水平很高，但同类型的书很多，其价值自然要打一些折扣。有的著作论证不见得精确，说理未见得透彻，但其角度为时人所无，也自有一种价值。此书就属于后者。以研究生物学哲学、社会科学哲学知名的罗森博格将视线投向历史研究，自然和一般的人文历史研究者不同。通常人们认为了解某一事物的历史，尤其是了解关于这一事物如何产生的故事，即是理解这一事物的方法。了解某一事物的历史是理解这一事物最好甚至唯一的方法。这些观念我们都耳熟能详，例如学习哲学史就是学习哲学本身等。此书乃是要反驳这些流俗见解。认知科学、演化人类学和神经科学告诉我们，为什么人们偏爱用讲故事和历史叙述的方式去理解某一事物。罗森博格被称为"发了疯的自然主义者"（mad dog naturalist）。他和邱奇兰德、斯蒂奇一样，认为常识心理学是错误的，因此常识心理学中所预设的欲望和信念之类的心理状态并不存在。如果大量的历史叙述依赖于"希特勒相信德国可以很快打败苏联""斯大林相信中国会出兵朝鲜"等这样一些包含"相信"或"欲望"的语句，那么这种历史叙述就是错误的，该书详细解释了人们为什么偏好这种历史叙述／讲故事的神经机制。我们可以把此书再一次读解为一本科学还原论之作，何况他本人坦陈自己就是死硬派还原论者。但我们也可以把此书读解为一本转换视角之作，提示历史叙述可能具有的缺陷，而这也是能让我们受益的读法。

5. 陈嘉映 《哲学 科学 常识》 中信出版社 2018 年

2004 年，陈嘉映先生在北京大学外国哲学所老化学楼 227 室做了以此书部分内容（从希腊天学到哥白尼革命）为主题的系列演讲，2006 年以此为基础出版了《哲学 科学 常识》，2018 年再版。十余年来，如何理解哲学与科学、哲学与常识是我萦绕于心的话题。学习、反思、对话、回应此书形成了我这些年的主要工作。我们知道，一方面维特根斯坦、海德格尔等哲人强调哲学与科学的分野，另一方面斯宾诺莎模仿数学形式构造伦理学，奎因强调哲学和科学的连续性。围绕哲学和科学的相似和差异形成了风格迥异的两种哲学：致力理解的哲学和建立理论的哲学。哲学当呼应其时代，21 世纪的政治、社会、科技、文化发生了巨变，也许到了超越科学主义和反科学主义、还原论和反还原论、专家之学和大众之思的两极分化的时候了。我们需要重新深入考虑哲学、科学和常识之间的有机联系，若不知从何开始，可从《哲学 科学 常识》开始；若不知归宗于何，可归宗于《哲学 科学 常识》。可超而不可越，此书当为案头必备。

6. 张五常 《吾意独怜才：五常谈教育》 中信出版社 2010年

初读张五常是20年前的大学时代。其时，五常学术散文风靡神州大地，五常文笔酣畅、思维敏锐，不时在文中夸一夸自己的成就，冲着他差不多可以斩获诺奖的经济学贡献（1992年科斯获诺奖，他代表致辞），这种自夸读起来也就不那么腻味了。可贵的是，五常总在自夸之余，毫不隐藏地讲一讲自己的读书心得、写作心得、研究心得，真诚且有见地。像"读书的方法""思考的方法""我学英文的方法""要走近学问的天地之中"这些都近乎手把手地教你如何学习和研究。也许是因为自己特殊的教育经历（曾求学于中国大陆、香港、加拿大、美国），他对中西教育的优劣体悟尤深，很多关于教育的讨论虽一事一议，却也足以发人深省。首师大数学系的李克正教授在谈到数学教育时，有一个建议，就是中小学数学教育应该由数学家去确定标准，而不是让数学教育专家去确定标准，毕竟一个以数学为业的人和以数学教育为业的人所作出的判断相当不同。五常并非教育家，但他自己的教育研究经历和培养学生的经历，使得他关于教育的言论值得一读。

7. 丘成桐 《我的几何人生》 译林出版社 2021年

这本书难得地记录了丘成桐先生的一生经历。童年颠沛流离，少时生活艰难，闯荡北美，成就纷至沓来，27岁证明了卡拉比猜想，随后是正质量猜想、弗兰克尔猜想、史密斯猜想、镜像对称猜想……作为世界级的数学家，他拿到了40岁以下数学家的最高荣誉菲尔兹奖，又拿到数学终身成就奖伍尔夫奖。取得巨大成就的同时，他的一生亦充满各种争论，与老师陈省身先生、与学生田刚教授的争议广为人知，又扑朔迷离，他还就是否建设大型粒子对撞机与杨振宁先生有过争论。

丘先生是真性情之人，为人为学，都坚持自己的原则到底。他曾回忆一次专程从波士顿飞到加州拜候陈省身先生的经历，"陈先生一个人坐在客厅里，将刚完成的一本书放在茶几上。夕阳西下，我走进客厅时感觉自己就如向由马龙·白兰度在电影《教父》中扮演的维托·柯里昂先生求助一样"。但是，丘成桐自有反思，"在美国的学术界，绝大部分年纪老迈的老师都不再企图去影响年轻人的学术方向，但在国内，'愈老愈强'似乎是正道"。对于陈省身的培养他铭感于心，但"到了 1970 年代的后期，即他助我到伯克利的十年之后，我终究走上了自己的路"。他没有接陈省身的班担任加州大学伯克利分校数学所所长，而是东去波士顿任教于哈佛大学数学系。"走我自己的路"也是新近辞世的李泽厚先生在 80 年代末一本论著之名。作为学者，能走自己的路，还走成了自己的路，不容易的。丘成桐先生的父亲丘镇英曾是香港沙田崇基学院（香港中文大学前身）教授，有《西洋哲学史讲义》行世。我是先读到《西洋哲学史讲义》，后知丘成桐。

8. 辛德勇 《制造汉武帝》 生活·读书·新知三联书店 2015 年

历史学的最基本或者最核心的要求就是史料的真实性，辛德勇教授在该书附录中谈了自己理解的历史学，历史学是一门科学。既然是科学，研究结论就要经得起检验。科学可以运用重复实验来验证。历史研究不能起古人于地下，亦不能重复实验，但还是可以通过史料进行验证。这种验证就需要展示验证的细节，每一个说法都要得到史料的确证，史料本身的真伪也需要得到进一步核实。如果说哲学是一种概念论证，历史学可以说是一种经验论证，历史的证据链不能残缺，缺失的地方可以通过想象来补，但不能偏离基本的链条，亦能为后续的证据所进一步修正。时人常斤斤于历史的人文性、精神性，是的，历史不止于科学，但绕开基本的证据，那就没有历史可言。

辛德勇教授此书，乃是通过对史料的确证解决一个历史学的关键问题，即通过考查《资治通鉴》中对汉武帝的形象塑造，来探测《资治通鉴》历史建构的可信度。如果《资治通鉴》不足为信史，则以此为基础的历史研究，就变成了沙上之塔。辛德勇发现在关于汉武帝的论述上，司马光借用了神仙家言《汉武故事》。这个文本经不起推敲，多属胡编乱造。因此运用《资治通鉴》中汉武帝叙述的历史研究，都要打上一个问号。田余庆先生的《论轮台诏》阐述的汉武帝晚年政治路线的改变，是以《资治通鉴》取自《汉武故事》的材料作为论证基础的。如果《汉武故事》的真实性有问题，田先生的论证当然需要重新考虑。

这一论证策略，颇类似于实验哲学对传统哲学的批评。传统哲学的某些论证前提诉诸直觉，提出论证的哲学家认为这一直觉是普遍存在的，"人同此心，心同此理"。实验哲学家不去直接质疑建立在直觉之上的主张，例如在自由意志问题上，到底是承认决定论和自由意志相容的相容论正确还是不相容论正确，这都不重要。相反，他们是去质疑某一哲学直觉的普遍性这一说法，通过调查大众的直觉，发现某一直觉并非普遍，因此基于直觉的哲学主张自然受到质疑。例如有哲学家认为不相容论直觉具有相当广泛的群众基础，是普遍存在的，因此为不相容论辩护，但实际调查情况发现并非如此。做一个简单类比吧，司马光对汉武帝的政治形象塑造类似于哲学家对某一哲学直觉的认定，二者可能都缺乏真实基础：在历史研究中，一旦细究文本，就会发现文本是有问题的。在哲学研究中，一旦细究常人直觉，就会发现所谓的普遍直觉也是有问题的。因此，建立在虚假文本或虚假直觉之上的立场就是需要重新审视的。在这个意义上，历史学、哲学都有一定的科学性。

9. 刘宗迪 《失落的天书：山海经与古代华夏世界观》 商务印书馆 2006 年 《古典的草根》 生活·读书·新知三联书店 2010 年

2021 年读到最受启发的汉语学界的著作，就是刘宗迪教授这两本了。据刘宗迪研究辨证，《海经》实际上并非地理志，里面的叙述看似荒诞不经，实则有所根据。《海经》的背后隐藏着一幅图画：一幅古代的天象图，是古人日常生活经验总结而来的天文图。《海经》作者根据古代天文图，做了空间地理的想象，做了阐释。古人观天象，明日月轮回，知四时变化，发明节气，因此天象是古人从事农业活动最重要的根据。顾炎武说，三代以上之人都懂天文。观象授时，这是先人的自然认知。《山海经》并非一部神怪之书，而是一部自然之书，《山经》是大地博物志，《海经》是浩瀚宇宙之天文学。《山海经》乃是先民日常生活、精神生活的重要来源。

能够作出如此大胆猜想的跨学科探究，源于作者的草根思想传统。作为钟敬文先生的弟子，刘宗迪在《惟有大地上歌声如风》一文中，提出大地之风与民间风俗的关系，阐明风俗与民俗之别。如果说民俗是一种对象化的、科学的研究，风俗则是一种人在世界之中的有感之知,"风俗造就了我们,我们也造就了风俗,我们的生命在风俗中得以寄托和展开,风俗也正借我们的生命而得以延续"。从大地上寻找思想的根脉,宗迪探幽寻微:今文经学好为声训似暗合于民间趋吉避凶谐音之俗,历史原本是口耳相传的"故事";书不尽言,不可说地凝结在身教礼仪之中;神秘莫测之烛龙原是天上之龙星,七夕也不过就是耕种之节。剥去古典、浪漫的外衣,一切不过是大地之风、原上之草,是千百年来先人们劳作生活的基本生活图景。礼源于俗,大俗才有大雅。宗迪的跨学科、跨传统研究以其大俗成就大雅。

10. 斯特劳森《怀疑主义与自然主义及其变种》 商务印书馆 2018年

一个人会有思想盲区,在某些领域,三流的文章都可以看得烂熟,换到另外一些领域,基本的经典都不曾顾及。但天下的书那么多,怎么读得过来?毕竟我们不是处在夏曾佑的那个时代,可以有足够的能力和时间读完中国书,何况那时也只有中国书。斯特劳森是20世纪重要的分析哲学家不假,但我也仅仅读到他在批评罗素时的《论指称》(*On Referring*,1950)一文。他是英美学界最有影响的康德研究学者,《感觉的界限》是必引之作。他也是最早在逻辑实证主义学派之后,扛起形而上学大旗的人物。《个体》一书出版于1959年,该书反对修正的形而上学,认为"存在现象与实在,存在某些标准之下真实的事物"是一种错误观念,转而坚持一种描述的形而上学,即形而上学就是要描述我们关于世界的思想结构,研究世界及其部分之间的普遍必然特征。我读到的这本小书,属于演讲总结之作,篇幅不长,领域宽广,观点独到。作者探讨了在知觉、道德、心身和语言四个不同领域之中的一些相似结构。他认为在这些领域都存在着两种自然主义：还原的自然主义和非还原的自然主义。一般来说，他反对科学实在论，持有一种常识实在论。但更重要的是，在他看来我们不能坚持某一种立场，而批评另外一种立场，除非我们有一个绝对的立场可以评判彼此的立场。例如在心灵哲学中的还原论与非还原论之争，不存在二者谁对谁错，彼此都有一定的真理性。那些认为"存在一种更高的立场"的评判实际上是一种幻觉。当前学界，有这种幻觉的研究者还真不少，本人就曾一直在这种幻觉中挣扎。

有机缘读到这本书，是因为重读了叶闯教授的《语言 意义 指称》的第五章，他站在斯特劳森一边，认为既不可能把语词的意义自然化，用奎因的行为主义意义理论解释；也不可能把语词的意义等同于使用，用维特根斯坦意义的使用论解释。因为"当我们把自然中的一条狗识别为一条狗时，也就隐含了对概念和类型的把握……自由地使用抽象概念是对这样的事实的自然的合法的反思"。斯特劳森提示我们不能忽视生活中那些明显的事实，即便是抽象的事实。

11. 王曦 《论语绎读》 广西师范大学出版社 2022 年

十年前曾有机会参加过王曦老师的论语读书班。倏忽十年，当年读书的朋友早已四散，音书不闻。重要的是，王曦的《论语绎读》出版了。我曾在山西大学开过"《论语》中英文释读"课程，从辜鸿铭的译本到安乐哲的译本，9 个译本对读，进展缓慢，但收获甚大。同辈樊沁永兄多年领读《论语》，以朱子《精义》《或问》《集注》《语类》为基础材料，细读经年，我偶或参加。读王曦的《绎读》，感觉他在掀桌子，钱杨二李皆不是。但他自有底气，这源自王曦多年揣摩出来的四种《论语》读法：第一为对读法，看版本优劣。第二为细读法，审字词、审标点、审句式、审句意。第三为还原法，还原思维方式、还原文化传统、还原对话场景、还原底层思想。第四为语境法，以《论语》解《论语》。四条读书法可谓说尽古今《论语》之读法。《论语》乃历代学术思想"兵家必争之地"，《绎读》一扫旧说，期待久矣。

12. 奕夫 《心之翼》 华夏出版社 2022年

2019年岁末至今，新冠病毒全球肆虐，人们再也不能像以往那样自由自在地出行，天涯海角，浪迹徘徊于山水之间，体验不同地方的风土人情、历史文化。游戏、元宇宙、虚拟现实正在成为越来越火的话题，人们在网络上讨论虚拟世界中的"真实经验"，甚至电子游戏不仅可以治疗我们的抑郁，也能帮助我们体会宏大的人类历史意义。

《心之翼》讲述了一个人的世界之旅。主人公戴维17岁开始，离开家乡巴黎，足迹遍及30余个国家，遭遇战火，见证奇迹，邂逅浪漫的爱情。世界之旅也是他内在的心灵之旅。卡瓦菲斯在《伊萨卡》这首诗中写道："当你启程前往伊萨卡，但愿你的道路漫长，充满奇迹，充满发现……抵达那里是你此行的目的，但路上不要过于仓促，当你上得了岛，你也就老了，一路所得已经教你富甲四方，用不着伊萨卡来让你财源滚滚。"每个人心中都有自己的"伊萨卡"，读者诸君不妨跟着戴维走一走他的"伊萨卡"旅程。也许，除了电子游戏和网剧，阅读此书也能让你体会宏大的历史意义，也许这就是抵达你心中的

"伊萨卡"的一次精神旅行。

13. 向松祚 《新经济学》 中信出版社 2020 年

最近一些年，经济学家认识到新古典经济学理性人假设的错误，采取新的研究路径。例如以卡尼曼和塞勒为代表的行为经济学，集中研究人的非理性行为，但其基本研究范式还是和弗里德曼、张五常教授一样落入了实证主义经济学框架之内。这个方法论的理论来源是哲学上的逻辑实证主义。我在北大老师的老师洪谦先生是逻辑实证主义领袖石里克的助手，五常教授也是听了卡尔纳普的逻辑课，从此笃信科学解释和实证。应该说哲学和经济学如何走出逻辑实证主义是这两门学问的主要问题。此书把人的创造性活动纳入经济学的框架，这是非常有见地的，在这个基础上把企业家纳入基础经济学框架之中，松祚教授还把牟宗三先生"一心开二门"的学说实质整合进基于创造性的经济学，为经济学提供了重要的思想基石，中西合璧，走出了自己的路。此书在这个意义上既超越了新制度经济学，也超越了新起的行为经济学，应当引起学界关注。

我和松祚先生有同乡之谊。前年回老家，朋友指他的老家路给我看，山路凶险崎岖，走出来大不易。很多年前我就浏览过他写的《张五常经济学》，翻过他译的《蒙代尔经济学文集》，读过他写的《纪念小平》，内心多有认同。他是我们这个时代有良知、敢讲真话的经济学家。一次京城小聚遇到同乡前辈崔老，他和我打趣，原来你们秭归一中也还有人啊。我一愣才想起，身居显位的崔老王老都毕业于秭归二中，松祚先生也毕业于秭归二中，他们都是 80 年代的人物，其中崔王二老都是从秭归乡镇开始工作,到县城、省城,最后调到京城。所谓英雄不论出身,也是那个年代的一段独有的现象吧。去年相聚,得知松祚先生即将出版五卷本的《新经济学》,第三册主题为"人心的无限创造性",对康德、牟宗三用力甚多,这让我更多了些期待!我读哲学,爱翻经济学,他做经济学,好探求哲理,这让我们在老乡情结之外,有了更多交流的动力。

第二部分

追忆

他已经活得足够老了,时代已经弃他而去了。而他还像个西部牛仔一样,插着左轮手枪,站在十字路口,鄙夷一切。

阿姆斯特朗：澳大利亚最伟大的哲学家？

澳大利亚南部天气炎热，阳光强烈，沙漠随处可见。如此单调枯燥的自然环境孕育了 20 世纪哲学中一个颇具影响的流派：澳大利亚物质主义学派（Australia Materialism）。也许这种严酷的环境容不得哲学家做浪漫的思考。阿姆斯特朗、斯玛特、普莱斯这三位哲学史上赫赫有名的物质主义者，皆执教于澳大利亚南部的大学，经年累月，著书立说，自成一派。其中阿姆斯特朗生于斯长于斯，是澳洲学派的领军人物。

回想 20 世纪五六十年代，可称得上心智哲学的黄金时代，彼时行为主义大行其道，计算机科学方兴未艾。1956 年普莱斯发表《意识是大脑过程么？》一文提出了同一论形态的物质主义。1959 年斯马特发表《感知与大脑过程》一文，对普莱斯之论加以修补。他们主张所有的心理状态都是大脑状态。举个例子，当你感到疼痛时，这意味着大脑处于一种特定的物理状态（C 神经元通路激活）。当你感到忧伤时，大脑又处于另外一种物理状态（假设 D 神经元通路激活）。

上述对心脑的理解模式是物质主义者初级反思的结果,最终走向形而上学研究的阿姆斯特朗自然不会照单全收。在他看来,"疼痛等同于大脑中的 C 神经元通路激活"这个论断并没有解释具有疼痛感是怎么一回事。阿姆斯特朗说:"心理状态就是这样的状态:它倾向于产生某些行为,又能为某些刺激所产生。"比如你想喝水这个心理状态就导致你拿起了桌子上的水杯,这是心理状态产生行为。当你的脚踢到了石头感到疼痛,这是刺激产生了你的心理状态。行为和心理状态之间存在一个因果作用,但心理状态不过是物理状态而已。阿公此论被学界概括为因果功能同一论,与他分享这一头衔的乃是英年早逝的天才哲人刘易斯(1941—2001)。刘易斯也在澳洲执教多年,是一名强硬的物质主义者。

1926 年,阿姆斯特朗出生于澳大利亚南部墨尔本,本科就读于悉尼大学,在牛津大学拿到了自己的哲学学位,后来在墨尔本大学获得了博士学位。除了在贝克学院(1954—1956)和墨尔本大学(1956-1963)有过不长的工作经历之外,他一直从教于本科就读的悉尼大学直至退休(1991)。翻看他的简历,除了两度结婚(1950,1982)算是小有波澜,整个经历可谓平淡无奇。比起罗素的四度结婚、两度入狱、一度获诺奖的经历,阿公生平引不起公众猎奇的兴趣。据说可以这样来概括学院哲学家:"他出生,他写作,他死亡。"

学院里也有江湖,1968 年问世的《一个关于心智的物质主义理论》一书让他声名大噪。此书奠定了阿公在学界中的江湖大佬地位,他也因之被称为最著名的物质主义者。时至今日,仅凭此书,阿公亦足以傲视群雄,进入 20 世纪哲学名人堂。此言非虚,此书刊布一年之后，阿公就成为澳大利亚人文研究院院士。30年后，已近垂暮之年的阿公重操旧业写了一本心智哲学导论：《心身问题：一个有立场的介绍》（1999）。十年前，我在北大老化学楼227室旁听程炼教授的心智哲学课程，指定教材就是这本。程炼老师是国内为数不多的物质主义者，阿姆斯特朗的同道。说来也算有缘，我也是听程炼老师之课，读阿公之书，而窥心智哲学门径。

阿公虽然不像维特根斯坦或海德格尔有剧烈的早晚期哲学转变，但变化也很明显。在"物质主义理论"一书之后，阿公就转向了形而上学研究，其后半生研究旨趣不脱形而上学，先后出版了《信念、真理与知识》（1973）、《共相与科学实在论》（1978）等书。他也因形而上学及其相关研究再上层楼，成为英国科学院的通信院士（1998）、美国人文科学院的外籍院士（2008）。

在漫长的哲学生涯里，阿公写下了大量的哲学著作。他属于"写得越多就写得更多"的哲学家，坐拥14本哲学专著，还不包括大量的哲学论文。他不像维特根斯坦、奎因那样被认为是"哲学家中的哲学家"，也不像罗素、桑德尔这些具有公众声誉的哲学家，阿姆斯特朗是一个典型的学院哲学家。2007年，Acumen出版社发行了一套当代哲学家思想传记，编者期望为时下一些重要的哲学家提供初步的介绍，这中间包括大家熟知的罗尔斯、罗蒂、诺齐克、库恩、普特南、塞尔、奎因、戴维森、克里普克等，阿姆斯特朗亦在其中，其学界地位可见一斑。除了关于心智的物质主义观点，他在形而上学上对共相、事态、模态等的解释、在科学哲学上对自然律的解释，以及早期关于洛克视觉理论、知觉理论的研究都自成一系。总的说来，阿姆斯特朗秉持一种自然主义哲学观：科学尤其是物理学不仅规定我们对形而上学的研究，而且也指引我们对形而上学的探索。

尽管阿姆斯特朗在学院中声名日盛，他这一派的观点还是遭到了另外一拨学院派自然主义者的批评。以提出知识论证（1981）闻名的弗兰克·杰克逊和以提出僵尸论证（1996）闻名的大卫·查尔莫斯都在澳大利亚国立大学任教，可算阿公同乡。这当世两大反唯物主义论证的提出者也把自己称作自然主义者，认为心智现象是自然的产物。但与物质主义论题相反，他们相信心智现象不能等同于物理现象。

现如今，1965年出生的查尔莫斯炙手可热，扛起自然主义二元论大旗与主流唯物主义者对阵叫板。大查正当盛年，而立之年即发表了《有意识的心灵》（1996），此书和阿公不惑之年发表的《一个关于心智的物质主义理论》旗鼓相当，针锋相对，二者均可列入经典。随后大查也转向了形而上学领域，出版了《世界的构造》（2012）。2008年，大查借北京承办奥运之际前来讲学，引起京城一小股大查热，《有意识的心灵》一书亦在国内刊行。与之相比，阿姆斯特朗的皇皇大著还孤独地立在大学图书馆的某个角落，等待专业研究者借阅，不知这是他的大幸还是他的不幸。

据称阿公出道之初有个愿望："要成为澳大利亚最伟大的哲学家。"如今阿公已殁，大查如日中天，杰克逊宝刀未老。盖棺论定，恐怕阿公也只能成为澳大利亚最伟大的哲学家之一了。

普特南：变与不变之间

试想如下场景：

一个邪恶的科学家给你做了一次手术，他把你的大脑从身体上切下来，放到一个充满液体的缸中以维持生命。同时，邪恶的科学家把你的大脑神经末梢和一台超强计算机相连。如果你想抬起自己的手，计算机的反馈就会让你"看到"并"感到"你抬起了自己的手。持续传输的电信号让你感觉一切如常：暮色苍茫，远眺群山，依然是行远天还远、年深惑愈深的感悟。实际上，一切不过是计算机传递给你的感觉电信号而已。你已不能行到天涯海角、体味世间百态，你的大脑在缸中，身体早已毁灭。

若"缸中之脑"的设想是可能的，我们就无法回避怀疑论的古老诘问："你怎么知道世间的一切不是虚幻的？"据称好莱坞电影《黑客帝国》中 The Matrix 的设计也受到了此思想实验的启发，这一绝妙构想出自当代美国著名哲学家希拉里·普特南的名作《理性、真理与历史》。毫无疑问，普特南是一个充满奇思异想的哲学家。

1926年7月31日，普氏出生在芝加哥一个犹太知识分子中产家庭。他的父母曾是共产主义者，因此普特南从小接受了无神论的教育，直到晚年才皈依犹太教。1934年，普特南赴宾夕法尼亚州中央中学读书，遇到了晚他一级、后来成为著名语言学家和左派知识分子的乔姆斯基，从此他们成为终身的挚友和思想上的对手。直到2015年9月，普特南还在自己的博客上撰文批评乔姆斯基的内在语言说。

中学毕业后，普特南在宾夕法尼亚大学修读数学和哲学的本科学位，之后又到哈佛大学和加州大学洛杉矶分校修读哲学。1951年，普特南师从科学哲学大家莱辛巴哈，获得博士学位。博士毕业之后，他在美国西北大学、普林斯顿大学和麻省理工学院有过相当长的从教经历，1965年移师哈佛大学执教，直到2000年退休。

普特南在哲学各个领域都取得了不俗的成就：早期以数学和计算机研究起家，对希尔伯特的"第十个问题"做出了实质的贡献。他和马汀·戴维斯一起为布尔满足性问题提出了著名的戴维斯－普特南算法。在心灵哲学领域，他提出了基于计算机模型的功能主义理论，一度成为心灵哲学的正统理论。在知识论领域，他提出了广为人知的"缸中之脑"思想实验，该实验甚至成为大众热议话题。在语言哲学领域，他和克里普克先后提出了语义外在论，有力地拒斥了笛卡尔－弗雷格已降的内在论传统。因其突出的哲学成就，普特南1965年入选美国人文与科学院院士，1976年受邀在牛津大学做洛克讲座，同年被选为美国哲学学会主席。

他的另外一个著名的思想实验是"孪生地球"，旨在说明语言的意义不在大脑之中。人们通常认为，大脑中的思想决定了我们所想到的某种东西。比如"水"这个词的意义就是我们大脑中想到的关于水的一切特征。笛卡尔式内在论者刻画了人们的这种直觉：大脑中所发生的一切思想确定了语言的意义。普特南让我们想象：孪生地球上的水在外观特征上和我们看到的水毫无区别，都是流淌在江河湖海中、盛放在锅碗瓢盆里、无色透明可饮用的液体。因此我和孪生地球上的我在看到这种水的时候，处于同样的心理状态。如果意义在大脑之中，那么我在地球上说出"水"的意思和另一个我在孪生地球上说出"水"的意思就完全等同，都指称同一种物质。然而真相却是：地球上水的分子结构是 H_2O，孪生地球上水的分子结构是 XYZ，这种不同是我和孪生的我在掌握"水"这个词的意思时没有把握到的。我和孪生的我虽然具有相同的心理状态，指称的却是不同的物质，即具有分子结构 H_2O 的水和具有分子结构 XYZ 的孪生水。由此可知，意义不在大脑之中，而由外部世界确定，这就是普特南所倡导的外在论。认知科学家杰瑞·福多对这个备受学界青睐的外在论腹诽甚多，他曾选用了"水在哪儿都是水"这个吸引眼球的题目撰写过一篇对外在论的批评。

　　除此之外，普特南最重要的贡献大概要算在心灵哲学领域提出的功能主义。他一反当时流行的行为主义和心灵—大脑的类型同一论（何谓心脑同一论，详见逝者阿姆斯特朗篇）。类型同一论主张：心灵状态就是某类特定的大脑状态。这意味着只有像我们这样具有特定类型大脑的人类才会具有意识经验。普特南认为像疼痛和信念这样的状态完全可以"多重实现"在老鼠、海星、蜥蜴甚至外星人身上。疼痛这样的心理状态并非一类具体的大脑状态，而是一种功能状态，可以实现在不同的物理构造上。类似计算机的软件可以在不同的硬件环境里运行，不用考虑硬件是由什么物质构成的。明眼人可以看出，普特南的灵感源于计算机原理。

不过普特南更广为人知甚至遭人诟病的是他多变的学术风格。一开始他坚持形而上学实在论，之后面临达米特等诸多批评时转而接受内在实在论，最后又转向直接实在论。有人批评普特南善变，但他自己的总结发人深省："我总是不断批判自己的立场，这是我得以进步的原因。"芝加哥大学哲学系纳斯鲍姆教授在纪念文章中，也盛赞普氏的自我转变。在她看来，大部分哲学家都是立场大过论证，普特南则是例外中的例外。她回忆说，1970年代中期，普特南在哈佛大学开设形而上学课程，邀请奎因和古德曼一同参与课堂讨论。奎因和古德曼同他的形而上学立场多有不同，几人时常一起辩论。某日系里午餐时间召开行政会议，普特南竟然忘记了开会，一直和古德曼在食堂大厅讨论哲学问题。是年底，普特南发表就任美国哲学学会主席的演讲，他将古德曼的立场完美地整合到自己的思想之中。至于著名的"孪生地球"思想实验，实际上是他对自己早期功能主义立场的批评。经学家廖平一生六变，普特南庶几近之。一个追随他的哲学家戏称："希拉里是一个量子哲学家，我不能同时理解他这个人和他的观点。"

普特南堪称美国哲学的活化石：他1953年到普林斯顿大学执教，1961年转到麻省理工学院，1965年又转到哈佛大学，2000年荣休。他在美国几大哲学重镇执教长达半个世纪，见证了美国哲学的风起云涌。在《从内部看哲学的半个世纪》和《影响我的十二个哲学家》两篇思想传记中，普特南勾勒出了美国自20世纪50年代以来的哲学图景。有趣的是，像普特南这种完全接受逻辑、科学训练的分析哲学家，从一开始对非分析传统的哲学思想却尤为重视，包括犹太哲学、宗教哲学和马克思主义等。但精神上他还是继承了奎因的分析传统。他后期学术生涯中最为著名的事件之一，就是致力摧毁经验论的最后一个教条——事实与价值的区分。这在学术界引起了激烈的争论。

除了学术方面的成就，普特南还热衷于政治。20 世纪 60 年代末至 70 年代初，他积极投身政治活动，反对美国参加越战。1963 年，他在麻省理工学院组织了反对越战的学生运动。1965 年，他加入进步劳工党，该组织跟当时的中国和越南一样，支持发展中国家的反帝斗争。普特南不仅投身政治实践，还在哈佛大学开设马克思主义课程。因为过于积极地介入政治，普特南屡次和校方产生争执。有一次，普特南的学生参加博士论文答辩，身为导师的普特南竟因为参加学生游行迟到了。据称此举引得奎因大为不满。奎因和普特南都是当时分析哲学的执牛耳者，但二人政治立场相左。普特南和乔姆斯基都属于左派，奎因是右派。也许是这个原因，奎因心中的不满情绪或许更为复杂。据黄进兴教授在《哈佛琐记》中回忆，普特南推崇罗尔斯，而对诺齐克评价甚低："我在智识上和道德上都看不起他。"诺齐克属于自由右派，罗尔斯属于自由左派，不知道是不是政治立场的缘故，才让普特南有如此尖刻之论。也曾访学于哈佛的陈亚军教授在近期访谈中质疑了黄进兴教授的回忆，他认为普特南高度认同诺齐克的学问。二人皆与普氏有过交流，何者更近真实，大概只能存疑了。又或者是普特南对诺齐克的评价发生了转化。普氏多变，不足为奇。平心而论，普氏治学更接近诺齐克，两人都偏好在文章中提出思想实验、构造反例来推动论证。

后来对于加入进步劳工党这件事，普氏坦陈这是自己早年犯下的一个错误。话说当年，普特南在哈佛大学是明星教师，其左派风格于讲课时展露无遗。他不愿高居讲台，而是站在课堂中间，学生只好围成一圈听他论道。不仅如此，他还多次向学生推荐远播海外的袖珍版红宝书。更让人瞠目的是，他带领学生冲击过畅销书《钟曲线：美国生活中的智商和阶级结构》作者之一理查德·赫恩斯坦的课堂。该书要论证：人的智商主要是天生的，和经济背景、社会阶层没有关系。虽然此书在赫恩斯坦去世后才出版（1994年），但作者的观点由来已久，难怪左派普特南大动肝火。据闻，哈佛大学管理层对普氏的各种惊人言行束手无策，绝望至权。然而，与普特南多有交流的人都觉得普氏谦和随意、热情开朗，少有人见他金刚怒目的一面。

1972年，普特南退出了进步劳工党。迟至68岁，他才洗礼加入犹太教（犹太人一般13岁就施行成年礼，皈依犹太教），晚年的他进入宗教领域，其学术也从注重逻辑和科学的哲学转向了关注价值和信仰的哲学。抛开具体立场不论，普特南在学术上有两个明显的特征：早期专注逻辑形式化的工作，获得了2011年Rock Schock大奖；晚年越来越关注人类生存的根本问题。从哲学到文化，从科学到信仰，都是普特南心之所系。他在一篇文章中引用了杜威《哲学的改造》中的话："当哲学不再是处理哲学家难题的工具，而成为由哲学家培育出来的一种方法，用来处理人的难题，哲学就恢复其本色了。"哲学家不处理哲学家的问题，哲学家处理我们的问题，在这个意义上，似乎可以理解他早年的政治活动和晚年的宗教思考了。

2015年10月，普特南荣获了尼古拉斯·瑞切系统哲学奖，这是匹兹堡大学哲学系尼古拉斯·瑞切教授设立的一个奖项，用于奖励在哲学思想领域做出系统性贡献的哲学家。普特南可谓实至名归。普特南的系统性哲学贡献，从他出版的著作中可见一斑，列举如下：《逻辑哲学》（1971年）、《数学、物质与方法》（1975年）、《心灵、语言与实在》（1975年）、《意义和道德科学》（1978年）、《理性、真理与历史》（1981年）、《实在论与真理》（1983年）、《实在论的多副面孔》（1987年）、《表征与实在》（1988年）、《重建哲学》（1992年）、《语词和生活》（1994年）、《实用主义：一个开放的问题》（1995年）、《三重奏：心灵、身体与世界》（1999年）、《启蒙与实用主义》（2001年）、《事实与价值二分法的崩溃》（2002年）、《没有本体论的伦理学》（2002年）、《作为生活指南的犹太哲学》（2008年）和《科学时代的哲学》（2012年）等。

去年秋天，我在匹兹堡大学科学史与科学哲学系访问，恭逢盛会。讲座前几分钟普特南和瑞切坐在前排低头私语。瑞切正当米寿，普特南望九之龄，二人惺惺相惜。一个小时的报告，主题仍然是普特南欲说还休的实在论。当时，普特南西装革履，精神矍铄，毫无衰态。我在给社科院哲学所陈德中研究员的信中述及此事，德中兄邀我有机会访谈普特南教授，我一拖再拖。谁承想，2016年3月13日上午，希拉里·普特南教授病逝于芝加哥家中，据闻，他受间皮瘤之困久矣。此时美国大选如火如荼，唐纳德·特朗普和希拉里·克林顿之争未见分晓；围棋新世纪之战，谷歌阿尔法狗战胜韩国棋手李世石已成定局。

政治和人工智能都是普特南曾经关注的领域，只是他已经去了另外一个世界。

普特南学术思想、政治立场一生多变，这变中的不变大概就是所谓追求真理之真诚吧。妄自揣度，多依善意，是耶非耶，以待来君。

怀特：哲学乃根本之学

霍金在《时间简史》后记中不无遗憾地提到，哲学曾经是关于世界最根本的学问，亚里士多德、笛卡尔、康德都在回答人类面临的根本问题。怎么到了 20 世纪，哲学仅仅变成了语言分析，这不是一种哲学的堕落吗？霍金的担忧虽不乏偏见，也自有其道理。当今的哲学离生活实践和科学探究似乎太远了，哲学成了一种专家之学。

并非没有哲学家洞悉到这一症结。新近辞世的美国哲学家、思想史家莫顿·怀特（1917—2016 年）即是一例。他对哲学的理解超出了语言分析、科学解释的限制，将其推到更为广阔的学问天地之中。

怀特和昔年在哈佛大学的同事奎因一样，拒斥所谓分析和综合的区分，接受经验主义的思路。另一方面，他强烈反对奎因的科学化哲学的思路。在奎因看来，哲学不过就是科学哲学（philosophy of science is philosophy enough），知识论、语言哲学、伦理学都可以科学化。而怀特认为，科学哲学之外的哲学另有一番天地（philosophy of science is not philosophy enough）。因此，他将经验的、演化的、实用主义的思路整合到对哲学、政治、法律、历史、宗教和艺术的系统思考中，聚百家之学，成一家之言。

这种哲学筹划从他出版的一系列著作中可见端倪，如：《杜威工具主义的起源》（1943年）、《社会思想在美国：一种对形式主义的反叛》（1949年）、《哲学的重新聚合》（1956年）、《历史知识的基础》（1962年）、《科学和情感在美国》（1965年）、《美国革命的哲学》（1978年）、《是与应当：伦理学与认识论文集》（1982年）、《哲学、联邦主义和宪法》（1987年）、《自由意志的问题：整体论的观念》（1992年）、《文化哲学：作为整体的实用主义》（2002年）、《从哲学的观点看：研究文集》（2004年）等。除此之外，他还和露西·怀特出版了《知识分子对决城邦：从杰弗逊到奈特》（1962年）、《日本旅行纪实：1952-1979》，1999年还出版了自传《一个哲学家的故事》。

怀特主要以历史哲学家和思想史家名世。2016年3月去世的哲学家希拉里·普特南（1926—2016年），是一个在哲学领域内建立系统思考的哲学家。话说怀特曾是普特南在宾大读书时期的老师，怀特很早就认为，如果分析和综合的区分靠不住，那么事实和价值的区分也靠不住。这一思想深深影响了普特南，直到晚年他还出版了论文集《事实与价值二分法的崩溃》（2002年）。巧合的是，师徒二人同年辞世，怀特98岁，普特南89岁，都是高龄，都是高产。这不禁让人感慨，革命尚在继续，老头更有力量。

普特南涉猎的领域极其广博，涵盖了数理逻辑、语言哲学、心智哲学、伦理学、宗教哲学等。怀特则是用哲学思考统摄了哲学之外的学问，他或明或暗地反对了当代主流哲学的两个预设：哲学是专家之学，哲学的主要模式是科学。奎因的名著《从逻辑的观点看》可以说为当代哲学预设了一个戒条。从逻辑的观点看、从语言的观点看、从科学的观点看，这是一个庞大的当代哲学家族。怀特的最后一部著作是《从哲学的观点看》，他一定清楚地意识到了自己和罗素、奎因的区别。哲学的本质并不如罗素所主张的是逻辑分析，因此哲学就不能如奎因所主张的可以从逻辑的观点看。

1953—1970年，怀特执教于哈佛大学哲学系，他的同事有奎因、罗尔斯、古德曼等。当时的哈佛大学、普林斯顿大学哲学家可以说是逻辑语言分析和科学化的天下。罗尔斯也深受奎因影响，在写作《正义论》的时期，才逐渐认识到政治哲学的基础未必需要语言哲学来奠基，政治哲学的基本概念是自主的。怀特和罗尔斯，一个从历史哲学、一个从政治哲学走出了当代语言分析的"囚笼"，可谓英雄所见略同。据说罗尔斯正是怀特在哈佛大学哲学系担任系主任时期招揽的。当然怀特走得更远，他认为天下的学问都可以从哲学的观点看。

1950年代怀特和伯林都在哈佛问学，有一天逻辑学家谢弗问他们：你们懂逻辑和数学吗？如果不懂，就别搞"真正的"哲学。据说因为这一质疑，伯林和怀特都发生了哲学转向，伯林转向了思想史，怀特转向了历史哲学。伯林和怀特过从甚密，一度计划合写一部历史哲学的书，最终未能如愿。怀特留下了一本《历史知识的基础》。怀特后来因为搞历史哲学，和哈佛大学历史系的学者交流增多，便转会到了普林斯顿高等研究院的历史系。

以上是书中印象，今年暑期，我遇到一位和怀特有过一面之缘的学者，他告诉我：晚年的怀特非常顽固，不再接受意见，经常在会议上老调重弹、破口大骂。本来他私心仰慕怀特,因为这一缘故,后来就远离怀特了。听了他的描述,我不由得想起克林特·伊斯特伍德在电影《老爷车》中扮演的那个倔强蛮横的老头,感觉自己是能够理解怀特的行为了。他已经活得足够老了,时代已经弃他而去,而他还像个西部牛仔一样,插着左轮手枪,站在十字路口,鄙夷一切。

金在权：几乎接近真相

很长时间以来，亚裔哲学家很难进入英美"主流哲学圈"，不过新近辞世的金在权（Jaegwon Kim）真可以算作韩国当代最具国际声望的哲学家了，他和中国的王浩可能是进入英美分析哲学圈最为知名的亚裔哲学学者。王浩早金在权一代，西南联大毕业后就去哈佛大学拿了博士学位，先后执教于哈佛大学、洛克菲勒大学，他在数理逻辑、机器证明领域成就卓著。韩裔出身的金在权专长是心灵哲学和形而上学，在英美分析哲学领域自成一系，属于心灵哲学界的领军人物。韩国政府推崇他，坊间流传他在布朗大学教课时都有韩国电视台随时录像。

1934年9月12日出生的他赶上了大萧条时期（1929—1939年），世界经济整体下滑，好莱坞电影却日渐繁荣，收听电台是大家的主要娱乐活动。不像奥斯丁、奎因，"二战"时他还太小。60年代迷幻摇滚火热时，他又太老。金在权属于夹缝中麦卡锡时期沉默的一代。他在韩国首尔上了两年大学，拿到法语文学的学位，随后到美国达特茅斯学院。1958年，他拿到法语、数学、哲学的联合学位。加进数学是因为亚裔学习数学更容易,加进哲学呢?据说一次冬季假期,他和一个哲学系学生同住某位教授家里。年轻人整天讨论,争论最多的就是法国存在主义,那是战后加缪和萨特的存在主义兴盛期。缺乏哲学训练的金在权遭遇了哲学专业同学的各种批评,毫无还手之力,最终他决定把哲学作为自己的专业之一。本科毕业后,金在权申请去普林斯顿大学读研究生,这得力于老一代逻辑实证主义领袖、时任普林斯顿大学教授的卡尔·亨普尔的来信,亨普尔激励金在权走上哲学之路。但根本原因也许是年轻人自己的动机:哲学能满足人所有关于智性的好奇,从量子力学的阐释到音乐美学,可以采用不同的方式做自己感兴趣的哲学。当然,"如果没有哲学这个可能的选项,我会选择认知心理学和神经科学",金在权断言道。

金在权 1963 年获普林斯顿大学博士学位,导师正是著名的科学哲学家卡尔·亨普尔,金在权也是实验哲学教父斯蒂芬·斯蒂奇的大师兄。他先后在密歇根大学、康奈尔大学、霍普金斯大学任教,后来转到布朗大学任教,直到退休。声名日盛的金在权出任过美国中部哲学学会主席,当选了美国人文艺术科学院院士。他从亨普尔那里学到了这样一种哲学风格:致力清晰表述,追求严密论证,厌恶晦涩和伪深刻。20 世纪 60 年代,他曾到布朗大学任教过一段时间,系里同事、老一辈哲学家齐硕姆影响了他:不要畏惧形而上学!金在权的学术进路超越了老一代的逻辑实证主义框架,呼应了形而上学在英美分析哲学界的复兴。

对于金在权来说,1980 年代早期研究心理因果和他最开始讨论存在主义的内在冲动是一致的,心理因果不是学院哲学,而是为己之学。

"我感到这个问题关乎我作为一个人、作为理性存在物的一个面向，我需要理解它。"他提出了著名的因果排斥论证，批评了主流的非还原论，非还原的物理主义者主张心理性质（例如疼痛）不能还原为物理性质（例如某个神经元回路激活），但心理性质随附于物理性质。人们通常会认为存在着心理因果，尤其是心理原因导致物理结果，这一常识给主张一切皆是物理事物的物理主义造成了巨大的麻烦：一方面，物理原因和心理原因同时导致一个物理结果会形成因果的过度决定；另一方面，引入心理原因又违反了物理因果封闭原则。非还原的物理主义保不住心理因果的本体论地位，还原的物理主义又违背了关于心理因果的普遍直觉，这是一个无从抉择的两难。不过金在权还是站在了还原论一边，他所系统刻画的随附性概念也一度成为 20 世纪八九十年代心身问题的基本讨论框架。他晚近反思说："严格来讲，物理主义是错误的，但是物理主义已经几乎接近真相，而且是几乎够好地接近真相了。"

赵汀阳先生说哲学的本质就是一个或所有问题，对哲学中某个问题的探究将涉及对其他问题的探讨。心身问题就是金在权的一个或所有问题，他从心理因果一直拓展到意识问题、主体性问题，穷其一生他的研究都不脱离心身问题。金在权可谓伯林心中的刺猬型学者。除了发表大量学术期刊论文之外，他还先后出版了一系列著作：《随附性与心灵》(1993 年)、《物理世界中的心灵》(2000 年)、《物理主义或几乎接近真相之观念》(2007 年)、《心灵的形而上学》(2010 年)等。他撰写的教材《心灵哲学（第三版）》(2016 年)是目前心灵哲学教材中的典范之作，商务印书馆即将出版华东师大郁锋教授翻译的中文版。

金在权的思想影响力一直在扩大，2006 年他被美国教育网站 The Best Schools 选为全球 50 位最具影响力的健在哲学家之一。

回头来看，金在权用随附性来界定心身关系，对功能还原作出了新解释，接下了还原论者的旗帜。只是他不再像还原论先辈那样信心满满，毕竟心理因果和意识都关乎人之存在，不可能完全由基于物理学立场的物理主义给出真正的解释。无论如何，套用那句耳熟能详的话来说：物理主义不是最好的方案，但却是所有现存方案中最不坏的方案。或者可以重温金在权的立场：物理主义几乎接近真相，而且是几乎够好地接近真相了。2019 年 11 月 27 日，金在权辞世，他等不到物理主义胜利或失败的那一刻了，也许根本不用等。

克里普克：20世纪分析哲学最后一个标志性人物走了

1940年出生的克里普克30岁时，以在普林斯顿大学所做的关于"命名与必然性"的三次讲演而名扬学界。他少年英才，6岁就自学古希伯来语，9岁读完莎士比亚，小学毕业前就掌握了笛卡尔的怀疑论和基本算术。他17岁写出了模态逻辑的完全性定理的证明，翌年发表。克里普克是"二战"之后极个别没有博士学位的哲学家之一，在他之前的罗素、维特根斯坦、卡尔纳普、奎因、戴维森等人都有博士学位。

1958年，克里普克进入哈佛大学读本科，二年级时给隔壁麻省理工学院的数学系研究生教数理逻辑。1962年他获得数学学位，留在哈佛工作。1964—1966年，他在普林斯顿大学有短暂的春季任教，1968年到纽约的洛克菲勒大学担任研究员，1977年又到普林斯顿大学哲学系担任教授，1998年退休。2003年，他到纽约城市大学研究中心（CUNY）担任教授。2007年，该中心建立了克里普克中心，协助他整理未出版的手稿和录音稿。这是他不算复杂的人生履历。

1970年，他在普林斯顿的三次演讲，记录成书《命名与必然性》，1972年发表，1980年修订再版；1982年出版《维特根斯坦论私有语言与遵循规则》；2011年出版了论文集《哲学的困惑》；2012年出版了他1974年在牛津大学洛克讲座录音稿"指称与存在"。克里普克不属于那种写得很多的人，和他齐名的普特南、刘易斯都比他写得多。但他每有发表，都引领一时之风潮。

克里普克出道之时，奎因是当时分析学界的领袖；弗雷格、罗素是早期分析哲学的大师，维特根斯坦的影响在消减。他的贡献和这几位哲学家息息相关。他的第一大贡献在逻辑学与逻辑哲学领域，早年间发表了模态逻辑的三篇文章，证明了 S5 系统的完全性，发展了奎因一直反对的模态逻辑，形成了一门新的逻辑学科。

他的第二个也是最重要的贡献在语言哲学和形而上学领域。在普林斯顿的三次演讲中，他提出了新的指称理论。这三次演讲改变了分析哲学的进程。克里普克主张名字的意义不是其描述，而是名字所指的对象。例如"尼克松"这个名字的意义不是"1970年的美国总统"，而是尼克松这个人。尼克松可能不具有他实际所拥有的那些性质，例如尼克松可能不是1970年的美国总统，但他不能不是尼克松本人。因此"尼克松"这个名字也就不对应于这些性质的相关描述。我们能够谈论尼克松乃是通过一条历史因果链条指向那个最初被命名为"尼克松"的人。这就是他最广为人知的因果历史理论。他在该书中批评了当时占据主流地位的弗雷格和罗素的描述理论。此后，因果历史理论成为新的范式。

借助模态逻辑的基本想法，他对必然性和先天性做出了区分，第一次提出了后天必然命题,例如"晨星是暮星""水是 H_2O",这些同一陈述既是必然为真的,又是通过经验发现的。他恢复了形而上学必然性在哲学中的合法地位。这颠覆了奎因的必然性概念,接上了康德先天综合判断如何可能的哲学传统。不仅如此,他的本质主义论述也接续了亚里士多德的学源,为 1990 年代以来范恩(Kit Fine)等人的新亚里士多德形而上学打了前站。难怪在接受 3a 访谈时,被称为"哲学家中的哲学家"的范恩被问及推荐哪五本哲学著作时,回答说:"我只推荐一本,那就是克里普克的《命名与必然性》。"

他的第三个贡献是对维特根斯坦的遵循规则提出重新阐释,于 1982 年发表了《维特根斯坦论规则和私人语言》,提出了"克里普克斯坦"问题,将对语言规则的怀疑与休谟、古德曼的怀疑论问题串连在一起,从一个新的角度复兴了分析学界的维特根斯坦研究。

纵观他一生的研究,他不像海德格尔和维特根斯坦那样,哲学思想经历了激烈的转变,形成前后期不同风格的哲学。他也不像罗素和普特南那样,积极介入公众事务,议题范围包括了从纯粹数学、逻辑到爱情、上帝的广阔领域。终其一生,他的研究都在所谓的纯粹哲学领域里打转转,逻辑、真理、语言、世界,是他心之所系。据说晚年身体多病影响了他的研究。

大概最出乎意料的乃是指称论的影响,该理论提出不久即引起争论。库恩的一个学生信奉新指称论,并为此和库恩争论。不难理解,克里普克的指称理论蕴涵了客观性,这和库恩洋溢着相对论色彩的范式理论有明显冲突。他被人指责抄袭了逻辑学家马尔库斯的思想,一时事情闹得沸沸扬扬。也有一些哲学家如福多(Jerry Fodor)、昂格

（Peter Unger）等人批评他的理论不过是概念空转的把戏。不过这些好像都和他无关，不见他有何回应。他只是针对自己理论的漏洞进行补充和回应，例如 1976 年发表的论文《信念之谜》针对命题态度问题，1974 年的洛克讲座针对空名问题，都可算作对因果历史理论的进一步补充。他是在有生之年就早早被写到分析哲学史教材中的人物。除了学术，他私生活中的问题也不断引起各种争议。

不过，他依然每年在 CUNY 开设课程，屡次回到《命名与必然性》的主题上来。今年是该书发表 50 周年，他在春秋学期连续开设了"《命名与必然性》五十年"课程，邀请了许多哲学家和他共同研讨，这是一种新的课程教学模式。遗憾的是，2022 年 9 月 15 日，克里普克——这个 20 世纪分析哲学最后一个标志性人物——离开了世界，我们听不到他对自己青年时期思想的回应了，他正式进入了分析哲学史。

法兰克福：别无选择，仍需负责

当代分析哲学的特点之一是重视文章而轻专著，乃至很多所谓的专著不过是文章的结集。普林斯顿大学哲学系的哈里·法兰克福（Harry G. Frankfurt）教授就是典型的分析哲学家，以文章名世。他的研究领域涵盖哲学史、道德哲学、心灵哲学，核心关切乃是人的自由，尤其是自由意志和道德责任的关系。1969 年，他在大名鼎鼎的《哲学杂志》上发表了《可供取舍的可能性与道德责任》（Alternate Possibilities and Moral Responsibility）一文，提出即便一个人没有相关取舍的可能性，仍然对他所做之事负有道德责任。

此前主流学界认为，一个人负有道德责任的前提是他有相关取舍的可能性，即可以做这件事也可以做那件事，然后完全根据自由意志选择了其中之一。法兰克福构造的思想实验表明：即便我们别无选择，仍需为我们的行动负责。为什么我们会别无选择呢？根据因果决定论，每件事情都有原因，事情的前后因果相续为因果规律所决定，这使得我们人类无法具有自由。法兰克福不反对因果决定论，但他认为决定论和道德责任是相容的——即便我们是被决定的，我们也还是具有责任。

在原初的案例中，假设布莱克想要琼斯做某件事，如果琼斯正好准备做布莱克想要他做的事，那么布莱克就不干预琼斯。但是如果琼斯想要做其他的事情，那么布莱克就采取策略来保证琼斯做他想做的事情。这就意味着琼斯实际上不能做其他事情。但如果布莱克一直没有干预琼斯，因为琼斯做了所有布莱克想让琼斯做的事情，即便琼斯缺乏相关取舍的可能性，我们仍然会感觉他应该担负道德责任，这就是著名的法兰克福案例。

在电影《长安三万里》中，李白在不同阶段都推动了高适的人生选择。让我们进一步虚构，李白是谪仙下凡，有无限神通，他可以掌控高适的一切行为。只要高适的行动不符合李白的心意，他就施展神通，让高适改变行动以符合自己的预期。在高适自己看来，他所做的一切都是他自己仔细思考的结果。但实际上他所做的一切都由李白的预期所决定。电影中，高适做出了一个决定，他要去塞外投奔哥舒翰，做其帐下的幕僚。李白早有谋划：如果高适准备投军，他就不做任何干预。如果高适选择归隐梁园，他就施展神通让高适改变决定去塞外投军。最终，高适自己选择了投军。在这个例子里，虽然李白没有真的实施干预，但高适的一切行动都在他的掌控之中。那么高适还应该为他选择去塞外的这一行动承担责任吗？我们的直觉是他需要。在一切都被决定的情况下，我们仍需对自己的行动负责。因此相关取舍可能性原则是错误的。

那么被决定的行动者需要负何种道德责任呢？这并非法兰克福的

关注重点，颠覆自由和责任的基本理解模式才是法兰克福心之所系。不管怎样，我们觉得行动者需要为他的行动负全责。不过，也有其他研究表明，一旦我们了解到行动者更多的个人背景，我们可能会降低对他的责任要求。一个杀人犯当然要负他的法律责任，但是如果我们更多了解到他的成长环境，他是个弃婴、从小被虐待、遭受各种不公正的对待、产生了严重的心理疾病，得不到有效救治等，我们就会降低对他的一些道德责任要求，转而反思我们所处的社会环境的问题。

自 1969 年以来，围绕这个案例产生了大量的争论。"法兰克福案例"成为自由意志研究领域的一个热门话题。法兰克福也先后撰写文章不断推进这一讨论。他在 1971 年发表的《意志的自由与人的概念》（Freedom of the Will and the Concept of a Person）一文，其影响力不亚于 1969 年的文章。

20 世纪 80 年代，法兰克福还发表了一篇名文《论扯淡》，起初在学界没有引起太大反响。但他另辟蹊径，2005 年将该文以图书的形式出版，很快就成为畅销书，中文译本 2008 年即面世。他因此书进入大众视线，成为媒体明星。他试图厘清扯淡和说谎的区别——不管怎样，说谎总以承认真为前提，没有真标准，就无法说谎；但扯淡不是，它忽视真，一切不过是为了打发时间的瞎扯，颇似海德格尔所说人的沉沦，尽是些无所事事的闲谈。和说谎相比，扯淡才是真理的敌人。法兰克福可谓抓住了现代社会的病症。后来，他又趁热打铁写了一篇《论真》，但这篇文章就没有那么受人关注，毕竟话题过于严肃，不如扯淡吸引大家的眼球。

法兰克福于 1929 年出生于纽约布鲁克林区。1954 年从约翰霍普金斯大学获得哲学博士学位，先后在俄亥俄州立大学、纽约州立大学、洛克菲勒大学、耶鲁大学任教。1990 年他调到普林斯顿大学任教，直到退休。2023 年 7 月 16 日因病辞世，享年 94 岁。

他最早以研究笛卡尔起家，因探究道德责任在学术界扬名立万，以《论扯淡》进入大众视野。但他研究的根本仍是人的学问，意志、自由、爱、真、扯淡，这些只有我们人类才有兴趣关心的问题。在这个意义上，他从未忘记自己的初心。

法兰克福属于非婚生子，后来被收养。他自己两度结婚，个人生活无太多波澜。他不是衔着金钥匙出生的人，无法选择自己的父母，因而更能体会很多事我们自己无法选择，但仍然需为之承担责任。法兰克福在自由意志领域的申说改变了我们对自由和责任之间关系的庸常看法。对于人类来说，只要我们还在为那些无法改变的命运所困扰，对我们所需要承担的责任产生疑虑，法兰克福的文章就会流传后世。他对人类生存境遇的反思新颖且独到，帮助我们看得更远更深入。

虚云:"法无高下,贵在契机"[1]

虚云和尚(1840—1959)是中国近现代禅宗泰斗,对中国近现代佛教有着巨大的贡献和深远的影响。2009年由中州古籍出版社出版的《虚云和尚全集》,由净慧长老主编,历时三年。全书共九卷,约一百二十万字,包括法语、开示、书信、文记、诗偈、规约、年谱、传记资料、追思录、杂录等十个部分。

一,虚云和尚在禅法上主要阐扬南宗大慧宗杲(1089—1163)以来的看话禅。他认为禅宗的特点是"直指人心,见性成佛"。参禅的目的在于明心见性,去掉自心的污染,实见自性的面目。污染就是妄想执着,自性就是如来智慧德相,见证自性,就是佛,否则就是众生。虽然从理体上明知自心是佛,但不能承认,落实到自己的人格之上,在事用上实证自心是佛的方法就是看话头的方法。看话头是以一

---

[1] 笔者曾应中国哲学家词典英文版编辑委员会之邀,撰写了几个哲人的中文词条,包括虚云、王国维、郭沫若、沈有鼎、洪谦和庞朴。因撰写体例,故叙述中采用了学界的相关论述和观点,未曾一一注明,特此说明。

念抵制万念、以毒攻毒的办法。话从心起,心是话之头;念从心起,心是念之头。话头即是念头,念之前头就是心,它指向一念未生之际的本体之心。看话头也即是在说话之前的当前一念上追究、审察、返照,通过话头从当前一念始生之处看到理念的清净心。所以看话头就是关心,就是关照自心清静之本体。由修炼功夫而证见本体。虚云虽一生主要阐扬禅宗的看话禅,但对净土法门也能弘扬:"念佛念到一心不乱,何尝不是参禅,参禅参到能所双忘,又何尝不是念实相佛。禅者,净中之禅,净者,禅中之净。"虚云以念实相佛的实相念佛来融通禅净。

二,虚云禅学思想主张各宗平等,尤其是密宗与汉传佛教各宗派平等。他曾说:"法无高下,贵在契机。"他积极主张各宗派在佛法中都处于平等地位。禅密等各种法门平等无二,都是通佛阶梯。虚云和尚认为不仅各宗派要兼通,而且佛教各语系也要融合。各宗派兼通要避免相互攻击,"虚云虽身传禅宗法脉,但也绝不排斥净土、律、天台、华严和密等其他宗派。他十分强调各宗不能角力互攻,不得自相摧残,提倡互相扬化,圆融兼通"。在虚云和尚看来,每一个门派的教理和修行方法都有其优点和长处,各派信徒应以本门派的方法为主,也应学习其他门派的教理和方法,作为补充;门派之间只有相互学习,取长补短,才能使佛教兴旺发达。虚云不仅提倡禅宗内部各派的融合,也提倡禅宗与净土等其他宗派的融合,还主张汉传佛教、藏传佛教、南传上座部佛教同步发展,为佛教不同派别协调关系、达到共同发展之目的指明了方向。虚云和尚也深刻地指出各宗派应引起高度重视的问题,就是"无论禅、净、密、教,各个法门均要以持戒为根本。如不持戒，不论修学什么，都是外道；不论如何修法，都不能成佛"。虚云和尚特别强调持戒是各宗派修学获得成就的最根本条件。

三，虚云和尚对近现代中国佛教一个大的贡献是亲身躬行，培育了大量人才，使得佛法能够得到继承。太虚法师也看到佛教衰落，提出了佛教的三个革命思想。但他所提出的思想过于超前，未能得到展开。虚云和尚没有提出什么革命性理论，也没有建立什么僧伽教育体系，只是遵循故有传统祖师祖法，建庙安单住僧，茅棚打坐修行，清规完备执行，五大宗派得以兴盛，使颓废宗教渐渐显示出生气。他培养的弟子成为弘扬佛法的中坚力量：本焕长老修寺建庙，一诚会长坐禅修行堪为模范，净慧法师发展文化影响深广，传印法师从事教育，弟子遍布天下。

虚云的佛教思想立足传统，以中国传统佛教的禅宗为本位，大力阐扬南宗以来中国禅宗的主流看话禅，并且以看话禅融通默照禅。同时虚云又以禅宗为本位而融通净土，融通教理。虚云老和尚一生走遍各地道场，重建六大名刹古寺，承前启后光大宗门。他一身肩挑中国禅宗五家法脉，弟子遍布世界各地，汇成了中国禅宗奔腾不息的长河。虚云老和尚对中国佛教有着巨大的贡献。黄心川教授曾在自己发表的文章《虚云老和尚的佛教领袖作用》中这样评价："近代高僧虚云老和尚，是历代中国佛教的领军人物中最杰出的一位佛教领袖。"

王国维：可爱与可信的两难

王国维（1877—1927年），历史学家、哲学家，字静安，号观堂。少时入私塾，15岁中秀才，1898年到上海《时务报》馆任校对，并结识罗振玉。1901年受罗振玉资助赴日本留学，次年回国。1903年任教于通州和江苏师范学堂，讲授哲学、心理学、伦理学等，写出《红楼梦评论》多篇哲学、美学论文，自编为《静安文集》，1905年出版。1907年随罗振玉入京师，著《人间词话》等。1911年随罗振玉赴日本京都，研究转向历史、小学，著《宋元戏曲考》。1916年回国，任上海仓圣明智大学教授，继续从事甲骨文研究，1917年著《殷周制度论》等著名文章，编为《观堂集林》。1923年回北京，应溥仪之召担任"南书房行走"，1925年应聘为清华大学国学研究院教授，为国学院四大导师之一。1927年6月2日，自沉于颐和园昆明湖。国维哲学贡献有三。

一，哲学探究。国维早期研究康德、叔本华哲学，在三十自序中自陈心曲："余疲于哲学有日矣，哲学上之说，大都可爱者不可信，可信者不可爱。余知真理，而余又爱其谬误。伟大之形而上学，高严之伦理学，与纯粹之美学，此吾人所苦嗜也。然求其可信者，则宁在知识论之实证论、伦理学上快乐论和美学上之经验论。知其可信而不能爱，觉其可爱而不能信，此二三年中最大之烦闷，而今日之嗜好所以渐由哲学而移于文学，而欲于其中求直接之慰藉者也。要之，余之性质，欲为哲学家则感情苦多而知力苦寡，欲为诗人又苦感情寡而理性多。诗歌乎哲学乎，他日何者终吾身，所不敢知，抑在二者之间乎。"

然国维早期通过探究叔本华康德之哲学，以此重探中国哲学、文学。《红楼梦评论》提出生活的本质即欲，而艺术可以使人超然物外，得以解脱。国维认为《红楼梦》的精神在于揭示人生的由来及其解脱之道，因此《红楼梦》的美学价值在于见出人生真相。以此国维自提三难：解脱是否为伦理学的最高理想？如果一切皆解脱，宇宙还有何存在之价值？如果没有人类，艺术是否就不存在呢？国维复于此推论出根本疑难：佛陀与基督是否有此解脱？国维此论，起于叔本华哲学之启发，终于对叔氏哲学之质疑。《原命》承接《释理》《论性》，区分命的两种意思：《论语》中"死生由命"之命，《中庸》中"天命之谓性"。国维认为"死生由命"乃是定命论／宿命论（fatalism），"天命之谓性"乃是定业论／决定论（determinism）。据此他提出，"我国之哲学家除墨子外皆定命论者也"，"通观我国哲学上实无一人持定业论者"。国维进而认为中国传统哲学承认富贵寿夭之命，这是个体无法改变的，但拒绝善恶不肖之命，而主张个体具有自由意志和道德责任。这一探究源自康德先验理性论第三个二律背反，既用康德之说指出自然界有因果律，又用叔本华之说指出意志领域亦有因果律，对决定论和自由意志这一西方传统问题给出了基于中国思想资源的回应。

二，三重境界说。国维在《人间词话》中的三重境界说源自其所著《文学小言》："古今成大事业者，不可不历三种之阶级：'昨夜西风凋碧树，独上高楼，望尽天涯路'（晏同叔《蝶恋花》），此第一阶级也。'衣带渐宽终不悔，为伊消得人憔悴'（欧阳永叔《蝶恋花》），此第二节阶级也。'众里寻他千百度，回头蓦见，那人正在，灯火阑珊处'（辛幼安《青玉案》），此第三阶级也。未有不阅第一、第二阶级而能遽跻第三阶级者，文学亦然。此有文学上之天才者，所以又需莫大之修养也。"此段和《人间词话》境界说基本相似，国维将阶级（class）改为境界，实为认识之深入。"阶级"一词源自西方，可视为一量化标准，"境"一词取自佛经，可视为一定性要求。此种转变可谓国维化西为中，成自我之创造。

三，二重证据法。国维自哲学而文学，自文学而入史学。国维初学以江藩《国朝汉学师承记》为指引，但江氏之学，以朴学为门户，既排长于义理之宋学，亦排经世之学。罗振玉建议以顾炎武之学为先导，这让国维史学之研究没有堕入考据之学，而是和时代变迁密切联系。国维熟悉传世经典，又结合刚出土的甲骨文字材料做出了巨大的贡献，发表了《殷卜辞所见先公先王考》《续考》（1918）、《殷周制度论》（1918），后又就其所发现做《最近二三十年中中国新发现之学问》（1925），并集成讲稿《古史新证》（1925），提出了著名的"两重证据法"："吾辈生于今日，幸于纸上之材料外，更得地下之新材料。由此种材料，我辈固得据以补正纸上之材料，亦得证明古书之某部分全为实录，即百家不雅驯之言，亦不无表示一面之事实。此二重证据法，惟在今日始得为之。虽古书之未得证明者,不能加以否定,而其已得证明者,不能不加以肯定:可断言也。"国维的二重证据法影响深远,不仅影响古史研究,而且影响考古学研究。原因在于中西方的考古学研究差异:西方历史中的传世文献较少,所以考古主要和人类学、艺术学结合研究,而中国历史的传世文献丰富,所以考古学要和历史学相结合。考古材料要和传世文献相结合,互相发明,以明历史真相。

王国维始于研究哲学(康德、叔本华、尼采),因哲学之不可爱,转而研究文学,于《红楼梦评论》提出人生疑难,于《人间词话》提出"三重境界说"。后,国维因其世事变迁,转入历史研究,提出"二重证据法",可看作其不自觉对"哲学之可信在知识之实证论"论断之应用。国维以哲学统摄文学与史学,其文学具有可爱哲学之深度,其史学具有可信哲学之精确。他从文学与历史同应哲学之可爱与可信的两难,成就了20世纪初期中国学术文化界的一座思想高峰。

郭沫若："地下发掘出的材料每每是决定问题的关键"

郭沫若（1892—1978年），文学家、历史学家。毕业于日本九州帝国大学，曾担任中国科学院首任院长、中国文联主席。他1921年发表第一部新诗集《女神》，1930年撰写《中国古代社会研究》《十批判书》《青铜时代》等。郭沫若在文学、历史学、考古学、思想史上都有大量的著作，有《郭沫若全集》问世。郭氏并无系统的哲学著作，但他所有的著作又可以说都和哲学分不开。从《中国古代社会研究》开始，他的历史著作就表现鲜明的哲学观点，而且几十年一以贯之。他研究、评论的许多人物，特别是关于孔墨以下的周秦诸子，都是围绕着那些人物的政治、哲学思想进行的。郭氏的哲学贡献，概括有二。

第一，古史研究。他出版了《中国古代社会研究》，运用马克思主义方法尤其是辩证唯物论的观点研究古代历史。郭沫若认为，"地下发掘出的材料每每是决定问题的关键"，要用"科学历史观点研究和解释历史"。所以，一方面他接续了乾嘉以来，特别是王国维、罗振玉的古史研究，既重视传世文献的批判梳理，又重视出土材料，尤其是甲骨文的整理。另一方面，他接续了恩格斯《家庭、私有制和国家的起源》的研究，以马克思、恩格斯的立场分析中国的古代研究。因此他认为自己的古代社会研究和乾嘉学派以来的研究有相当的不同，他是批判，后者是整理："整理"的终极目标是在"实事求是"，"批判"在"实事求其所以是"；"整理"的方法所能做的是"知其所以然"，整理是批判所经历的一步，然而不能成为我们所应该局限的一步。所以他的成就，特别在历史方面，不仅超过了乾嘉学派，如《管子集校》《盐铁论读本》等，也超过了王国维、罗振玉等，如《十批判书》《金文丛考》和有关甲骨文的考释等。因而在中国古代史、中国古代思想史方面，他都做出了卓越的贡献。

第二，先秦诸子研究。郭沫若在思想研究中就如何看待和评价古代思想人物上，给自己确立了一个标准，这就是关注思想家的人民本位的思想主张，而他对孔孟，以及墨子和老庄的评价，就是以此为尺度的。如他在《青铜时代》的后记当中说道："大体说来，孔、孟之徒是以人民为本位的，墨子之徒是以帝王为本位的，老、庄之徒是以个人为本位的。"作为对先秦诸子人物思想的认识和理解的进一步发表，郭沫若是从对当时学者的相关研究和见解上的不同认识而开始的。

（1）墨子研究

郭氏研究墨子有一个很长的时期，基本思路并未改变。1923年的《读梁任公〈墨子新社会之组织法〉》，主要针对梁启超《墨子学案》第五章而提出了反论，同时也针对胡适《中国哲学大纲》的相关说法而有所反驳。梁启超提出《墨子·尚同上》中的议论"和欧洲初期的民约论很相类",从而推论说其中体现着"人民明""人民立,人民使"的思想主张,并以"兼爱"为墨学的根本观念。胡适则认为实利主义和逻辑是墨学的根本观念,把墨子的宗教思想作为墨学的枝叶。针对这些学界主流观点,郭沫若提出反驳,墨子的主张是"天生民而立之君"的神权起源说,而非"国家是由人民同意所造成",也不同于欧洲的民约论。墨子的根本观念在于尊天明鬼,他的兼爱说和实利说,都以天为出发点,以天为归宿点。而墨子的书,从《法仪》到《非儒》都是替王公大人说的治天下的道理,他的思想归宿是政教不分,一权独擅,这为郭沫若后来展开墨子思想的研究确立了一个逻辑基调。

1943年的《墨子的思想》收入《青铜时代》。郭沫若进一步讨论所谓墨子的科学因素,认为在于其以天志为法仪,信仰上帝,更信仰鬼神,上帝是宇宙中的最高主宰,鬼神是上帝的辅佐,这上帝鬼神的存在是绝对的,不容怀疑。郭沫若不同意说墨子是"神道设教",他认为神道设教属于儒家。郭沫若也不认同《墨经》中含有科学元素。郭沫若统计出墨子十篇中有67次说到"王公大人",且多有"士君子"连文,"士君子"就是当时的官僚或统治阶级,以贵者智者统一天下的思虑就是墨子的政治思想。在《孔墨的批判》中有一部分是论及墨子思想体系的。郭沫若明确指出墨子是作为反对命题而出现的,基本立场不同,思想上也差不多是完全相反的。郭沫若对墨子思想的评价,与其他学者多有不同。对此郭沫若则说:"在我是有我的客观根据的,我并没有什么'偏恶'或'偏爱'的念头。"他还说:"我的方法是把古代社会的发展清算了,探得了各家学术的立场和根源,以及各家之间的相互关系,然后再定他们的评价。我并没有把他们孤立起来,用主观的见解去任意加以解释。"

（2）孔子研究

在《十批判书》第一篇《孔墨的批判》中，郭氏扬儒而抑墨，与胡适抑儒而扬墨适成对照。郭氏和胡适在先秦诸子的观点存在多处对立。郭沫若提出，孔子的立场是顺乎时代的潮流，利用文化的力量增进人民的幸福，对于过去的文化做部分的整理接受之外，也部分地批判改造，企图建立一个新的体系。

论及孔子的思想体系，郭沫若从"仁"和"礼"、"命"和"天命"的分析而展开论述。他认为，"仁"是孔子思想体系的核心。仁的含义是克己而为人的一种利他的行为，仁者爱人的"人"就是人民大众，爱人为仁，也就是亲亲而仁民的"仁民"的意思。视听言动都要合乎礼，礼是一个时代所由以维持社会生活的各种规范，每个人都应该遵守的东西。由内及外、由己及人的人道主义的过程，是孔子所持的一贯之道。

君子的"修己以敬""修己以安人""修己以安百姓"三方面，就分别体现为"克己复礼""己欲立而立人，己欲达而达人""博施于民而能济众"。仁道顺应时代潮流，是"人的发现"。孔子在春秋末年强调礼制，一是在礼的形式中吹进了一番新的精神，二是把不下庶人的东西至少在精神方面下到庶人来了，把仁道的新精神灌注在旧形式里面，是孔子政治哲理的一个特色。孔子的教民思想和后起的道家法家的愚民政策根本不同。道家乃是"以不能知为正好"，即"闭塞民智"，"儒家则要使他们能够知才行"，即"开发民智"。

关于"命"和"天命"，郭沫若认为，孔子少谈利，但称道命与仁。命与仁在孔子思想中俨然有同等的斤两。孔子所说的命应该是自然界中的一种必然性,类似于前定,是人力所无可如何的。孔子的天命观分明是一种必然论,和宿命论是有区别的。

（3）对其他的先秦诸子及其学派做了广泛而深入的研究

例如关于老子的争论,指出《老子》一书的年代问题和老子的年代问题是两个问题；指出儒家八派之中没有子张氏之儒,包括对道家、名家、法家、周易等的研究。

总的来说,郭沫若并没有建立系统的哲学观,但是他基于辩证唯物论和唯物史观以之运用到古代社会、古代思想的研究中,在中国学术中开辟了一片新天地,是首屈一指的马克思主义史学家和哲学家。

沈有鼎："研究《墨经》的不二人选"

沈有鼎（1908—1989年），逻辑学家、哲学家，1929年毕业于清华大学，1929—1931年在美国哈佛大学逻辑学家谢弗和怀特海指导下从事研究，1931年获美国哈佛大学硕士学位，1931—1934年留学德国，1934年回国先后任清华大学、西南联大、北京大学教授，1955年后调任中国社会科学院哲学研究所研究员。研究方向为数理逻辑和先秦逻辑。著有《"墨经"的逻辑学》《沈有鼎文集》。贡献有三。

第一，逻辑学上的贡献。沈有鼎建立了两个新的逻辑演算系统，构成两个悖论。Johansson的极小演算是一种直觉主义逻辑，拒斥排中律和爆炸原理（Principle of explosion）。沈有鼎的"初级演算"系统，可以扩展为Johansson的极小演算和Heyting的构造性命题演算，再扩展为二值演算；另一方面可以扩展为Lewis的S4、S5，再到二值演算。初级演算是上述二者的基础。他还构造了不依赖量词的纯逻辑演算，从带等词的一阶逻辑中分离出一个完全的、可判定的子系统。沈构造了"所有有根类的类"的悖论，指出"有根""非循环""非n –

循环"这三个概念的某种用法都会导致悖论。沈还提出了两个语义学悖论。(1)"我正在讲的不可证明"通过简单的论证,可以得出(1)既可证明又不可证明。另一个悖论是(1)的对偶命题(2)"我正在讲的可以反驳"这个命题既真又假。

第二,利用现代逻辑重新解读分析《墨经》中的逻辑思想。沈有鼎对墨经的解释特别提出要让《墨经》自己来注释自己,避免滥用逻辑工具。他阐述中国古代思想家对归纳、演绎、类比推理的认识历史,认为类推是中国人常用的一种推理形式,与西方逻辑、印度因明逻辑不同。沈有鼎研究《公孙龙子》提出并论证中国历史上有三位公孙龙:(1)战国初孔子弟子公孙龙,尹文之师。(2)战国末辩者公孙龙,和尹文无关联。(2)晋代人心目中的理想的名家"公孙龙"。杨向奎先生认为治《墨经》应当具有两个条件:(1)训诂校勘;(2)现代科学知识。唯有沈有鼎先生具备这一资格,是研究《墨经》的不二人选。

第三,哲学观。沈分析民族性与哲学的关系归结为两点:(1)中国人超凡的悟性、直觉的本领、当下契悟的机性,使得其具有一种独特的哲学体悟能力。(2)中国人重现实生活,既不尚冥想,也缺乏超现实的理念境界,对纯粹哲学缺乏兴趣。他把中华文化划分为两大时期。尧舜三代秦汉之文化为一期,以儒家的穷理尽性的哲学为主脉,充满审慎思辨的逻辑精神,这一期的思想是刚动的、创造的、健康的、开拓的、理想的、积极的、政治道德的、入世的。魏晋六朝隋唐以至宋元明清之文化为第二期,以道家的归真返璞为玄学主脉。中国人两千年来精神生活的托命处,也就在静观默契的玄悟。这一期的文化思想是唯物的、非理想的、恬退的。沈认为中国哲学将进入第三期,哲学在中国将有空前的复兴,中国民族将从哲学的根基找到一个中心思想,足以扶植中国民族的更生。第三期的哲学以儒家哲学的自觉为动因,科学与哲学一定要由刚动的精神才能产生。从此中国哲学是系统性的,不再散漫,把第一期哲学的潜在系统性转变为一个显宰的、穷理尽性的唯心论大系统。

沈有鼎先生的数理逻辑研究属于一流的基础研究。他关于墨家、名家、《周易》、《乐经》的研究发前人所未发,为学界如何用科学方法理解中国古代思想做出了示范。他关于中国哲学复兴的评价和预期,领先于时代,贺麟先生评论其为"非卓有见地之人不敢说的话"。可以说沈先生是当代中国相当重要的一名逻辑学家、哲学家,但却是被长期忽视的一名哲学家。这种对分析型哲学家的忽略,沈先生有过论断:"中国人不是不能分析,乃是不愿意分析;因为听了几个绝顶天才的话,觉得分析没有多大价值,所以不屑去做分析的工作。"

洪谦：断定根本上是一种体验

洪谦（Tscha Hung，1909-1992 年）于 1927 年在梁启超的推荐下到德国耶拿大学学习哲学，1928 年到维也纳跟随石里克学习哲学，1930 年开始参加维也纳学派的周四讨论会，1934 年以捍卫石里克因果观为主题撰写论文，获得哲学博士学位。1937 年回国后，他先后任教于清华大学、西南联合大学、武汉大学，1951 年任燕京大学哲学系主任、教授，1952 年任北京大学外国哲学教研室主任、教授，1965 年兼任北京大学外国哲学研究所所长。洪谦的研究领域主要为分析哲学、科学哲学，尤其是维也纳学派哲学。其贡献有三。

一、研究、介绍、推广了维也纳学派哲学。洪谦的博士论文主题是"石里克的因果观"，他于 1944 年出版了《维也纳学派哲学》一书，介绍以石里克为核心的维也纳哲学。20 世纪 70 年代以后，洪谦开始着力于梳理维也纳学派成员及其相关者之间的观点分歧，并对其进行批判性分析和阐释。他主持编辑了《论逻辑经验主义》论文集，由商务印书馆出版。值得重点说的有两点：1. 洪谦澄清了维特根斯坦和石里克之间的思想继承关系,石里克早期著作即对数学和逻辑命题的分析性特征、哲学任务的重新界定有过系统论述,并非源于维特根斯坦的影响。这也部分澄清了维特根斯坦和维也纳学派之间的关系。2. 洪谦的论文 Remarks on Affirmations("Konstatierungen")[①]对石里克的断定说给出了尖锐的批评,所谓的断定总是具有"现在这里如此这般"的形式,如"现在这里是红色"。对这种命题的理解包含着对其为真为假的识别。因此,一方面,断定像分析命题一样是绝对确实的;另一方面,断定的内容又是关于实际的,因此可以成为知识的基础。洪谦批评石里克混淆了逻辑的确实性和经验的确实性,"绝对确实性"只能从心理学方面去理解。不仅如此,他还提出,石里克也混淆了体验和认识的概念。断定根本上就是一种体验,不可表达,而认识是一种表达,因而断定不能作为认识的基础。

二,以维也纳学派立场批评了冯友兰的新理学体系。维也纳学派是20世纪二三十年代最有影响的哲学流派,它的一个核心纲领是要拒斥形而上学,所有命题要么根据意义分析为真,要么根据经验证实为真。而形而上学命题既不可以依据意义为真,又不可以验证,因此应该放弃形而上学。冯友兰要重建新理学的形而上学,就需要应对维也纳学派的批评。他主张建立一种"真正底形而上学""最哲学底形而上学",对所有实际的事实做一种形式的解释。冯友兰提出了四组真正的形而上学命题:(1)有物必有则;(2)有理必有气;(3)无极而太极;(4)一即一切,一切即一。他主张虽然以事实为对象,但却只对事实

[①]　Tscha Hung Synthese Vol. 64, No. 3, Moritz Schlick(Sep., 1985), pp. 297-306.

做形式的解释。不难看出，以事实为对象，是要超越逻辑分析；对事实做形式解释，是要超越经验确证。①洪谦批评指出：1. 冯友兰所谓的真正的形而上学命题实质上还是一种特定类型的逻辑命题，形式的解释根本不是真正的解释。2. 如果冯友兰的形而上学命题都是分析命题，那我们就不能从中得到人生的意义和安慰。我们可以从传统的形而上学命题（上帝存在、灵魂不朽、意志自由等）中获得丰富的意涵和优美的境界，但无法从新理学中获得这种精神性的东西。

三、组织、策划、推动了西方哲学研究。主要体现在两方面：1. 洪谦组织北京大学外国哲学教研室编译出一套"西方古典哲学原著选辑"，包括《古希腊罗马哲学》(1957年)、《十六—十八世纪西欧各国哲学》(1958年)、《十八世纪法国哲学》(1963年)、《十八世纪末—十九世纪初德国哲学》(1960年)等。之后，他又主编了《西方现代资产阶级哲学论著选辑》(1964年)，并在此基础上编译了《现代西方哲学论著选辑》(1993年)，又翻译出版了马赫的《感觉的分析》(1986年)。2. 他于1965年开始担任北京大学外国哲学研究所所长，之后于1981-1992年担任中国现代外国哲学研究会名誉理事长，1987-1992年又担任中英暑期哲学学院名誉院长，推动了我国外国哲学的研究发展。

洪谦先生作为维也纳学派的成员，对于分析哲学、科学哲学在中国的发展起到了重要的作用。他对冯友兰新理学的批评是20世纪中国哲学史的一个重要环节。新中国成立以后，他主持翻译了西方哲学的经典著作，对培养哲学人才、促进中西哲学交流产生了不可估量的影响。

---

① 参见冯友兰《新理学在哲学中的地位及其方法》。

庞朴：一分为三的辩证法

庞朴（1928-2015年），历史学家、哲学家，山东大学终身教授。1954年中国人民大学哲学系研究生毕业，曾任中国社会科学研究院研究员、《历史研究》主编。他长期致力于中国哲学史、思想史等研究，是当代文化保守主义者的代表。其贡献主要在三个领域：辩证法哲学、文化哲学、先秦学术史。

一、辩证法哲学领域。庞朴先生1956年发表《否定的否定是辩证法的一个规律》，提出应恢复否定之否定规律在辩证法学说中的地位。1980年发表《"中庸"平议》，提出中国文化的密码在于三分法，并以此剖析传统经典中的例子，后来还发表了《解牛之解》与《相马之相》来阐释三分法的哲理。之后，庞氏进一步就三分法提出了理论的构造，先后撰写了《三分法论纲》《中庸与三分》《三极：中国人的智慧》《关于中国古代三分法的研讨——四圣二谛与三分》等文章，并出版书籍《一分为三论》。他提出，根据两端认识中间，在逻辑上可得四种形式。第一式A而B，如温而厉、绵里藏针，是立足前者兼及后者。第二式

A 而不 A，如威而不猛、乐而不淫，以后者防止前者的过度，是第一式的否定说法。第三式亦 A 亦 B，如能文能武、亦庄亦谐，平等保有二者。第四式不 A 不 B，如不卑不亢、无偏无颇，超出 AB 之上，是第三式的否定说法。凭借两端认识中间，进而组合两端表述中间，认识到中间与两端互不可分、三者共成一体。据此，庞朴先生批评了亚里士多德的中道观。他结合以《中庸》为代表的中国哲学和黑格尔辩证法，提出了儒家辩证法哲学，可谓中西结合之典范。20 世纪 90 年代，庞朴又从论返史，整理注释了方以智的《东西均》。庞朴从传统典籍中发掘三分法的思想资源，转而建构儒家辩证法哲学，进而回到中国思想史重注《东西均》，由史而论，由论归史，这也是庞朴三分法研究的三个阶段。庞朴以辩证法为主要方法，结合考据、训诂拓展研究中国哲学思潮，取得了巨大的成就。

二、文化哲学领域。庞朴是 20 世纪 80 年代中国文化热潮中的代表人物，他强调文化的民族性和时代性，从近代中西文化之争的历史入手探讨文化结构。他将 1840—1919 年大致分为三个阶段：第一个阶段，引进西方的技术，属于物质层面；第二个阶段，改变社会制度；第三个阶段，深入社会心理。对此，他提出了文化的三个层面：第一个层面为物质层面，第三个层面为心理层面，中间层面乃二者的统一——物质化了的意识和意识化了的物质，包括理论、制度、行为等等。这对应于现代科学的三大部分：自然科学研究文化的物质部分、社会科学研究文化的理论制度部分、人文科学研究文化的深层结构部分。他这个三部分区分受到黑格尔的正反合辩证法三阶段和波普尔的三个世界区分的影响，这些都可看作他的一分为三哲学的具体应用。庞朴除了探讨文化结构，还进一步据中国文化区分了传统文化和文化传统。他提出，传统文化落脚在文化，对应于当代文化和外来文化而谓，其内容为历代存在过的种种物质的、制度的和精神的文化实体和文化意识。而文化传统落脚在传统，文化传统与传统文化不同，它不具有形的实体，无所在又无所不在，既在一切传统文化之中，也在一切现实文化之中，还在你我的灵魂之中。可以说，文化传统是形而上的道，传统文化是形而下的器。道在器中，器不离道。文化传统是不死的民族魂，是民族精神。但文化传统也具有惰性，它约束着人们的思维方式，支配着人们的行为习俗，控制着人们的情感抒发，左右着人们的审美趣味，规定着人们的价值取向，引导着人们的终极关怀。有了文化的三重结构，以及对文化传统和传统文化的区分，庞朴提出中国文化的特征在于忧乐圆融。1962 年，徐复观在《中国人性论史》中提出"忧患意识"说，1985 年，李泽厚在"中国的智慧"讲演中提出"乐感文化"说。庞氏认为两种说法有共同之处，都表现出了强烈的文化认同感，都强调了中国文化的非宗教性。但他同时指出，"忧患意识"所欲寻求的是中国文化的"基本动力"，"忧患意识"是对忧患的知觉，并因此而生起一种意志，或当前虽无忧患存在亦能存有此种意志的一种觉识。而"乐感文化"则是汉民族的一种无意识的集体原型现象，探讨的是汉民族的文化心理结构。"忧患意识"说认为忧患意识本身具有最高的"道德价值"，"乐感文化"则要超越此类道德价值，以审美的态度观照人生和宇宙。在庞朴看来，中国文化同时兼备两种精神：由儒家思想流传下来的忧患精神，和由道家思想流传下来的怡乐精神。这两种精神的理想结合，可以理解为阴阳的统一和忧乐的圆融，共同构成了中国人的理想人格。

三、先秦学术史领域。20 世纪 60 年代，庞朴研究名家注重训诂和考据,先后汇编了《公孙龙子研究》和《白马非马——中国名辩论思潮》。沈有鼎先生曾专门讨论庞朴的这项研究。20世纪70年代后期,庞朴因缘际会,发现中国上古曾有一个火历问题,在中国古代存在两套历法。在以太阳和太阴为授时星象之前,古代中国人曾有很长一段时间以大火星(心宿二)为生产和生活的纪时根据。大火昏起东方之时,被认为一年之始;待到大火西流,则预示冬天来临。这种历法以人类的生产与生活为纪时。天文史学家席泽宗曾高度评价庞朴的这一发现,认为庞朴的做法是研究中国天文学史的正确方法。这些研究体现在《"火历"初探》《"火历"续探》和《火历构沉》等系列文章中。20世纪70年代后期,长沙马王堆出土了一批先秦文献。庞朴读到简报之后,指认出其中有属于思孟五行学说的篇章,并将其整理校注为《五行》,证明帛书中仁义礼智圣五种德行即荀子《非十二子》中指责的子思、孟轲所造作的五行,解决了学术史上的一大谜团。1998年《郭店楚墓竹简》出版,庞朴指出竹简填补了孔子和孟子之间的空白,是从孔子谈"仁"到孟子谈"仁义"、从孔子谈"性相近"到孟子谈"性善论"的不可缺少的一环。《郭店楚墓竹简》中有大量带"心"的字,这种潮流的形成是为了回答如何从人道到天道的问题。在此基础上,庞朴提出了三重道德说,和后来李泽厚提出的两种道德观适可对照。

庞朴先生的学术贡献体现在一分为三的儒家辩证法哲学观、忧乐圆融的中国文化观、三重道德的儒家伦理观。他既重视训诂、考据,又重视哲学思辨,互对中国哲学的研究做出了极其重要的贡献。他所开启的一分为三的哲学也是未来中国哲学发展的一个可能方向。

赵已然：用生命歌唱的西北汉子

老大走了，在这个北方雨水越来越多的九月的最后一天。意外，倒不觉得突然。他数十年如一日地糟践自己的身体，似乎只是为了提纯自己早就纯而又纯的精魂。

不听老大，已有几年了。最后一次看他演出是在北新桥的乐空间，2018 年 10 月 18 日，周四。我清楚记得，那天上午我去人大找畅哥、田洁老师一起读尼克尔斯的 *Bound*，下午又约了畅哥到昆玉河畔谈谈自欺。晚餐时，我去了西边老友斌兄的饭局，喝到微醺，提前告退，告诉其他朋友说我要到北新桥乐空间看老大重出江湖。时间紧凑，亏得同桌的富大哥派车送我。富大哥，东北汉子，江湖大神。我初见时，他已经不怎么喝酒了，但能明显感觉到，他的身体被各种好酒和劣酒给糟蹋坏了。20 年前他横扫江湖，如今慈善眉目，神色安详。我只在深夜看到富大哥围着清华园又走了三万步。

老大的演出，只要在北京，我每次必到。2018 年的老大演出，主题为"长歌当哭"，大概是为了告别的演出吧。我约了不少朋友一起，来现场的却只有金岳和我。乐空间不大的场地早就挤满了年轻人，站在买票处，连老大的后脑勺都看不见。金岳出门买烟那会儿，我心生一计，谎称是演出的后台工作人员，就趁机从大门口一直挤到舞台后边儿，坐在老大背后的舞台后门台子上。这可能是最随性的一次，我几乎就半躺在演出舞台的后门台子上观看。不胜酒力的我，晕晕乎乎地看完了老大、冬子和谢天笑的演出。中场休息，老大和我相对而坐，其实他早就不认识我了，也不会在意这个迷迷糊糊的"工作人员"。我近距离给他拍了一张照片。他一直低垂着头，不多的长发掩了下来，蓬松杂乱，中间却近乎秃顶，面部一副西北黄土地的荒漠般粗糙样。他一直没有抬头，直到再次上场。估计是喝了酒，丝毫不在意周遭的变化。

记忆中，上一次的演出是在鼓楼的"疆进酒"酒吧，地儿不大。我在首师大哲学系的同事、同学来了十几号人，差不多站满了酒吧。那天，他唱得特别浮皮潦草，几乎就是在"灌水"，可大家还是把最热烈的掌声给了他。谁叫他是老大呢？只要能见一见他，唱不唱的都无所谓，何况他还断断续续地唱了好几首。演出结束后，大家一起拥到门外透气儿抽烟，我和老大攀谈了几句，告诉他我的名字。他笑着说，你这个名字很武侠、很江湖，是金庸小说中的名字。我趁机要了他的电话号码，说着找机会一起聚聚。他说："好好，一起喝酒。"看着他摇摇晃晃地在午夜的鼓楼大街走远，大家有一种莫名的兴奋。那次，老家表妹雅娟正在北京，跟着凑热闹看了演出。这种不拘一格的演出风格和交往模式，大概也让她有些惊奇。

老大并不总是这样随意，大多场合他都唱得率性、真诚，直击灵魂。2014年,为纪念"野孩子"乐队成员小索去世十周年,在亮马桥露天的"河"酒吧举办了音乐演出。老大开场,我们都没来得及准备好,上来就是那首最动人心魄的《再回首》,整整儿一个长歌当哭,场下少有的安静,没有嘈杂纷乱的说话声,没有摇摇晃晃的身影,连灯光也静默。所有人都凝固在那里,任凭老大的歌声一次又一次穿透每个人的心灵。那是我看老大演出印象最为深刻的一次。印象所及,那一次的《再回首》是老大唱得最好的一次。老大的歌是唱给小索的,歌中有老大对故人的思念,自然动人。不用说,他的歌从来都是唱给友人、爱人,唱给那个逝去的80年代的。《活在一九八八》是他唯一正式出版的专辑。是的,他永远活在自己记忆中的80年代,活在他肆意其中的精神世界里。

老大原名赵牧牛,他和弟弟赵牧羊两人生于宁夏中卫,是当地秦腔剧团的子弟。阿杰的父亲也在秦腔剧团。沈伯十来岁学戏,很早就进了戏班,可惜早早唱坏了嗓子,遂改行做财务、做编剧、做点儿管理。老大的父亲在剧团拉二胡,母亲是戏剧演员,和沈伯相熟相知。沈伯后来离开剧团,开了家书店,离老大父母家不远,三个人经常凑在一起聊天喝酒,谈诗论艺。20世纪90年代,没有北上广,也没有互联网,还是一个有地方文化的时代。

唱戏能把自己的嗓子唱坏,沈伯也是在用生命唱秦腔。西北的汉子都有那么一股子血性。我无缘得见沈伯,更无法穿越时空听他唱一回秦腔。闲暇之余,沈伯习得一手好字。十年前,我托阿杰索字,他写了一幅给我:"百年心事归平淡,十载狂名换苎箩。"字如其人,洒脱、飘逸、随性。

赵牧羊后来更名为赵牧阳，即一代鼓王赵牧阳，多少著名的摇滚歌曲都是他担任鼓手，张楚的《姐姐》、窦唯的《黑梦》、许巍的《在别处》，还有大家耳熟能详的《黄河谣》……

赵牧牛则更名赵已然。20 年前，他偶然拿起吉他，不经意间唱出 80 年代的流行歌曲：《再回首》《跟着感觉走》《我是不是你最疼爱的人》……

他曾经是黄土地上一头倔犟的牛，在音乐的王国里成就了一段精神传奇。而今牛儿下山，飘然远行。

"此情可待成追忆，只是当时已惘然。"

又记，老大是 1963 年生人，突然发现自己和 63 年出生的人有各种际遇，我的高中语文老师李万辉、我曾在首师大的领导程广云老师、我的前同事叶峰老师、新近结识的刘宗迪老师，都是 63 年生人。

一起听老大、聊哲学的阳子

朝阳，在我们不大的老乡 & 同学 & 朋友的圈子里，大家叫他"阳子"，我们的关系"不一般"。他的堂兄堂弟都是我儿时一起玩大的兄弟，他的爷爷和我外祖父是同事，他的父亲和我母亲是同事，他和我也是同学、朋友加兄弟，是三代教师之家的世交。阳子本科学航空，大学暑假，我们都回到同一所乡镇中学、父母的工作地，下午打篮球，晚上在操场上聊天。音乐、哲学、好玩的人和事，是我们每次聚会的主题，20 多年来从未改变。

我多次说，阳子比我更有做哲学的心力。他来北京玩，我带他到北大外哲所听过分析哲学课，去北师大哲学院参加了全天的分析哲学会议，还蹭了一个大会集体合影。他对与会的任大师印象深刻。去秋，我和陈嘉映老师一行去了趟秭归。在宜昌，我约了阳子作陪。落座之际，他告诉我一直在读陈老师写的书《〈存在与时间〉读本》，这本书就放在他随身携带的挎包里，每次他觉得心神不宁的时候，就会拿出来读上几页。我有些不信，让他去车上取回来。半个小时后，他从停车场带回来那本批得密密麻麻、翻得几乎破烂的读本。那天晚上，他和陈老师聊了很长时间的海德格尔。我想那次最开心的也许是嘉映老师，"高山流水，自有知音"。因为彼此的生活、工作环境不同，大家渐渐隔得远了，但我知道他在读什么书。张学智老师的《心学论集》，杨建邺的《量子力学史话》，韦卓民先生译的《康德哲学讲解》，邓晓芒老师的《冥河的摆渡者》，还有熊十力、海德格尔，他都读得相当认真。这些和他的工作毫无关系，但他就保持着一种真正的、纯粹的读书状态，不为写作，不为发表，不为申报项目，甚至都不是为了高谈阔论，周围也没有可以谈论的人，而是真正的喜欢。一句话，这是一个读书人。

10年前的夏天，我到武汉，当时他在机场工作。晚上他匆匆赶来，我们相约在汉口一家川菜馆子吃饭喝酒，将近午夜才回到我住的酒店。两个大老爷们坐在一起，就着十几罐啤酒和花生瓜子，在我那个破旧不堪的电脑上看赵老大的各种演出视频，直到天亮，我才打车去火车站。从那时起，他的生命中就融进了老大的精神，只要去唱歌，就会点老大唱过的80年代流行歌曲，尤其是《再回首》。

老大逝去后，我把自己的几段回忆文字发给阳子，他很快给我回了下面几句，因为下面的几句才有上面的几段对阳子以及我们曾经的年轻时代的零星回忆。

对了，大学时代，阳子是一个乐队的鼓手。

阳子的话：

端哥舅舅老马，看似挺糙，有一副好嗓子，一把年纪唱得很认真，认真中出来苍凉式的洒脱。秦腔，西北人就算不识字也有接触灵魂的方式，也许他们不自知，但这声音好像就是黄土地自己发出来的，滋养土地上一代一代。我曾试着用老大的方式唱《再回首》，在场的人被震到了，但他们不承认，迷迷瞪瞪的。我也感觉自己像个幽灵，现在想来，也许秦腔就是幽灵文化，谁说幽灵不可粗犷沧桑，谁说幽灵不是灵魂的近亲。

2021/10/2　黄朝阳

金庸：武侠与武道

据说中国大陆第一个看金庸的是小平同志。

据说最爱金庸的是数学家（如陈省身先生）、逻辑学家（如邢滔滔老师）。

我的老家在湘鄂西山区秭归，所在的乡属于县里最偏远的乡，所在的村属于乡里最偏远的村，所在的生产队属于村里最偏远的生产队。家门口有一条小河，蹚水过河即是邻县巴东。出门走家串户就需要爬山，爬山不是休闲或健身，是生活必需。小学一二年级，我在村里的小学龟坪河小学读书，每天上学都需爬到半山腰，上完一天课，黄昏时分才饿着回家。

1988年秋，母亲从秭归师范培训回来，带我到她任教的邻村小学（三丈坪小学）读书。我们需要从家里爬到山顶，翻过去再走一段公路才到小学。那一年我开始上三年级，结识新同学。我读到的第一本武侠小说是《神州擂》，里面的字还认不全。寒冬腊月在家里火塘屋里一边烤火一边读给家里人听，遇到看不懂的字就用"什么什么"代替。如今只记得小说里面的一个情节：师父东方一杰不愿意教雷石虎武功，嫌他太笨。但经不住雷石虎软磨硬泡，教了一招。三个月过后，发现雷石虎练得极好，一问之下才知道这个憨徒弟每天都要把这个动作练上一千遍。这应了主席一句话：世上的事，就怕认真二字。大概五六年级，随着认字能力的提升，可以大量阅读一些演义、武侠和革命小说了，记得的有《三侠剑》《七侠五义》《五凤朝阳刀》《说岳》《说唐》《春雪瓶》《玉娇龙》《毒手》《寒星冷月仇》《林海雪原》《保卫延安》等。不能忘记，这些书大都是躲在学校操场坎下的庄稼地里看的。有几次老师找不到我，到处呼喊，我才把书塞到坎下的石洞里，悄悄爬上来，没有暴露这个"根据地"。

1992年秋，我第一次离开家人，到乡镇上的中学读书。中学比小学要离家更远，翻过一座山，蹚过一条河，再爬到半山腰就到了，走路大概要半天才到。九年义务制还未实现，最多有一半的学生通过小考升入初中就读。我有好几个朋友小学毕业就回家种地了。来中学读书的学生远近高低都有。大部分寄宿在学校，二十多个人一个宿舍，洗脚洗脸大家都共用一个水桶。两个人睡一张床，一人带被子一人带褥子。这种生活方式，一个宿舍的同学都得疥疮。十天回家一次，放假两天再来学校。富裕的家庭会给孩子十块钱，家境不好的自带粮食和蔬菜，来学校折算成粮票和菜票。我算中不溜，什么都不用带，每次带五块钱作生活费绰绰有余。每次吃饭，菜一毛，饭一毛足够。菜永远是不削皮的土豆片和白菜，二选一。只有月考和期中考试才能吃两次肉：红辣椒炒肥肉配主食玉米面。生活虽苦，不以为意。只要有小说看，有叶倩文可以听，有朋友一起耍，就总是阳光灿烂的日子。

初一上晚自习，一般每天晚上有三节，大概从晚上六点到九点。这种枯燥的学习，好孩子也顶不住。每逢晚自习，坐在我前排的同学黄周就转过身给我和同桌讲《射雕英雄传》，我们几个听得心摇神驰。寒假回到家，在神农架读书的表哥走亲戚，也不断给我宣扬"一只羊"的神功，后来搞明白，才知道是段皇爷的一阳指。我第一次读金庸是《今古传奇》上连载的《雪山飞狐》，读完之后借给了初二年级的一个同学。他上课偷看，被老师发现没收了。为了严惩，把这本《今古传奇》烧了，扬言要熬汤给那哥们儿喝。《雪山飞狐》烧成的灰是我远远看见的，熬汤喝了没有就不得而知了。

于我个人而言，下课时间不能看小说，这会耽误嬉戏玩乐。看小说都是正经的上课时间。老师讲授之间经常会抓现行，尤其是那些看得忘了形的同学，最容易被揪住。我有一个最大胆的办法，把教科书的书皮撕了直接贴在小说的封面上看，最不容易被发现。一次看古龙的《白玉老虎》，正得意间，被老师抓住提问，幸亏反应及时搪塞过去。那个思想贫瘠的时代，给什么"食"都吃。看武侠小说，看"毛选"，看《鲁迅文选》，有什么看什么。除了金庸，梁羽生、古龙、温瑞安、卧龙生，还有一大批叫不出名字的二三流作家都在借读之列。梁羽生的小说三观最正，还不时引出一大段诗词。主角永远是剑胆琴心两风流的才子，比如《萍踪侠影录》里的张丹枫。"三秋桂子，十里荷花"还有顾贞观和纳兰容若的唱和之作《金缕曲》，都是在《游剑江湖》里读到的，从此背下，至今未忘。一次夏天午休，实在睡不着，就偷偷看了两眼金庸，被巡查老师发现。先安排罚站，在操场的太阳底下暴晒。正好有拖拉机给学生食堂送了一车煤炭，我就和另外几个违规的同学被安排去食堂卸煤炭，干了一个中午的劳动。

《雪山飞狐》没给我留下太多印象，给我印象最深的是《天龙八部》。那时我已经开始上初二了。同舍好友老马不知从何处觅得一本，晚自习后在宿舍阅读。我向他索要，老马说等我看一半后给你。半夜迷迷糊糊，老马看了一半把书扔给我，蒙头就睡。我一个激灵就爬起来，起床站到门口的路灯下借光读书。这一本大概是第四册吧，前面已经被撕掉不少，破破烂烂的。我从扫地僧出现开始看，一直看到东方既白，把书还给老马，去上早自习。如今老马已经是某市主管文教出版的处长了，应该记得这个情节。

我所在的乡镇经济落后，没有租书的摊儿。小说都是大人们去县城或市里买的。小孩们偷偷拿到学校彼此交换。想读小说，就需要借、需要交换，就少不得和不同班级、不同年级的人打交道，借此认识了不少朋友。1994年冬，几个好读金庸小说的哥们儿聚在一起要成立个"小帮派"。一开始老宋提议要讲兄弟意气，成立"意气会"。我刚刚在《今古传奇》上看了关于民国元老黄兴的小说，他成立过锄奸团，名为"铁血丈夫团"。我提议不如取名"铁血盟"，取铁骨铮铮、热血男儿、歃血为盟之意。1994年在中学教学楼背后的山坡下，八九个十四五岁的少年聚在一起喝了人生第一次也是最后一次血酒。

金庸给了我们最初的江湖想象。不过，那个时候还参不透智光大师留给萧峰的偈子："万物一般，众生平等。圣贤畜生，一视同仁。汉人契丹，亦幻亦真。恩怨荣辱，俱在灰尘。"

那个时候还想不通程英姑娘开导陆无双的话："三妹，你瞧这些白云聚了又散，散了又聚，人生离别，亦复如斯。你又何必烦恼？"

那个时候还欣赏不了这样的结尾："白马带着她一步步地回到中原。白马已经老了，只能慢慢地走，但终是能回到中原的。江南有杨柳、桃花，有燕子、金鱼……汉人中有的是英俊勇武的少年，倜傥潇洒的少年……但这个美丽的姑娘就像古高昌国人那样固执：'那都是很好很好的，可是我偏不喜欢。'"

那个时候还体会不到郭靖的大侠志向："侠之大者，为国为民。"

只是隐隐觉得，金庸的江湖就是我们这些人想要生活在其中的江湖。我们都想超越这平凡的生活，在金庸的世界里笑傲江湖、快意恩仇。

我曾认为好读金庸之人大都是性情中人。Schwitzgebel 有论研习道德著作无益读者道德品性。当年一起读金庸的兄弟们大都失散了，人生轨迹各有不同，但愿我的判断不是 wishful thinking 吧。

成年之后很少再读武侠。但金庸和吉川英治的小说还不时会回顾一下。十多年前，机缘巧合，我开始学习空手道，当时我练的是"极真会馆"一路的空手道，自然对它的开创者大山倍达格外敬仰，何况他在自传里坦承，唯一的败绩是与一位香港太极拳师的较量，这更加激发了我对他的兴趣。他在自传中谈到，自己是二次世界大战后成长起来的青年，当时日本国内人心颓废绝望，大山倍达修习的空手道拳脚功夫属于冷兵器时代的拳术，在日本受到原子弹轰炸的阴影下，他一度想过放弃。在这个时候他读到了吉川英治的小说《宫本武藏》，使他获得了精神上的激励，然后携带此书和简单的生活用品，在延山与外世隔绝，修炼空手道将近三年。他出山之后推行空手道，在全世界

130多个国家建立了空手道馆。

书中所写的宫本武藏是16世纪日本幕府时期的一名剑客。他一生追求剑道，历经磨炼，最后达到剑禅合一的境界。这本书分八卷：地之卷、水之卷、火之卷、风之卷、月明之卷等。吉川英治着力刻画武藏是如何逐步克服自身的缺陷、抵制外在的诱惑，从一个乡间野蛮残忍的少年成长为一名真正的剑道大师。难怪大山倍达酷爱此书，将其视为精神动力。小学一年级结识的兄弟勇华是江湖武行中人，精于泰拳和械斗，我还跟他学过一阵子双节棍。2005年他到北京开始练习空手道。我即向他推荐了《宫本武藏》，从不读书的他居然读完了八册，决心要到昌平郊区租个平房闭关苦练一年出山。后来世道变故，勇华几度犯事"进修"。我们的交往也近乎中断，但他应该不会忘记阅读《宫本武藏》带给他的精神冲击。

吉川在日本的地位类似于金庸在中国的地位。不过，有一点不同的是，吉川笔下的宫本武藏为日本武术界人士所敬仰，而金庸的受众群体非常广泛，有人处就有人读金庸。每一个人都能从金庸里找到乐趣，甚至受到教育。武侠并不仅仅是成人的童话，阅读金庸小说是我少年时期受到的最好的教育，他塑造了我们这一代人的三观。亨利·亚当斯说：没有一个女人能指引他走上邪路，没有一个男人能指引他走上正轨。金庸所塑造的江湖儿女确实成了"我"们人生路上的指针。我们总无意识地用他／她们的生活来看待理解反思我们自己的生活。每每遭遇精神危机，就想到重读金庸。在匹兹堡大学遭遇困顿的一段儿，我还常到匹大图书馆二层的东亚部重看港台版金庸。

金庸小说号称新武侠小说，武字其表，侠义其里。"侠之大者，为国为民"是对侠义最好的阐释，离开侠义精神来谈论金庸小说，缘木求鱼也。如果说金庸小说以为国为民为最高之境界，那么吉川笔下的武藏追求的始终是剑道，是自我成人的剑道，而非救国救民的武侠。如果把金庸先生的小说叫作武侠小说，我愿意把吉川先生的小说叫作武道小说。武侠小说的精神主干其实是儒家，而武道小说则源自佛教。从这一点来看，金庸小说的内核离传统武侠小说并没有想象的那么远，虽然他的小说要远比我们想象的更好看。

朱高正：豪侠式的人物

金岳霖先生说，"我和毛主席吃过两次饭"。我和朱高正先生也吃过两次饭。有的人在一起吃过很多次饭，留不下什么印象；但有的人，吃一两次饭就会留下终生难忘的印象。2014冬到2015年夏，我和朱先生吃过两次饭。第一次是温海明兄张罗的饭局，我记得有孙晶老师、樊沁永兄几位。我们在教头餐厅门口合了影，留下了见证。第二次是朱先生联系我，他带了一些同辈朋友。都是在我和朋友合开的教头餐厅里相聚。

第一次，朱先生见面就送给我他制作的朱子、阳明的语录卡片，说可以随身携带，随时背诵。那些卡片，我一直放在钱包里，有空就拿出来朗读或吟诵。我一下子感觉到，朱先生的学问不是单纯的学理辨析，而是和日常生活思考交织在一起。朱先生是那种能直接影响到你的人。那次我们喝酒，聊到酣处，他说最近一直在练习太极，我也练一点拳术。六十岁的他，突然就伸出手来和我推了起来，毫无初次见面的任何客套。朱先生真是豪侠式的人物。

第二次再见朱先生，他带来了《四书精华阶梯》和《近思录通解》送我。那次吃饭具体说了什么忘记了。但后来，我到匹兹堡大学访学一年，临行前，考虑了很久，只拿了两本中文书，就是朱先生的《四书精华阶梯》和《近思录通解》。在国外一年，国内诸多事情困扰我，但翻开朱先生的《四书精华阶梯》，那些曾经一度没有多少感受的文字，一下子变得生动起来，让我的心灵平静下来。我重新回到传统中国思想，是朱先生为我提供了一个契机。去年，我在山西大学讲授"《论语》中英释读"课程，也是受到了朱先生读德文本《周易》的影响。

两年前，有一本外国人写的《与庄子哲游》在国内出版，我在推荐语中又引用了朱先生：

> 《庄子》雄文，奇义诡谲，不论义理，文字本身就是拦路虎。所幸以外文写就再译回中文的《与庄子哲游》，少了文字的障碍，多了一点儿西方的哲学重构。这让我想起前辈学者朱高正先生曾言学习《周易》，一直困扰于其义理难解。后到德国求学，读了德文版《周易》，再回头读中文版《周易》，豁然开朗。通过翻译媒介帮助理解似乎是一个不错的途径。中文表达向来言简意赅，重意境韵味而轻推理结构，德文表达烦琐冗长但论证结构清晰，一字一句皆有实处。以德文看《周易》，能够获得对原文语义最基本的捕捉。先求其清楚表达，严谨论证再探其境界韵味，则可循序渐进，登堂入室。

朱先生的影响远远不止这些，他是我们这个时代的精神风骨。朱先生有很多称号，有人称他为"社会活动家"。我们这个社会有很多为自己活动的社会活动家，但朱先生不是这种小社会活动家，他的社会活动对我们这个社会产生了重要的影响。他是心系国家、民族，心系两岸民生大计的真正的大社会活动家。

后生小子，无缘深交，谨此悼念朱先生。

曾自卫：有谁走在正确的路上

2019 年 12 月，一个周六下午在武大的新唯物主义会上做完报告，回京途中得海强微信，告自卫弃世，不禁黯然神伤。平时和自卫交往，不觉得他内心压抑。自卫虽高度近视，看书要贴着眼睛，但总的来说，给人乐观之感。

我三月在人大做实验哲学报告，他专门过来参与讨论发言，结束后合影留念。上月北师大规范性之谜的会议，听他聊斯特劳森的形而上学，考证《个体》一书导论篇章的各种来源，颇有启发。这原是他博士论文心心相系的主题。发言之前，他还颇幽默地自嘲：翼文是北大颜值的顶峰，他是北大颜值的底线。不想人生短暂如斯。

最早结识自卫是 2014 年冬天。我正和朋友在万寿寺旁惨淡经营教头餐厅，刘晓力老师时常带人大一起读书的同学们来餐厅相聚，自卫即在其列。当时留下了一张合影，我站在自卫身边。后来日渐熟悉，我常来人大参加各种学术活动，总能见到自卫活跃的身影。他爱读书思考，爱交流讨论，为人为学真挚而热诚，这让我对人大有了更多可感之知。后来他去北大做博士后，还常回人大参加讨论，各种学术会议上也常见他发言。我们交流很多，但从来不提家事，不知他来自哪里，也不知他家中情形如何，更不知道他居然是我的湖北同乡。大概，自卫还顾不上谈这些"不重要的"事情。

这两天，朋友们在转发他2009年发表在《学习月刊》上的文章——《对尼采'上帝死了'命题的再解读》。那时的他，对"死亡"已用思甚深："相比上帝死亡的方式，上帝已经死亡这一客观结果显得更加重要。"自卫悄然走了，世间再无自卫。风雨飘摇之际，又有谁知道，有谁走在正确的路上？

李泽厚：八零后的精神遗产

最早读到李泽厚先生的文字，是在大学一年级，20世纪末的武汉。给我们讲授《毛泽东思想概论》课程的老师是华中师范大学章开沅先生的博士，他在课上推荐李泽厚的文章《青年毛泽东》。于是，我从学院老旧的图书馆找到了一本被翻得破烂不堪的《李泽厚集》。那是黑龙江教育出版社1988年发行的一套"开放丛书——当代中青年学者文库"中的一种。这套文库还有《何新集》《张奎良集》等著作。那本文集里收录了李泽厚的《试谈马克思主义在中国》《胡适 陈独秀 鲁迅》《二十世纪中国（大陆）文艺一瞥》等名篇。我初读即被他的文字和思想吸引。李泽厚的文字清晰流畅动人，思想系统深入独到，对于一个刚刚进入大学的年轻人来说，不啻打开了一个全新的世界。

在这之前，高中时期，我也曾零星接触过一些偏重思想文化的读物，比如传统文化经典《论语》《老子》，基本的马列毛著作，鲁迅、胡适、梁启超的书，梁漱溟和冯友兰的文选，王元化的《思辨随笔》，谢泳关于西南联大知识分子的书，还有当时流行大江南北的"黑马文丛"（网罗了钱理群、余杰、摩罗、孔庆东等一众名家的作品），以及钱钟书、曹聚仁、何新、余秋雨、李敖等大师之作。但读到李泽厚时，那些零散在各处的思想被整合起来了，在我的头脑中变得系统、开阔起来。

从《李泽厚集》开始，大概 2000 年前后，我比较系统地阅读了李泽厚的几乎所有著作：《批判哲学的批判》《中国现代思想史论》《中国古代思想史论》《中国近代思想史论》《美的历程》《华夏美学》《走我自己的路》等等。这是我阅读李泽厚的第一个阶段。李泽厚的《中国古代思想史论》启发我比较严肃地考虑要学习中国哲学史，于是我开始读张岱年的《中国哲学大纲》和冯友兰的《中国哲学史新编》（七卷本）。我在《中国哲学》辑刊上读到冯友兰就《美的历程》给李泽厚的书信，冯先生高度评价《美的历程》，认为《美的历程》不只是一本大书，应该是好几本大书，是一部中国美学和美术史、一部中国文学史、一部中国哲学史、一部中国文化史。他认为李泽厚把这些领域讲通了，讲活了，讲出了人的自觉。因为李给魏晋玄学平反了，冯接着说，也应该给道学平反，这样在杜诗、颜字、韩文之后接续儒家，就顺理成章了。李泽厚也曾在《人民日报》（1988 年）发表致王浩信，纵论英美哲学。那个时候，书信往来还是人们公开表达言说思想的一种方式，续接了中国千百年来的人文传统。

李泽厚的《中国古代思想史论》中关于魏晋的讲法和冯先生的讲法较类似，也是一个三阶段论，"贵无""崇有""无无"。后来我注意到，他喜欢讲三个阶段或三个人物，例如讲宋明理学，他就讲气学、理学、心学，讲五四他就讲胡适、陈独秀和鲁迅。庞朴先生也讲"一分为三"，他们难道都受到了黑格尔潜移默化的影响？我在《中国古代思想史论》藏书末尾写了这句话："李泽厚受黑格尔思想影响甚巨，不独《史论》，《历程》亦复如是。"这已经是第二次阅读李泽厚了，第一次是从图书馆借阅，第二次则是买回他的书学习。

李泽厚的《批判哲学的批判》让我注意到康德并开始关注西学。康德的《纯粹理性批判》和维特根斯坦的《哲学研究》是大学时期一直阅读、现在依然放在案头的大书。我从中学转向西学，大抵也源于此吧。但当时最吸引我的是他关于鲁迅的论述，《中国近代思想史论》中《略论鲁迅的思想发展》、《中国现代思想史论》中《胡适 陈独秀 鲁迅》等文章，都发人深省。他把鲁迅放在三个人最后，却给了鲁迅最高的评价。他说："鲁迅是启蒙者又超越了启蒙。……在发掘古典传统和现代心灵的惊人深度上，几乎前无古人，后少来者。"但让我读之再三，乃至抄录到给友人的书信之中的，是《二十世纪中国（大陆）文艺一瞥》里的一段话：

> "绝望之为虚妄，正与希望相同。"只有奋身前行是真实的，如西西弗斯的推石，生命意义也只在此处，只在此刻的奋进本身，这就是"此在"（Dasien）。前路如何？是玫瑰花还是坟，并无关紧要，也无何意义。重要的是不能休息。不为玫瑰花的乌托邦或坟的阴影所沮丧，不为裹伤的布、温柔的爱而停下来。……死火在冰谷里也要燃烧，尽管并无燃烧的前景，也无确定无疑的燃烧本身和燃烧办法，但总比冻僵了要强。[①]

---

① 李泽厚：《中国思想史论》（下），安徽文艺出版社，1999年，105页。

这些文字和崔健的摇滚乐、周润发的《上海滩》一起，成为当时充满迷茫和绝望又对未来充满想象和希望的青年的药。①我曾把李泽厚、崔健和周润发（从《上海滩》中的许文强到《英雄本色》中的小马哥）视为80年代留给我们这一批八零后的精神遗产。他们的心灵召唤有了隔代的回响。只要一个人还想成长为一个真正的人，这个人的成长史就是他自己的文明成长史，他将第一次看到光明，第一次看到外面的世界，第一次看到那些穿透时代的思想，也第一次被那些打动他祖辈、父辈的文字思想所打动。据说每一个时代的青年都有自己的精神共同体。世纪之交，在武汉，我们也有一帮青年迷恋八九十年代的思想文化艺术，形成了一个小小的部落。也是在李泽厚的文章里，我们第一次读到朦胧诗，同时读到《彭德怀自述》，也亏得只有李泽厚才能这么才思奇妙，把苏曼殊、朦胧诗和《彭德怀自述》放到一起。如同我在金庸小说里萌发对佛学的兴趣，在梁羽生的小说里萌发对古典诗词的兴趣，我在李泽厚关于20世纪文学的论述中，也萌发了对于现代诗歌的持久兴趣。李泽厚一直钟情于鲁迅的思想深度。21世纪初，另有一位李姓长者在著名的杂志《书屋》上撰文，谈到自己对鲁迅和胡适立场的反思，他从扬鲁抑胡的立场转为扬胡抑鲁，这大概是因为社会时代氛围的转变吧。李泽厚选取的角度则不同，他超越了政治立场的站队，更看重"鲁迅一贯具有的孤独和悲凉所展示的现代内涵和人生意义"。因了二李的评论，我们这些年轻人也在对胡适和鲁迅思想的反复比较中开始了成长。

---

① 特别感谢21世纪初兰州大学的ftp校内网平台，我最早看到的《上海滩》就来自于此。

1990年代以来，李泽厚出版了相当多的著作，我都一一寻来阅读，如《走我自己的路》《世纪新梦》《论语今读》《己卯五说》《浮生论学》《人类学历史本体论》《哲学纲要》《伦理学纲要》等等。买书的场景我都一一记得。其中《走我自己的路》是在校门口的报刊亭意外买到的，《己卯五说》则是2001年暑期去上海在复旦大学门口的书店买到的。《浮生论学》是在武汉大学门口买到的，当时和这本书一起买到的还有赵汀阳老师的《直观》和陈嘉映老师的《思远道》《海德格尔哲学概论》。再次阅读李泽厚的感受和初读时不同，毕竟通过他，更多当代中国学人进入了我的视野，例如刘小枫老师、赵汀阳老师、陈嘉映老师、邓晓芒老师等，陈老师的著作我读得尤其多。至今我仍然会不时回看李泽厚的种种著作。去岁冬，我在山西大学初民学院客串讲"中国哲学史"，还参考了劳思光的三卷本哲学史著作和李泽厚的《中国古代思想史论》。李泽厚常讲，他有很多东西，其价值并没有为时人所发现，因此颇感寂寥。在"思想家淡出，学问家凸显"的时代，每个人都有成为学术明星的五分钟，又有谁去寻古探幽、琢磨思想的精微之处呢？李泽厚还提出了很多学院传统里想不到的研究题目，比如说研究刘小枫30年的学问思想转变。在尊古、崇洋的今天，连李泽厚的思想都乏人研究[1]，又还有哪位当代中国的学者值得研究呢？当然，李泽厚表达了一种态度，如果他有时间，他就研究刘小枫。他心中的这种

---

[1] 作为中国当代学者，李泽厚的思想还是得到了极高的研究关注，其研究著作有：刘再复的《李泽厚美学概论》、赵士林主编的《李泽厚思想评析》（后来扩充成赵士林、高明主编的《李泽厚研究》第1辑，收录了更多的研究文章）、杨斌的《李泽厚学术年谱》、钱善刚的《本体之思与人的存在——李泽厚哲学思想研究》等。

研究自有视角，他要借一个当代学者的思想变化去窥探30年以来中国大陆学术文化思想的转变。

唐文明教授评论李泽厚打通中西马，指出他对中国思想史、康德和马克思思想的融会贯通。[①]张岱年先生也曾谈到他自己在哲学上一个可能的综合，即综合马克思、孔子和罗素。李泽厚把罗素换成了康德。但在我看来，李泽厚不仅仅是打通了我们今天教育部门类中哲学一级学科下面的三个二级学科。从20世纪50年代开始，李泽厚就打通了文史哲，他自己说30岁不到，在文史哲三个领域都立了起来，著述涵盖了人文社科领域，影响超越了哲学，这也是80年代独有的景象。李泽厚先生早年以美学、近代思想史进入学界，晚年越来越关心伦理问题，从美到善，核心思想没有太多变化，而是不断画大的同心圆，很多基本思想"日日讲，月月讲，年年讲"。但是在一个图像胜过文字的时代，在一个流量明星为王的时代，讲得再多恐怕也是白讲，白讲也还要讲。李泽厚当会认识到自己孤独的命运。也许高山流水，自有知音。也许在某个地方，有人会接着讲，把主体性哲学、吃饭哲学、情本体、人类历史本体论这些高头讲章，变为实实在在的实践传统。

作为一个从中国哲学转到分析哲学、科技哲学的后辈，我想从李泽厚先生对分析哲学、科学和哲学的关系的一些看法开始，谈谈自己对李泽厚哲学的理解，就教于读者诸君。李泽厚关于如何做哲学，有很多著名的口号，例如"要康德不要黑格尔""多来点波普尔，少来点海德格尔"等，他尤其看重休谟的《人类理智研究》、杜威的《追求确

[①] 唐文明：《打通中西马——李泽厚与有中国特色的社会主义道路》，《现代哲学》2011年第2期。

定性：知识与行为的关系研究》等著作。休谟、康德、杜威、波普尔，都是分析哲学传统中相当重要的人物。不过，应该看到，李泽厚的这种提法只是一种策略，而非选择某种哲学立场。他自己的论述就带有很深的黑格尔烙印，情本体也和海德格尔相呼应。李泽厚的口号是希望为学要有次第，先"格物"才能"穷理"，需要具有基本的哲学训练和思维。因为和王浩的交往，他对当代分析哲学也很留意，尤其注意到了维特根斯坦和当代主流分析哲学的距离。我们曾组织过一次关于分析哲学是什么的讨论。① 坊间对分析哲学的理解停留在 20 世纪的上半叶，要么以为分析哲学等同于逻辑实证主义，反对形而上学；要么以为早期的分析哲学等同于维特根斯坦早期哲学，晚期的分析哲学等同于维特根斯坦晚期哲学。但李泽厚是有清醒意识的，他几次提到维特根斯坦和主流分析哲学是有区别的。不过稍微让人遗憾的是，他还是多少有些把分析哲学等同于卡尔纳普反对形而上学时期的逻辑实证主义哲学了。在那之后，分析哲学早已经变得丰富起来，形而上学、伦理学业已成为分析哲学的核心研究领域。但每个人都不免受到自己年轻时期阅读的影响。每次引用康德和维特根斯坦，他还是用那些错误较多的旧译本，而没有留意陈嘉映老师、韩林合老师的新译本。但这不重要，他自己亲近维特根斯坦，数次引用维特根斯坦的晚期看法，但不是照着维特根斯坦讲，是要接着维特根斯坦讲，从语言分析走向生活实践，注重行动，太初有行，而非太初有言。赵汀阳先生也曾有专论谈及"我思故我在"到"我行故我在"。

---

① 文字稿参见《认知科学》2020 年第 2 期。

我曾把当代分析哲学区分为三种风格或三个流派：概帮、自然门和维派。[①]概帮指把概念分析、逻辑分析作为哲学的核心方法，例如早期的弗雷格、当代的威廉姆森等。罗素在《我们关于外间世界的知识》中提出，哲学的本质是逻辑分析。对于概帮来说，哲学的本质是概念分析，概念分析包含逻辑分析，又不止于逻辑分析。例如概念分析包括逻辑论证、在论证的前提中诉诸直觉、设计思想实验，等等。自然门指运用自然科学方法研究哲学问题，甚至在本体论上只接受自然科学所承认的事物，例如物理主义者、国内读者耳熟能详的丹尼尔·丹尼特（主要著作有《意识的解释》《自由的进化》《直觉泵和其他思考工具》等）。维派大概指以维特根斯坦后期哲学为代表的一种哲学进路，维特根斯坦这样区分哲学和科学：哲学是概念考察，科学是事质研究。因此哲学不同于科学，进一步讲，哲学的方法不是逻辑分析和建立在逻辑分析基础之上的概念分析，例如给出某一个概念的充分必要条件。哲学的方法乃是一种语言分析或考察，不去寻找概念的理想条件，而是去考察语词在具体语境中的用法，这种用法势必和我们所处的环境有关，因此考察用法和生活形式就具有内在的关系。

从概念分析来看李泽厚的哲学，他并不是一个严格的分析哲学意义上的概念分析论者，毋宁说他是一个概念制造者、观念制造者。李泽厚是一个制造概念、创造概念的大师，他提出的概念有："实用理性""以礼释仁""乐感文化""一个世界""度的艺术""积淀""文化心理结构""两重道德""救亡与启蒙的二重变奏""巫史传统""儒道

[①]《梅剑华读〈二十世纪分析哲学史〉》，《上海书评》2020年1月11日。

互补""儒法互用""西体中用""情本体""转换性创造""历史建理性，心理成本体，经验变先验""自然的人化与人的自然化"等。李泽厚不仅发明了这些概念，而且将这些概念有机组合在一起，形成了颇具特色的主体性哲学、人类学历史本体论。可以说从20世纪80年代以来，李泽厚是中国学界贡献概念最多的一个哲学家。作为新儒家的巨子，牟宗三也创造了不少概念，但大多停留在新儒家内部的思想讨论之中，甚至有的只限于他本人的思想讨论之中，而缺乏一般性。牟宗三能为人文思想界所熟知的大概只有"良知坎陷""一心开二门""智的直觉"等概念。例如向松祚教授运用"一心开二门"来解释企业家的创造性，[①]蔡恒进、蔡天琪教授利用"良知坎陷"来讨论人工智能中的认知坎陷与良知坎陷在最底层的联系，[②]这种应用不见得完全符合牟氏原意，但足证其思想也具有一定的普遍性。

陈嘉映先生的哲学翻译也是一个极好的案例。他翻译海德格尔的《存在与时间》、维特根斯坦的《哲学研究》和威廉斯的《伦理学与哲

[①] 参见向松祚《新经济学》第三册《人心的无限创造性》，中信出版社，2020年，29页。向松祚教授把"一心开二门"的学说整合进他基于创造性的经济学，他说："'一心开二门'之义理架构原本是佛家《大乘起信论》所创发，牟宗三先生将其扩展为人类一切哲学思想之基本原型，实乃人类一切知识之基本原型。宗三先生阐扬之功，不可磨也。吾今日标举人心之创造性以解释人的经济行为和人类经济现象。同样以一心开二门之义理架构言之，则分为人心之道德创造性和人心之知识创造性。若依照儒圣先哲所创发的义理规模言之，人心之道德创造性就是'内圣'，人心之知识创造性就是'外王'。内圣和外王即是人心所必然要开出的智慧和知识二门。儒圣先哲心学于'内圣'发明独多，于'外王'则明显不足，是故儒圣心学始终未能开创科学之时代和民主之格局。"

[②] 蔡恒进、蔡天琪：《附着与隧道——心智的工作模式》，《湖南大学学报》（社会科学版）2021年第4期，122-128页。

学的限度》,让西方的移植词在中文中找到自己的家园。例如他对"此在"的翻译,已经成为当代中文语境中的根底词汇。在此基础上,他对哲学的本性做了中西交融的界说:哲学是说理而达乎道。让西学的基本概念在中文语境中扎根,这种翻译是李泽厚所谓的"转换性创造"。在谈到诗歌翻译时,弗罗斯特有句名言:"诗歌就是在翻译中丢失的东西。"诗人高兴提醒说,这句话的意思不是说诗歌不可翻译,而是提醒我们,翻译也是一种艺术,翻译是译者对诗歌的再创造。我想说,某些哲学文本的翻译也近乎此,尤其是《存在与时间》,恰恰需要创造出合适的中文表达来再现海德格尔的哲学。赵汀阳也是这个意义上的创造者,他提出的"无立场观点""一个或所有问题""天下体系""漩涡模式"也都是创造了一组概念,反映了新的世界观念。在这个意义上,李泽厚、牟宗三、陈嘉映、赵汀阳都是概帮中人,不过他们都不是概念分析论者,而是概念创造论者,甚至观念创造论者。这里似乎可以就概念和观念做一点区分。概念比观念似乎更为基础,概念是我们用以表达观念的东西,创造概念比创造观念更难,改变了概念实际上改变了观念,但有时新观念未必需要新概念,旧瓶完全可以装新酒。

李泽厚虽然重视概念创造,却轻视概念分析论证,他认为哲学是不是需要论证、什么叫"哲学论证"都是问题。为此他引了老子、禅宗和尼采为证,认为这些哲人或流派都不做论证,甚至不立文字。这些说法都可商榷。他的关切点在"哲学主要是制造概念提出视角,如果它们是独特的,站得住脚的,那就可以了"。[1] 所以他在《巫史传统》

---

[1] 马群林选编:《李泽厚散文集》,世界图书出版公司,2018年,309页。

开头即声明:"我今天仍然只能是'六经注我'式的写法:制造概念,以省察现象。因之所说多为假说式的断定;史料的编排,逻辑的论证,均多疏阔,但如果能揭示某种关键,使人获得某种启示,便将是这种话语的理想效果。"①

我想从论证角度为李泽厚先生的论述方式做一种阐明,李先生坦诚自己的大多数论著多为大纲或纲要性,晚年更偏好对话、谈话。他不把大纲发展成专著,《己卯五说》本来可以写成五本书,这些除了李先生的旨趣以外,妄自揣测,还在于李先生轻忽概念论证。提出一种观点是快的,虽然需要洞见,但要论证这个观点,反驳其他观点,是慢的,需要概念论证的功夫。这种功夫还不同于李先生早期在《康有为谭嗣同研究》中所运用的史料分析和思想梳理的功夫。李先生提出的乃是大哲学理论,因此需要作出系统的论证。当代分析哲学于此可说反思甚多。陈波教授有文曰:"论证是哲学活动的本性。"②但我想李泽厚的思想仍然符合程炼教授所提倡的从苏二条看哲学:第一条,我们要用清晰的概念将思想清晰地表达出来,我们要用字面的意思(literal meaning)而不是修辞的方式说话;第二条,我们的思想要经得起推敲和论证,而不是愿望式的、跳跃式的、故弄玄虚的。③李泽厚的文风是清晰明白的,这和后来学院化之后的专家晦涩难懂的文字形成鲜明对比。但李泽厚的思想如果要经得起推敲和论证,就不能仅仅停留于提纲、问答和创造概念。如果不诉诸概念论证,他还有什么来辩

---

① 李泽厚:《己卯五说》,中国电影出版社,1999 年,33 页。
② 陈波:《论证是哲学活动的本性》,载赵汀阳主编《论证》,辽海出版社,1999 年。
③ 程炼:《思想与论证》,北京大学出版社,2006 年。

护他的理论？答案呼之欲出，那就是经验证据、科学理论。

李泽厚不重视概念论证，但重视经验证据，重视自然科学的方法和结论。陈明教授有个评论，说李泽厚这一代人都是"五四下的蛋"。话虽不免戏谑，但五四所倡导的"民主与科学"的确是当代儒家、李泽厚乃至几代哲学家都关心的问题。像梁漱溟、熊十力早期，二人区分哲学与科学，以哲学直觉对抗科学理论，捍卫中国思想的独特性。或区分玄学真理与科学真理，强调科学的客观性亦不能完全脱离人类主观色彩。[1] 但二位到了晚期，实际上都表现出不同程度的妥协。至少，他们意识到不能轻忽科学的存在对于哲学的影响。例如在晚年出版的《人心与人生》中，梁漱溟重视心理学："心理学天然该当是介居哲学与科学之间，自然科学与社会科学之间，纯理科学与应用科学之间，而为一核心或联络中枢者。它是最重要无比的一种学问，凡百学术统在其后。心理学之无成就与人类之于自己无认识正为一事。"[2]

在该书中，梁氏引用科学方面的文献约十余种，例如1956年创刊的《自然辩证法研究通讯》1963年、1964年、1966年上面关于控制论、信息论和胰岛素人工合成的文章，1964年4月15日《人民日报》学术研究栏荆其特的文章《知觉对实践的依赖关系》。还有一些科普著作或教科书，如麦独孤的《社会心理学绪论》、汤姆生的《科学大纲》、朱洗的《智识的来源》、臧玉淦编译的《神经系的演化历程》、苏联高等医学院校教学用书《精神病学》、巴甫洛夫的《大脑两半球机能讲义》、卡萨特金的《婴儿高级神经活动概论》和唐钺的《西方心理学名

---

[1] 熊十力：《十力语要》，上海书店出版社，2007年，117-119页。
[2] 梁漱溟：《梁漱溟全集》第三卷，山东人民出版社，2005年，540-541页。

家文选》等。梁氏认为一种哲学必以一种心理学作为基础,而心理学可以说是半科学半哲学,因此离不得科学证据。

熊十力则把佛教五明称为科学知识,"从来为道之大圣哲未有不为学者也。文周孔孟、老聃关尹,皆道高而学博。后儒若程朱陆王诸先生,亦皆道与学兼修。但其末流则托于涵养本原之说,以自文其偷惰,不肯勤修知识,理学亦以此为人所诟病。佛教大乘菩萨无不精于物理。《经》言'菩萨勤学五明'。所谓五明,实多属今之科学知识——熊十力与次女仲光"。[1]

一直到晚年,熊氏都对自己不懂科学深以为憾。1958年6月25日与梁漱溟信中称:"西洋人从小起就受科学教育,科学基础有了,各派的哲学理论多的很。我相信,我如生在西洋,或少时喝了洋墨水,我有科学上的许多材料,哲学上有许多问题和理论,我敢断言,我出入百家,一定本诸优厚的凭藉,而发出万丈的光芒。可惜我一无所藉,又当科学发展到今日,空论不可持,宇宙论当然难建立。……结果我在宇宙论上发挥体用不二,自信可以俟百世而不惑,惜不能运用科学的材料。"[2]

如何看待科学材料和哲学理论的关系,是一个极其复杂的问题。[3]但看得出来,熊十力的想法是现在一种比较流行的看法,即科学材料为哲学理论提供支持。牟宗三等港台新儒家心心念念良知坎陷如何开

---

[1] 熊十力:《十力语要初续》,上海世纪出版集团,2007年,36-37页。
[2] 熊十力:《论学书札》,上海书店出版社,2009年,209页。
[3] 参陈嘉映:《哲学 科学 常识》,中信出版社,2018年;威廉姆森:《哲学的哲学》(中译本即出)。

出民主与科学。李泽厚在《走我自己的路》中也说过类似的话:"我自恨太不'杂',例如对现代自然科学知识太少,没有发言权,否则我想自己的研究工作将另是一番天地。"[1]但与他们相比,李泽厚的焦虑小得多,视野也开阔得多。

在被问及是否是科学主义者的时候,李泽厚答道:"我不是什么科学主义者,但也确不同于现代大哲海德格尔等人反对和贬低现代科技。我仍然对之寄以厚望。尽管现代科技潜藏着毁灭整个人类的极大风险,为人类历史所从未有,但我以为只要重视历史,讲究生存,可以相信人类终能掌握住自己的命运,特别是对人的头脑进行了深入研究之后。"[2]李泽厚超越了人文主义和科学主义的简单二分。在对人性进行解释时,既不同于牟宗三讲孟子"性善"的先验性,也不同于孟旦(Donald Munro)从社会生物学解说孟子,而是将道德根源归结为生物族类的自然本性。李泽厚所理解的人性,乃是从经验演化而成为人类基本禀赋的性,这就是他所提出的经验变先验。因此他说自己不是科学视角,也不是哲学视角,而是具有科学内容的哲学视角。

一方面李泽厚重视有大视野的科学家,例如达尔文、爱因斯坦、皮亚杰等,另一方面他也很重视当代科学的前沿进展。在心智哲学上,他是一个唯物主义者、物理主义者:"人类学历史本体论当然持心脑一元论,认为任何心理都是脑的产物,包括神秘的宗教体验。没有脱离人脑的意识、灵魂、精神、鬼神以及上帝。科学地、实证地研究非语

---

[1] 李泽厚:《走我自己的路》,三联书店,1986年,6页。
[2] 李泽厚:《人类学历史本体论:存在论纲要》,人民文学出版社,2019年。

言所能代替的人的各种情感、感情、经验，十分重要。"①他重视神经科学对美学经验、伦理经验、神秘经验的解释，在《谈"恻隐之心"》一文中特别强调脑科学，寄希望于它的未来发展，期望有一天脑科学通过神经元的通道、结构等，来实证地解说人的许多心理，其中包括人性能力的认识（理性内构）、伦理（理性凝聚）、审美（理性融化），也包括有关宗教信仰的感情问题亦即有关"神"的某些问题。但是他十分清楚地区分感性的神秘经验和理性的神秘经验，前者可以由脑科学解答，而后者不行。例如为什么世界如此这般的存在，或者说为什么是有而不是无（why there is something than nothing），这类形而上学问题乃是理性的神秘而非感性的神秘。②

李泽厚最为知名的说法乃是从美学研究中形成的积淀说，最后提炼为文化心理的积淀说。李泽厚说："积淀的意义就是把社会的、理性的、历史的东西累积沉淀为一种个体的、感性的、直观的东西，它是通过自然的人化的过程来实现的。我们称它为'新感性'。我所讲的新感性，是人化了的内在的自然，是社会生活实践的'积淀'产物。""广义的积淀指所有由理性化为感性，由社会化为个体，由历史化为心理的建构行程。它可以包含理性的内化（智力结构），凝聚（意志结构）等。狭义的积淀则是指审美的心理情感的构造。"狭义的积淀又可以分为原始积淀、艺术积淀和生活积淀。更深远的乃是，孔子的思想理论已经积淀和转化为一种文化-心理结构。③李泽厚的积淀说从

---

① 李泽厚：《人类学历史本体论：存在论纲要》，人民文学出版社，2019年，169页。
② 同上，168页。
③ 李泽厚：《李泽厚哲学美学文选》，湖南人民出版社，1985年，385-386页。

哲学立论，的确可以从科学中寻找证据。

其一，从当代神经科学中为积淀说寻找支持。他看重神经科学家埃德尔曼的著作《脑与意识》[1]，李泽厚的人类学本体论在科学上赞同埃德尔曼的神经达尔文主义，在他看来："这位当代神经科学大家继承了詹姆斯和皮亚杰的路向，从脑科学即神经科学出发，强调意识绝非实体，而是大脑神经元沟通、交流的化学动态过程，也即是我以前所说动力学的'通道'、'结构'。这个过程也就是'通道'、'结构'的建立。这一'过程'一停止运作，意识、心灵、灵魂就不再存在。"[2]埃德尔曼所强调的脑通道、结构由个体选择性的动态过程所产生的千人千面式的功能，恰恰呼应了李泽厚所谓的文化心理结构即积淀的三个层次：人类的、文化的、个体的。第二，他还提到认知考古学对积淀说的支持，认知考古学是一个认知科学和考古学交叉的研究领域，从古代器物、工具上去追索古人的认知、心智乃至精神。[3]

李泽厚认为神经美学对于美学相当重要，以神经科学为基础的审美心理学就是实践美学所指出的方向，审美心理学成为一门独立庞大的实证科学。一方面神经科学探究人和动物类似的神经活动很重要，但更重要的是如何从神经科学层面去探究二者的差异。（1）人的快感和动物快感的神经机制应该不同，这里面动物也千差万别，不能一概而论。（2）人的很多快感涉及精神、文化领域，如审美的愉快感、伦

---

[1] 埃德尔曼：《脑与意识》，顾凡及译，上海科技教育出版社，2014年。
[2] 李泽厚：《人类学历史本体论：存在论纲要》，人民文学出版社，2019年，170页。
[3] Marc A. Abramiuk, *The Foundations of Cognitive Archaeology*, The MIT Press, 2012.

理行为的自豪的愉快、认知领域中获得的快感，等等。这彼此之间都存在差别。(3)现代艺术的美感不以快感为基础。①李泽厚敏锐地注意到了这种种差别，虽然这些不同的快感都有对应的神经机制，但应该看到这一事实：越偏向生理层面的快感越容易获得底层的神经解释，而越偏向精神性的快感则越难获得底层的神经解释。神经美学家发现大脑内部并没有专门的审美脑区，审美乃是后天神经结构新组合而成，这里所谓的客观性、社会性需要寻找超越神经美学的解释框架，这种发现恰恰是神经美学的价值所在。②李泽厚以神经美学的既有证据来证成自己的美学主张，虽然他自己提出的乃是哲学美学，但仍然可以和神经美学形成呼应。在这一意义上，李泽厚不会对神经美学大批或大赞，而是体现了他自己所主张的实用理性。

从更广范围看自然科学与中国哲学思想的关系。李泽厚并不特意关心李约瑟问题，即如何让中国文化本身转换创造出科学技术。他多次提出中国学问缺少自然科学基础，③改造法子就是著名的、广为人知也广遭人误解或批评的"西体中用"。至于总结中国思想的特点或优点，他提出中国智慧在于实用理性、度的艺术。在关于人的理解中，他综合了笛卡尔和马克思的洞见，认为人是具有思想的动物，人是能够制造和使用工具的动物。从80年代的主体性哲学到世纪之交的吃饭哲学，这个变化，恰恰是向马克思基本立场的回归。主体性、具有思

---

① 李泽厚著，马群林编：《从美感两重性到情本体——李泽厚美学文录》，山东文艺出版社，2019年。
② 安简·查特吉：《审美的脑：从演化角度阐释人类对美与艺术的追求》，林旭文译，浙江大学出版社，2016年。
③ 李泽厚、刘绪源：《中国哲学如何登场？》，上海译文出版社，2012年，15页。

想强调了人类的精神特质，吃饭和生存又强调了人类的自然本能。而恰恰是人类的制造和使用工具，使得人能从自然世界过渡到精神世界。这里的关键点就在于生活实践。

从实践入手，李泽厚和分析哲学的第三个流派，维派以及和维派有亲缘的匹兹堡学派、实用主义的关系更为内在。李泽厚就很看重杜威的实用主义，尽管他也做了区分。李泽厚和匹兹堡学派都看重康德、黑格尔、维特根斯坦，重视实践。布兰顿还曾开设过马克思1844年手稿的课程，其新著《信任的精神：解读黑格尔<精神现象学>》，还引来崔之元的介绍评论《宽宏大量与信任：黑格尔<精神现象学>的实用主义语义学阐发》。[①] 也许大家会惊异于为何致力于政治经济学、管理学的崔之元教授会关注到匹兹堡学派的一部哲学著作。细心的读者一定能看到，崔之元在这篇文章中关于康德范畴表的引用出自李泽厚的《批判哲学的批判》[②]。李泽厚与匹兹堡学派的这种亲缘关系值得省察。有趣的是，虽然布兰顿和李泽厚在根本立场上暗合，但在写作风格上却迥异其趣。布兰顿写作的都是大部头，从1994年《使之清晰》到2019年《信任的精神》，布兰顿借助了分析哲学的方法和技术展开了自己的理论。一方面他接受罗蒂、维特根斯坦的洞见，反对表征，重视话语实践、重视规范性，另一方面他又吸收了刘易斯以及形式语义学的工具进行系统分析，他在实践哲学传统中取得了相当的成就。匹兹堡学派的基本框架可以粗略说是塞拉斯给定的。他区分理由的空间和因果的空间，以对待科学的态度分成了左派和右派，像麦克道威

---

① 实验主义治理公众号，第342期，2020年5月19日。
② 李泽厚：《批判哲学的批判——康德述评》，人民出版社，1979年，126页。

尔、布兰顿属于重视理由、日常实践的左派，拒斥露骨的自然主义；像米利肯、罗森伯格属于重视因果、科学实践的右派，甚至会以科学代替哲学。把李泽厚放在这左右之争的框架中就会发现，李泽厚在基本立场上是站在左派一方，在研究方法上似乎又站在右派一方。李先生的貌似左右涵摄的态度，似乎也是他一直遭到两面批评的关键所在。但我想，李先生的哲学观念似乎已经超越了左右之争（哲学－科学）的框架，而是展现了思想本身不做区分的面貌。请记取他对哲学的评论：哲学乃是半科学、半诗歌。

无论如何，李泽厚的人类学历史本体论，以人类历史为本，就是以实践为本。他的实践要比布兰顿理解的更为丰富。根据陈亚军教授的研究，在杜威那里，实践指人与环境的一种相互作用，展现了有机生命体的特征。但布兰顿的"实践"或主要是一种实用语言的活动，实践等同于"使用概念的实践"，而和环境、世界没有直接关系。[①] "一个人坐在屋里，在语言表达式之间进行推论，这在布兰顿意义上，正是实践的主要涵义；而对于杜威来说，这只是实践涵义的一小部分，而且还不是最重要的部分，因为它属于'思'的范畴，只是由于思和行无法截然分开，才能说它是实践的一部分。布兰顿的实践概念抽空了实用主义实践概念的丰富内涵……"[②] 陈亚军教授可能过于严格地解读了布兰顿的话语实践，如果结合维特根斯坦对语言的理解，话语实践仍和环境、世界不可分离，只是这个环境和世界并非单纯的自然环

---

① 陈亚军：《实用主义：从皮尔士到布兰顿》，江苏人民出版社，2020年，278-279页。
② 同上，279页。

境和自然世界,而是具有理性的人类所能处理的那个环境和世界。从这个角度看李泽厚的实践,他的实践概念包含了话语实践,又不止于话语实践,是从人类制造和使用工具开始,包含了历史、演化、环境、语言多个维度,制造和使用工具是一种实践,创造和使用语言是一种实践,反思和推理是一种实践,广义的人类活动都在他的实践范围之内。他以实践为本,坚持了工具和语言两条基本原则:"把作为生物体的人群塑造为区别于客体自然界的主体,正是以使用工具制造工具的实践生产活动为中心的社会存在和以使用语言和符号系统为特征的社会意识。离开这个根本讲实践和语言,实践就会等同于动物生活活动和动物心理意义上的感知状态,而语言则成为无所由来的神秘结构和生物性的先验本能了。"[1]制造使用工具和发明使用语言二者内在关联,李泽厚认为人类语言所表达的经验,主要是或者首先是人类制造－使用工具的活动的经验。"人类就是在使用和制造工具中产生语言中的独特语义。"[2]李泽厚把制造和使用工具作为最基本的实践、狭义的实践,然后才是在此基础上运用语言表达劳动实践,进而包括人类的全部活动。布兰顿在讲人是理性动物时,强调的是人能运用概念进行话语实践。李泽厚所讲的人是理性动物,乃是突出运用理性话语背后的劳动实践,这是二者的根本差异。李泽厚与传统杜威的实用主义更接近一些,但二者之间也存在原则性区别,例如李泽厚既注重历史文化对心理的积淀,也注重经验的客观性根据(康德的物自体),但杜威则注重人与自然环境的互动形成的机制,注重人类实践的效果,有用即真理,

---

[1] 李泽厚:《批判哲学的批判——康德述评》,人民出版社1984年,199页。

[2] 李泽厚、刘绪源:《中国哲学如何登场?》,上海译文出版社,2012年,33页。

一切可以为工具。①因此李泽厚的康德背景和中国哲学背景，使得他的实践和实用主义、匹兹堡学派的实践保持了一定的距离。

把握李泽厚的实践本体论是理解他的"经验变先验，历史建理性，心理成本体"这三句李氏真经的关键。而要解释如何变、如何建、如何成则不仅需要哲学思辨的功夫，也需要经验证实的功夫。这就是李泽厚不排斥科学的一个基本理由。但是，另一方面，像生命的起源、意识经验的起源这样的大问题，并不完全是科学的，而是带有思辨性质，我们已经不可能在实验室重复或模拟这一过程了。李泽厚对人性的理解，也带有半思辨半实证的特点。所以，一方面，他不必像人文主义者那样，或者像维特根斯坦那样拒斥科学为哲学主张背书；另一方面，他不会像科学主义者那样认为科学取代了哲学，因为他所提出的一系列哲学主张，是无法从科学证据和推理中得出来的。正如他自己所说的那样，他的哲学是具有科学内容的哲学。所以我们注意到。李泽厚并没有特别在意如何界定哲学。回想21世纪之初，德里达造访中国，说中国只有思想，并无哲学，激起轩然大波。从事中国传统思想探讨的学者合作开始讨论"中国哲学的合法性"问题，如郑家栋等。②在受到西方哲学范式的影响下，就面临这样一个问题："中国历史上存在着某种独立于欧洲传统之外的'中国哲学'吗？或者说，'哲学'是我们解释中国传统思想之一种恰当的方式吗？又究竟在什么意义上'中国哲学'概念及其所表述的内涵能够得到恰当的说明，并取

---

① 李泽厚：《哲学纲要》，中华书局，2015年，205页。
② 郑家栋：《"中国哲学"的"合法性"问题》，原载《中国哲学年鉴》（2001年），转载于《中国社会科学文摘》2002年第2期。

得充分的理据呢?"(郑家栋)另一方面,从事外国哲学的学者开始讨论哲学的应有之意。2001年在《读书》杂志上刊登了一组文章,[①]陈嘉映、程炼、赵汀阳关于哲学的本性展开了互相呼应的一些讨论。陈嘉映提出哲学是讲道理的科学或学问,赵汀阳提倡恢复先秦和古希腊的思想态度,提倡综合文本,倡导哲学的实验性和前卫性。程炼的评论比较接受陈嘉映关于讲道理的立场和赵汀阳认为综合文本所需要面对世界的复杂性。世界的剧烈变化吁请我们要重新理解哲学的位置、中国思想的位置。20年后,三位有着相当自我意识的哲学家走向了相当不同的方向,为后人开拓了哲学思考的不同可能空间。

不过,李泽厚并没有为哲学本身的位置感到焦虑,这可能也是因为他自己所从事的工作范围过于宽广,如他所说的"杂学",跨越了思想史、中西马哲学、美学、美术史、伦理学、历史、文化等研究领域,而不再计较一城一地之得失。他的三本思想史论,尤其是古代部分并没有写成《中国古代哲学史论》,其实这反映了李泽厚的整体研究倾向,其研究领域不局限于哲学,研究方法不限于概念思辨,研究文献不限于高头讲章。诗歌可以将万物入诗,那些美丽的、丑陋的、不可见的,都可以成为诗歌写作的资源。李泽厚也强调哲学的半科学、半诗歌的特点。我想,正是他的这种理解才使得他不具有今天学院中人如此高度自觉的哲学划界意识,而愿为人类认知提供自己的论说。

但李泽厚的核心仍在其主体性哲学、吃饭哲学,他的双本体论认

---

① 陈嘉映:《哲学是什么?》,《读书》2000年第1期;程炼:《一点二阶哲学》,《读书》2000年第2期;赵汀阳:《解冻哲学》,《读书》2000年第2期。

为：工具本体和心理本体可用实践本体论统之。[①]因为他所提出的"经验变先验,历史建理性,心理成本体",都依赖于漫长的人类历史社会实践,不管是制造工具、使用工具,还是使用语言运用理性反思,抑或感悟天地万物,获得美学经验或宗教体验,都要从日常实践感知开始。在这个意义上,概念创造和运用科学证据乃是李泽厚的两翼,其核心乃是实践本体论。

---

① 但我想用人类学历史本体论和其核心情本体总结李泽厚的双本体论立场似乎更为合适。

于振立：从"山海精"到《山海经》

感谢主办方的邀请，来大连的山海之间感受艺术家的世界，在这里生活和艺术之间没有界限，融为一体。聚会的主题是"山海精、艺术聚"。主办方有具体的解释：于振立先生在山中隐居，刘骁纯先生骨灰入海，是为"山海精"。艺术家是山海之间的精灵，汲取天地之灵气，产生了无数打动我们、震撼我们的作品。于振立在大黑山上打造了一个属于自己的生活世界，这里面的每一个物件都是他抚摸过的，都凝聚了他的精神。我们甚至都不用看到于先生，就能通过他的生活世界来了解他这个人。

由此想到《山海经》这本古代（战国时期至汉代初期）的奇书。《山海经》记录了很多远古时代的神话，描述了山海之中的神怪精灵。书中充满了大量让我们今人百思不得其解的神奇事物。那些古代的精灵是真有其物还是源自先民的想象？人面、蛇身、啼哭像婴儿的动物是什么神物？龙是远古时代的恐龙还是天上的飞龙？昆仑神山是否就是现实中的昆仑山？我们如何去重新理解《山海经》这本大书？它是博物志还是想象之书？这都成了千古之谜，留待后人破解。

我们知道《山海经》分为《山经》和《海经》。《山经》现在基本能确认是古代的博物志，是一部以实证性地理实录为主、夹杂神怪精灵的地理博物之书。分为《南山经》《西山经》《北山经》《东山经》和《中山经》五章，记载了山川河流、花草树木、飞禽走兽等内容。那里的山川河流，如今已不可考；记录的飞禽走兽，让我们浮想联翩。但实际上，怪物并非神秘，而是源于古代人们符号表达的不足。古人只能根据有限的感知和语言来描述事物。近取诸身，远取诸物。当古人看到我们今人看到的一头动物时，他会说出一些在具有充分表达手段的今人看来很神奇怪诞的东西，让我们认为古人的叙述充满怪力乱神。

《海经》由《海内经》《海外经》《大荒经》等13章构成，其外表是所谓的地理志。据刘宗迪先生在《失落的天书：〈山海经〉与古代华夏世界观》中的研究辨证，《海经》实际上并非是地理志，里面的叙述看似荒诞不经，实则有所根据。《海经》的背后隐藏着一幅图画，一幅古代的天象图，是古人由日常生活经验总结而来的天文图。《海经》作者根据古代天文图，做了空间地理的想象和阐释。古人观天象，明日月轮回，知四时变化，发明节气。因此，天象是古人从事农业活动最重要的根据。顾炎武说，三代以上之人都懂天文。观象授时，这是先人的自然认知。

受惠于今人，我们认识到《山海经》并非一部神怪之书，而是一部自然之书。《山经》是苍茫大地之博物志，《海经》是浩瀚宇宙之天文学，《山海经》乃先民日常生活、精神生活的重要总结。艺术创造源自日常感知。于振立的创造历程,从再现、表现、抽象到后现代,看似是从主客截然二分到不再区分主体客体的思想观念转变,看似是从至高神圣的领袖像到日常生活的酒瓶垃圾的表达内容的转变,但艺术家所见,实际上都是在他的视野里伸手可及、可感的东西。借用陈嘉映先生的话,都源自可感之知,艺术在根本上是一种可感之知、有我之知。在这个意义上,艺术家、艺术并不神秘。艺术家无法摆脱他的时代进行创作,他所依赖的东西总是他最能认知的东西,他会使用可以使用到的一切手段,俯仰观察,进行艺术创作。《山海经》创造了一个我们可以追溯的精神世界。"山海精"/艺术家创造了一个我们今人的精神世界。在这个意义上,《山海经》作者和当代艺术家区别不大。

让我们想象一千年之后,也许人类的语言会发生巨大的变化,也许人类的生命形态会发生巨大的变化,也许地球的生存形态也会发生巨大的变化。一千年后的人类,如果看到于振立先生的作品,也许会产生理解上的巨大困惑。如果他们已经不再靠喝水维系生命、不再靠喝酒消乏解忧,他们就不会明白用酒瓶建造的装置具有什么意义。如果他们已经没有一个中心化、阶层化的政治活动实践,他们就很难想象领袖的油画具有什么样的意义。如果巨大的环境改变使得所有颜色原料全都消失,他们就不知道是什么神物能画下如此神秘的作品。他们就会像卡拉哈里沙漠中的非洲人一样,在《上帝也疯狂》这部电影里,对直升机掠过丢下来的可乐瓶子产生好奇乃至敬畏。

后之视今,如今之视古。我们现在解读《山海经》的困难,也许会在一千年后以相似的方式出现在解读于振立先生艺术作品的过程中。不过，无论如何困难，我们依然能够通过文本或作品探索古人的精神世界。在根本上，艺术家有自己的实践传统，他们的作品有着传统所塑造的技能、特征乃至精神。在这个意义上，我不认可"素人艺术家""平民艺术家""人人都是艺术家"的说法。虽然他们惊鸿一瞥，偶或成就惊人的作品，但他们最终并不能成为真正的艺术家。艺术家和艺术作品的关系，不同于数学家和数学定理的关系。毕达哥拉斯定理、费马大定理、哥德巴赫猜想、哥德尔定理尽管是以数学家的名字命名，但没有这些数学家不会影响数学定理的真理性。艺术作品可以不用艺术家的名字命名，创作的对象可以是领袖，可以是妇女，也可以是酒瓶和垃圾，但没有艺术家在场，作品的真理性就不能得以彰显。艺术家所创作的艺术作品的变化，反映了艺术家对世界、对艺术的理解的变化，也反映了时代的变迁。从于振立画毛主席像到他在 1994 年 12 月 26 日毛泽东诞辰纪念日上大黑山，一直到疫情不能消退、世界充满不确定性的今天，他的精神轨迹是清晰的，宛如时代变化的轨迹。在这个意义上，艺术家的作品要比历史学的记录叙述更为真实地反映了中国人的心灵史。

我们可以在作品中看到艺术家的精神世界，我们也可以根据自己的旨趣，运用不同的破译密码，去寻找艺术阐释的不同可能性。但阐释的可能正源于我们和他们精神世界的通达。我们都是从对周遭事物的感知来认知世界。只不过艺术家比我们更加关注生活本身，艺术家聚焦于、凝神于我们日用所不知的器具、专注于我们生活其中的世界，创造出匪夷所思、天马行空的艺术作品，撑开人类文明的精神空间，为"认识你自己"提供了最具开拓性的理解方式。今天的艺术家并非三头六臂、人面蛇身,但他们作为山海之中的精灵,观象取物,运用自己的独特方式撰写了一部或无数部《山海经》,反映了、塑造了、加深了人类对周遭世界的理解。

第三部分

对话

哪怕做的跟现实世界没有任何关系,你也可以通过做这些事情去对抗无聊性和现实带来的挤压,让自己活得有意义。

前奇点时代的地方性困惑[①]

一乘：人工智能的发展正在加速。当它突破某一个临界点，人类的制度、秩序、道德和生活方式等都会发生根本变化，一些东西会崩溃，一些东西会重建。您觉得"奇点"会在什么时候来临？会带来哪些大问题？人类又该如何应对？"奇点"会不会宣告人类的末日？

梅剑华：好，谢谢。我觉得不用谈奇点，我们目前面临的问题已经很多了。大概一年前，我遇到一个从广州过来的警察朋友。我们两人的职业差别很大，他做刑警，我是老师。但我们见面第一次聊的话题就是人工智能。他感慨说以后自己可能会失业，为什么呢？以前做刑警，需要自己去收集很多信息，要靠自己的能力去查案，现在不太一样了。因为现在整个网络技术的发展，所有的材料、侦查到的信息，只要放在眼前，结果就是唯一的。一个凶手，他出去杀人，所有地方都有他的摄像，有他过去的犯罪记录，还有很多关于他的住宿、银行

[①] 本文为 2021 年 5 月"一乘名师讲堂"视频专访的文字实录，感谢爱思想网站总编辑郭琼虎先生策划此次访谈。

卡交易等信息，那么需要人去判断的部分越来越少。现在人工智能这种大的发展已经产生了很多问题，警察行业已经算是比较复杂的行业，很多更简单的行业比如餐饮、家政，已经开始由机器人系统地替代人来工作了。

这个问题对中国尤其重要，因为中国是一个劳动密集型的国家，被替代的这些人该去干吗？他们从农村出来，以前可以贩卖自己的劳动力，现在人工智能改变了劳动力市场。我们的教育体系又没有培养出更多从事技术性脑力劳动的人，所以这实际上构成了一个很大的问题。它的问题不是说奇点来临之后才是问题，奇点来临是人类文明面临的问题，可是我们现在面临的问题可能是中国自身的问题，当然这里面还是有必要把奇点讲清楚，现在很多人会讨论奇点。

我们一般说奇点来临，就是所谓的人工智能超越人类智能那一刻，甚至有人称作人工智能统治人类智能那一刻。在面对机器智能的时候，我们人类现有的一些能力和手段都已经不行了。这个问题，哲学里面讨论的不是很多，也是最近十几年才讨论。纽约大学有一位哲学家叫大卫·查尔莫斯，他在2012年发过一篇文章叫《奇点——一个哲学分析》，这篇文章有60多页。在他之前哲学界没有很严肃地讨论这个问题，奇点问题在论坛上，科学家会讲，企业家会讲，可是没有人去认真对待它。他这篇文章出来之后，大概有20多个人回应，包括哲学家、科学家、作家等，说明这一问题已经进入我们人类文明的思考层面，而不仅仅是我们平时谈论的层面。他认为，我们不要讨论奇点实际能不能来临，我们首先要讨论奇点在逻辑上可不可能。如果它可能的话，我们就要思考可能之后的状态，人类不能只思考当下实际的状态，要思考未来的可能性，这是现在哲学界讨论奇点问题的一个方向。

我认为奇点到来是有可能的，那么奇点来临之后会造成什么状态呢？很多人会说，是不是机器文明把我们给灭了？如果是真的，假设有这个状态，那我们现在讨论它也没有意义，因为我们被灭了，这个世界就不存在了。另外一种可能是，我们把机器灭了，如果我们把机器灭了，那就不是奇点了。奇点就是所谓的机器智能超越了人类智能，超越之后会达到一个什么样的效果，使得我们现在谈论奇点之后的世界还有可能？那无疑是机器智能、机器人和人类共存的一个时代。

这个共存实际上很多人已经讲过，就是一种脑机融合、人机结合，就是我们要变成更具有智能的人类、新人类，而不是我们有一个新的物种叫机器人。我对这点有一种执念，我认为机器还是要跟人发生关系，或者说人类是机器的开关，也是它的终结者。这里面不排除有一些现象，比如机器有可能在局部领域超过我们，甚至可能出现一种缠斗、厮杀和碾压的局面。在整体上我觉得不可能，要不然人类文明也不会发展到这个阶段。有人把现在机器人的发展称作人类文明的最后一次演化。我们人类物种经过几百万年的演化，最后成为这样一种形态，在所有的功能上都变得非常强大，尤其是思维能力。

对于奇点的认识，我认为它是有可能来的，而且我对它来临之后的世界有一种乐观心态。我纠正一个看法，很多人会认为我们太乐观了，包括很多哲学家会认为，机器人不可能超越人类。他们举了很多例子，比如说人有情感、自我意识，有感受，但机器人没有，人有创造力，机器人没有。很多人都是基于他自己的立场看问题，如果你放宽视野，我们的人工智能发展才70多年，我们人类文明有多少年？从最远古的物种演化到现在，有几百万年甚至上亿年才到人类文明现在这个状态，机器人的发展才几十年，你怎么要求它能够达到悠久历史所产生的人类文明的水平呢？所谓的几千年的人类文明、文化的演化，还有每一个个体的几十年的发展，才使得我们各位能够坐在这个地方聊天，聊哲学问题、社会问题。那你想一想，如果你希望机器人的智能像人一样，它也应该有这样一个演化阶段，它也要接受一个最根本的比如说基础算法的改进，要有一个社会习得、个体禀赋习得的过程。这三个阶段机器人都得需要很长的时间去适应。所以在当下这个时间段，很多人说奇点不会来，人工智能根本上不会超越人类，或者说机器人跟人不一样，我觉得不能下这样的断语，至少我觉得心态要开放。这是我想谈的第一点，我们对奇点应该保持一个开放乐观的心态。

因此讲我们人类怎么应对的问题，我觉得我们现在是怎么应对的，以后可能不会差太远，而且我们现在也很难假设 100 年后去怎么应对，包括我们国家 30 年前怎么应对的，30 年前应对的方式跟现在完全不一样，那还只是人类文明的方式。机器文明出现之后确实会发生很多变化，所以我认为奇点不是人类文明的末日，它有可能会塑造一种新型的人类。我们现在经常讲的人工智能很多是专家系统，有一天真的有可能把这些专家系统都整合到某一个人身上，而且根据这个人的禀赋去整合，比如有的人可能喜欢下棋，他就愿意把下棋的这一部分整合到自己身上；有的人喜欢长跑或旅行，那么他可能在他的生理机制上求改变，这样他可以走很远的路，看到很多风景。我相信这根本上还取决于人的主观意愿，那他就可以把现在的各种专家，按照自己的喜好去整合。因此，那个时候也不是说我们最后就变成了一个超人，每个人都是超人也不现实，因为我们毕竟有一个生物演化、文化演化的过程，每个人是生出来的，每个人生性不一样的，不大可能通过这样一种方式，最后达到所有人都一样的结果。因此，最终那个世界也不是同质化的社会，还是有各种各样个性的发展。现在，比如你想学下象棋，就报象棋培训班，你想练武术，就报武术培训班。但是在未来，可能就不是报武术培训班去习武，很可能是直接给你植入一些东西，让你在这方面变得比较有特点。他不大可能在所有方面都能全面发展。最后还是会形成很多差异，形成一个差异化社会。

一乘：人工智能算法的发展给我们带来很多便利，同时也在支配着我们的行为，外卖小哥被算法支配，刷新闻刷小视频消磨时间也被算法支配，《未来简史》中讲到"生物也是算法"，对此您怎么看？

梅剑华：我是这么看的，我们现在不是讲自动驾驶吗，就从这里开始讲吧。很多人包括哲学家说，我们要给自动驾驶设计一套算法，不仅是算法，还要有一套规则，它面对某个情况该怎么做。包括我们讲的"电车难题"，关键时刻要救人的时候，你要救一个人还是救五个人，或者杀一个人还是杀五个人？这样的难题现在从人类转移到机器上去了，要如何给机器设计？如果这个事情解决不了，自动驾驶早晚会出问题。

我们为什么要给机器这么多负担呢？人类都解决不了的问题，凭什么要让机器去解决？很多人完全没有意识到这个问题。实际上，人类在面对这种处境的时候都是有对策的，所以我现在认可一种平庸伦理，或者叫平庸机器人伦理，我们不要设定一个依靠康德主义规则来行事的机器人,也不要设置一个依靠儒家德性来行事的机器人,而是通过大量真实的人所做的道德选择、大量的数据分析来引导它。我们给机器人输入数据,让它像人一样反应,可能有时候反应对,有时候反应错,它只要达到我们人类道德行为的平均水平就可以了。至于说所考虑的极端条件,其实有人提出过解决方案。中国科学技术大学的陈小平老师,就提出了开放系统和封闭系统。自动驾驶会面临很多问题,可是如果我们给自动驾驶一个封闭系统,这些问题你都不会遇到。比如说我们现在把所有公路全部封闭起来,或者说我们造一条快速路,这完全可以,只是说现实上可能哪个城市不能做、哪个城市能做的实际问题,可是你要做,理论上是没有问题的。最后全封闭,那当然就是在轨道上运行,就跟我们现在的有轨电车一样,你可以把很多我们现在面临的问题,预先给规避掉。

从这个意义上说,我认为不要再让机器人去面对伦理问题,我们需要的是让机器人变得更强,跑得更快、更稳定,这个方面我觉得是可以的,至于伦理方面,可以用其他方式消解。

说到这个地方,我说一下平台问题。我认为,现在互联网有个大的转变,从以前的内容提供商变成平台,十年前我们在互联网上面可以学到知识、获得思想、相互交流,大概从 1990 年代末期到 2010 年左右,互联网是很多年轻人学习的平台。可是现在很多大的门户网站已经失去用户了,它的新闻很多人都不看。现在用户最多的就是各种各样的平台,包括滴滴、当当、京东、美团、淘宝等打车、叫外卖、购物的交易平台,给我们提供了很多生活便利。而知识、思想的传播,可能更多地依赖于微信、B 站甚至很多新媒体。新媒体提供了新的传播渠道，而传统的网络通道已经不够用了，这就变成了一个所谓的技术平台。

所以很多人会把这种技术平台解读为纯粹技术的，因此认为算法有偏见，就是所谓的"外卖小哥被困在算法里"。外卖小哥不是被困在算法里。其实我觉得在这点上马克思是对的，人是被压迫的，是有这么一批人，有意设计这样一个系统，不断地榨取劳动者的利益。我一直反对把平台纯粹地解读为技术平台，平台算法包括设计平台的人、制定政策的人，有很多角色在里面。前不久，我跟一个做人工智能技术的朋友交流，我发现双方对平台的理解是不一样的。当很多听众提问的时候，批评平台的意思跟我是一样的，但他说平台你不能批评，平台就是个技术，你不能指责技术，可是我觉得这个平台从一开始设立，这里面不仅是技术，因此你不能单纯地去批评这个平台。当然你去批评平台，你找平台设计者的时候，他也会给你倒苦水，他会讲很多其他问题，认为这里的税收太高，还有盈利问题、生存问题，如果没有这个平台，可能你们更不便利等，与其说是要解决技术问题，倒不如说是解决相关的很多其他问题。

赵汀阳老师有一个很著名的说法：一个或所有问题。哲学问题的特征是，当你抓住一个问题去研究的时候，发现它跟其他问题都连着。其实我们的现实问题也一样，你抓到平台的那种所谓被困在算法里面的问题，你会发现有很多问题是连着的。比如说为什么有人会当外卖小哥？因为他以前在农村里的收入不高，他到这个地方虽然被歧视，可是他还是比以前的收入有提高，所以现在才有所谓的乡村振兴嘛。他如果不在这个地方，那得有一个出口，平台也得有竞争性平台，如果只有一家，最后就会逐渐地形成一种垄断。对于这种所谓的被困在算法里面的问题，各个领域的专家可能会有不同的解。实际上我们的问题所能产生的东西，应该比美国等其他各个国家的都要强，比如说滴滴最开始来自 Uber，可是在美国用这样一个代步租车工具的人是非常少的，他们的出行方式非常单一。所以如果我们以前讲技术哲学，那么从技术里面所得到的哲学应该是非常简单的，因为它的技术及产生的问题都很简单。

可是在中国这个广阔的土地上面，产生了那么多复杂的问题，南部跟北部、沿海和内地、城乡接合部的问题等，滴滴所带来的问题等所有的问题都在里面。可以有很广阔的空间，包括很多人认为对中国经济奇迹的解释都可以让很多人拿诺奖，因为它不是完全在西方那样的环境下得到的结果，那么相应的解释就不能完全照搬那个模式。

所以现在我们会看到很多讲这种算法偏见的，其实最早是国外在讲，可是真正我觉得土壤是中国人自己的土壤，我们确实面临很多问题。有一次我用青菜拼车软件，有一位母亲带着孩子跟我一块拼的车，我上车之后发现，司机、我以及这位母亲对拼车的看法差异很大。司机和我吐槽青菜拼车只按里程计价，不管上多少人，司机只拿到这个里程数的钱，因此他感到不公平。可是对于这位母亲来说，重要的是这个时间点要带孩子去动物园，只要能打到车，她就觉得很方便。你发现，每个人看法不一样，一个可能对某些人来说不够好的事情，对另外一些人来说却很好。这里面产生的问题，是你学到的一些理论不能覆盖的东西，包括美团外卖、快递小哥等很多问题，可能我觉得中国的土壤才能产生这样的问题。

从根本意义上来说，我不认为是被算法所支配了，我们现在批评技术，有一句很有名的话叫"枪不杀人，人才杀人"。当你觉得有人受到剥削的时候，他一定不是被技术剥削的，而是被另外一拨人剥削的。从这个意义来说，我们不应该去批评技术。当然，技术具有两面性，它可以为善可以为恶，到底它为善还是为恶，是跟人有关系的，只有整个社会结构发生变化了，这样一群人不再被迫进入这个行业，那么自然这个问题就会消解掉。所以算法偏见的问题，有一个局部解，也有一个整体解。局部解就可以做很多理论分析，用很多数据去讨论、推进。那么整体解就跟整体的社会结构、社会进程连在一起，就不单纯是一个技术问题了。

马克思讲无产阶级、资产阶级的问题，可能到了现在这个时代，这种单纯的二分结构是没有了，代替它的是一种各种阶级会互相压迫的情况。很多人认为高校教师职业很光鲜，可他们也是一个会被社会所压迫的群体，也会出现极端事件。所谓的外卖小哥，当他回到农村的时候，也是会有自己的价值，他虽然在（外卖）这个领域被压迫了，但出来之后还有自己的地位。我们的社会形态很复杂，它造成了一种很复杂的网络，有城乡的对立，有正式工作和非正式工作的对立，也有穷和富的对立，甚至有时候有产者也可能被一部分无产者所制约，这些各种各样的对立形成了一个复杂的社会体系，不再能够用单一的无产和有产来解释。

马克思意识到这个问题，技术层面就是会有一批人动用技术去压迫另一批人，基于其个人所在的阶层和利益考虑，他们必须通过这种方式来对待他人。为什么绝大部分诺奖都颁给了其他国家？比如美国芝加哥大学有 70 多个诺奖得主，欧洲也有很多，而中国产生的很少。中国有很多劳动密集型产业，这跟我们的社会结构、文化观念有关，很多人在赚取利润的时候，不太依靠技术，更多依靠的是压迫。其他国家的很多创新靠的是知识。2000 年左右，人们都在热议知识创新论，认为通过知识能够赚到钱，为人类谋福利，有这种制度能真正保障这么一批有奇思怪想的人，通过发明创造某种东西为自己带来利益。而我们现在获取利益，更多的是依靠交易平台的革新。我们在交易平台和支付手段方面的创新走在了世界前列，比欧美发达国家做得都好，可是我们真正最原创的产品还很不够。这才是一个更大的问题。

如果我们的社会结构能够真正保障那些有创造力的人，他未必是科学家、发明家，他创造的东西能够真正为其自身带来利益，那么就不会出现那些最聪明的人依靠平台压榨获取利益的情况。平台压榨本质上跟上世纪 80 年代倒买倒卖没什么区别，从东边进一批货运到西边，赚个价格差。以前打的是地区差，现在可能打时间差，把钱支付到平台之后，产品交付给用户。而真正建立一种保障制度来保障知识创新，我觉得现在是个关口。最近两三年中美关系发生急剧变化，你会发现我们需要自主的产权，我们在很多方面其实都很依赖整个世界体系。没有自主产权肯定不行，自主带来的不仅是国力的增强，在某种意义上也消除了压迫，如果我们始终是世界工厂，工厂里面就会有包工头。如果我们自己能够有一些更好的发明、更好的技术，我们就可以往外输出，那就不一样了，整个社会结构也会变得更宽松，也不会造成所谓的压迫。所谓的算法很多来自国外，我们只是在改进，并没有发明出点东西。

技术问题的解决需要方方面面的改革。我们现在也需要重回经典，很多人觉得从小学了很多马克思理论，其实也未必理解这个东西，你能看到这个时代各种阶层之间的矛盾很大，为什么有段时间新闻上会爆这些事情？它也需要一个突破口。我们现在这个国家，那些最有流量的全是明星，当然西方也有，可是西方的科学家、艺术家、作家等，至少不会像我们这个国家一样那么不太受重视，我觉得这可能是一个很根本的问题。

一乘： 对坚信人类是被"设计"出来的人来说，达尔文的进化论有太多目前无法解释的问题，比方说物种大爆发和进化的断层。您怎么评价进化论？

梅剑华： "设计论"实际上是宗教的一套说法。这套说法有个好处，什么都可以解释，什么都是源自上帝，什么都解释了。可是从另外一个意义上说，它什么都没解释。演化论算是一种科学理论，自然会遇到一些反例和缺陷。

如何解释人类的起源、演化，这是一个非常根本的问题，我们现在的科学有三个根本的问题：宇宙如何起源？生命如何起源？意识如何起源？这三个问题到现在都没有特别明确的答案，只有一些猜测。尤其涉及演化的部分，不同于通常的物理学，因为通常的物理学是可以验证的，在实验室可以不断重复实验，化学也是可以的，很多东西可以验证。人类文明是带时间的、历史的。演化论也好，宇宙起源的理论也好，都具有半科学、半哲学的性质，很多东西只能根据现代科学原则去猜测，但是不能在实验室重复它，以至于只能接近于猜测，但这种猜测依然可能是目前为止最好的，我们有且只有一个演化论。

有一些科学家，比如中科院的武项平老师，他是做天体物理研究的。他们在实验室里可以模拟整个宇宙演化，很多具体的节点都能模拟出来。可是他们也不能完全模拟，模拟的只是宇宙的演化，无法模拟生物的演化。生物的演化是个大问题，包括人工智能、生物性也是关键问题，生物性问题方面，他们设想在制造机器人的时候，如果制造的机器人是硅基的，而不是碳基的，会带来什么样的问题。很多人认为，智能和意识必须有生物性特征。这就是一个真正的关节点。所以很多人批评说奇点不会到来，认为未来的人工智能不会超越人类智能，关键是说人类是演化过来的，我们有生物性，可以新陈代谢自我维持，可以繁殖，这样的生物机制是机器人没有的。这是现在反驳的主流。

这样的立场我觉得也是有问题的，如果认为生物性对人工智能构成了一个障碍，我认为这立场有问题，未来的科学发展很可能会挑战这个前提。当然，我并没有说就一定不需要它，未来的人类文明发展也许需要生物机制，也许不需要。这个问题其实就是哲学和科学的界限问题，哲学家不能够独断下结论说，因为 AI 缺乏生物机制，所以没有意识。

如果去看看那些神经科学家的著作，会发现神经科学家也是有两派的：一派是支持生物性的，认为生物性能克服难题，一旦克服了它，就有了超级智能。另一派认为不需要生物性，只要通过模拟就可以。从这个意义来说，21 世纪是脑的世纪，脑的最重要特征是它的生物性特征。生物学的发展、生命科学的发展是我们很长时间都需要关注的。遗憾的是，我们不大可能像物理学家一样对人类文明、生命起源有一个绝对正确的解释。随着证据的不断添加，我们会给出一些更好的解释。但是现在面临的这种所谓演化论断层，生物学上讲的一个概念叫"突现/涌现"，很难用科学去解释，但它就在人类文明中出现了。这也是很神奇的地方，很多人诉诸宗教，很多科学家也会特别关注宗教，因为在科学里面寻不到这个解。

一乘：最近杨振宁先生在一次接受采访时说，自己相信造物者的存在，"因为整个世界的结构不是偶然的"。很多人看了都说，他终于和牛顿、爱因斯坦会合了。

梅剑华：杨振宁先生我是很佩服的，他的物理学修养和一般思想修养都很高。当他这么讲的时候，我觉得他跟我们常人理解的不太一样。我们讲市场有一只无形的手，这只手绝对不是上帝，就像我们说这个宇宙背后可能有一只无形的手，或者说它背后一定有一个设计者。

这个问题从古代到现代一直有人思考，最典型的像斯宾诺莎。在他的《伦理学》中，"上帝"是一个最核心最基本的概念，但是斯宾诺莎所说的上帝，不是我们所理解的人格神，它是一种自然神或者说就是自然。他认为神即自然，所以现在对斯宾诺莎的一个有争议的读解是，斯宾诺莎所认为的上帝就是自然律。这个世界是有规律的，这可以呼应杨振宁先生的说法：自然有一个造物者。

人类研究世界，能发现没有规律的东西吗？世界混沌不清，如果想要发现没有规律的东西，对我们又有什么意义？我们只能发现有规律的东西，我们越发现有规律的东西，就发现世界越有规律，所以从这个意义上来说，世界上有没有无形的手，是跟人类认知有关系的。越是大科学家，越来越认识到世界中带有更多的规律。当然，他们不会诉诸人格神，他们会说背后好像有人设计，叫合目的性，只有这样，这个世界才是可理解的。人工智能有个角度也这么讲，我们只能通过人类的智能去理解机器智能，如果我们要放弃人类的智能，去找寻一种新的智能，你就根本不知道什么叫智能，我们总是从现在能够知道的东西出发，去推理、思考、想象，然后去想机器人怎么想，然后再进一步突破，这是根据我们人类来的。

爱因斯坦为什么不相信量子力学？他有一句很有名的话："上帝不掷骰子。"他认为宇宙中间是有确定性的规律的，这句话可以解读出几种含义：宗教徒会读解成上帝，科学家会读解成自然有内在的必然性规律，形而上学家会读解成世界本身是有秩序的。可以有各种读解，重要的是我们怎么看待科学家对世界的判断。科学家的言论要分两个部分：一部分是他的科学理论，这个不容外行人置喙；另一部分是通过他的专业延伸去谈一些关于世界上的东西，有的是谈得比较好的，有的是谈得比较差的。可能西方科学家谈得更好一些，我们的科学家谈得稍微差一点。道理其实很简单，这和中国的教育体系缺乏哲学教育有关。像爱因斯坦，读过康德，也读过很多哲学著作，甚至他的一些想法很多都跟哲学有很深的联系。可是我们中国人的科学训练一开始是解题式的，解题式的东西很难带来真正的思想方式的变革。这是中西方一个很大的差异。

一乘：朱清时说："科学家千辛万苦爬到山顶时，佛学大师已经在此等候多时了！"他显然比绝大多数人更具有科学素养。您怎么看待他关于"真气"的实践？有人说科学的尽头是神学，您如何看待科学与宗教的关系？

梅剑华：这里面涉及的问题很多，你提到他比很多人更有科学素养，他是大科学家毫无疑问。一个大科学家有没有一般的理论素养，是要打个问号的。我看到很多人，只会通过科学思维方式去看待世界的一切，可是我们这个世界里面有很多跟科学不同的东西，尤其要谨慎。经济学家在谈论经济领域的时候都会出错，更别提跨圈了。科学家可能在发现理论、现象方面有非常深的洞察力，常人望尘莫及，但是他从这些现象得到关于世界的一般观念，比如通过量子不确定得到关于世界是不确定的这样一个跳跃思想，说明他只是拥有常人思维，而不是科学家思维或者哲学家思维，这是第一点。

第二点，我同意他有些话是对的，比如说科学家爬到山顶会碰到佛教徒，现在的心理学研究包括认知神经科学研究，很多都会吸收佛教的资源。现在常规的心理学研究，研究常人的大脑，通过做实验、调查问卷或者导电实验查看你的心理活动，可是佛教里面有一批人会冥想，这种冥想会产生独特的脑电波，这是以前很多心理学家根本不知道的，而且佛教包括印度教传统里面讨论的各种各样的心理现象，实际上给心理学提供了一种思路和材料。比如现在的纽约，你会看到很多僧人会跟神经科学家合作，无论是跟他们讨论心理学问题，还是测他们的脑电波。从这个意义上来说，很多科学家会看到 2000 年前佛学的很多论述具有真理性。但是，这个真理性只有对这些科学家来说才具有真理性，因为他有了一个怎么去认识脑、认识心理这样一个标准，他会把这些论断整合在自己的科学理论里面。很多人说，佛教徒说得很对，宗教说得很对，是因为有上帝。可是科学家跟佛教徒的思维还是不一样，这涉及我们怎么看待很多论断的问题。很多论断都是对的，但是我们要看到论断和得到论断的理由之间的关系必须匹配。黑格尔说过一句话：同一句话，一个小孩说跟一个老人说意义是不一样的。比如说"我很幸福"，一个3岁的小孩说"我很幸福"，和一个临终之际的老人说"我很幸福"，当然不一样。因为老人经过了一生的体验，他说这句话有重量，这是他一生的经历支撑的。就像科学家会说，佛学的很多说法很对，他说很对的时候是跟他整个对认识世界的一些理论、标准、实验相匹配的，因此他说这个话是没有问题的。可是这个话如果不经过恰当的解释，广泛传播往往会造成误解。很多人科学常识都没有，他可能会以科学家的一些论断来证明宗教是对的，佛教是对的，存在上帝，这是一个很大的误区。

王东岳先生写《物演通论》，他读了很多哲学、科学方面的书，做出了很多宏大的判断，很多结论不能说不对，都是古今圣贤大哲的话，只是他的前提和结论之间的联系有待考察。如果从一个做哲学的人的角度来看，需要谨慎考虑前提和结论的关系。我们关注的不仅仅是结论，而是这个结论的理由，不能停留在口号上，要看这句话背后的逻辑。

为什么很多大科学家会相信宗教？比如晚年牛顿、爱因斯坦等，而且很多科学家有宗教信仰。这里面要分开说：一方面，他们有这个宗教传统，整个基督教对西方文明影响很大。另一方面，我们现在也会遇到很多科学解决不了的问题。我们现在可能陷入了一个科学主义误区，很多人认为科学可以解释一切，但很多东西都不在科学领域里。尽管我们可以用科学的方式解释道德，可是我们还不得不说，像道德、美、价值、善这些东西，它们不完全在科学领域内，它们是一个独特的领域。所以著名哲学家普特南在哈佛大学开了一门课，叫"非科学知识"。

包括我们现在讨论的中医也是一样，说中医是科学和中医不是科学，在科学空间里面思考肯定是有问题的，因为它绝对不是我们所理解的科学，当然它也不是我们所说的伪科学。它是另外一种形态，你需要去重新建立一个视角去思考它。我们要区分科学、伪科学和非科学之间的关系。

从这个意义来说，古今中外宗教各个流派里的一些基本立场和思路，确实为很多科学家所借鉴，这种借鉴只有放在科学理论里面才有价值，放在原有的理论里面，它的真理性就不强。很多人追求科学是有一种情怀的，一种追求人类文明的情怀。科学家可能会有些宗教情怀，因此宗教和科学的关系很复杂，这里面有很多课题可以展开讲。社科院世界宗教研究所每年会讲宗教与哲学的问题。我自己做的心灵哲学方面的研究，里面有一个基本点是反对有灵魂、有神迹的东西，我比较接受物理主义，世界都是物质的，那就没有这些神秘的东西。很多人会说自己有证据，有体验，但是缺乏科学验证的标准。

一乘：有人说，中国一些高科技企业只关心游戏，关心金融，关心菜篮子，和小商小贩抢饭吃；西方的高科技企业家有理想、有情怀、有追求，探索太空、探索未知、探索未来。您怎么看？您怎么评价马斯克？

梅剑华：这也是一簇问题，不是一个问题。中国的高科技企业关心游戏、金融、菜篮子很多人讲中国人比较注重实用、注重利益、注重眼前，而西方人比较重视创新。这个说法也不一定对。如果你放宽历史的视野，我们刚刚实现温饱小康，以前还在争取温饱。人类文明发展是分阶段的。这一点上我也相信马克思讲的物质文明和精神文明要匹配的说法，我们现在刚刚到了全民小康的生活状态，与之相匹配的生意跟经济结构相关。因为科技创新是跟人类文明、跟未来有关系的，短期看不到效果。现在你有更急的事情要做，创新的这些事情可能就放下了。我们现在也意识到做科技创新需要很多基础。

拿疫情做类比，疫情一开始的时候，很多人对中国和世界疫情的发展有很多判断，这些判断在一年之后都不一定成立了。中国人的生存境况跟西方人不一样，比如西方人开个餐馆，钱是从银行借的，他不会找朋友借钱，一旦餐馆开不下去，银行还不上债，他就垮了。西方人觉得戴不戴口罩，是跟他的自由和个体权利有关系。可是中国人开个餐馆是找朋友借的钱，还可以找亲戚、兄弟姐妹等，还钱可以拖一拖。中国的结构是家族式结构，有亲戚有同乡有同学有朋友，是一个粘附性很强的结构。大洪水在古代西方是令人生畏的，中国人面对洪水则会想办法治水，如大禹治水，这跟我们的民族性有关。中国人能顺应环境的变化，在面对危机的时候，能很好地生存下来。包括这次疫情，很多中国人、中国企业如果放在西方肯定早就完了，可是在中国没有，大家每个人互相接济一点，损失一点，生活标准降低一点，勉强都能过。

这种民族性所带来的另一方面影响就是创新性不足，眼光不够长远。我们始终面对的问题正如古人所说：修身齐家治国平天下。我们需要面对家族的问题、国家的问题。可是在西方，很多人都是立足个体层面来思考，思考人类文明的问题，这种思考能够帮助西方人在一些看起来很不切实际的问题上去用功。而且西方的社会制度也提供了很好的空间，这个制度不是现在的发明，也存在好几百年了。

我们的传统社会有科举取士的制度，不是以科技发明为主导。北宋的时候，王安石变法，其中关于科举考试，王安石和苏轼有个争论。苏轼坚持要考四书五经、传统诗赋，认为这能够反映一个士大夫的修养和人格。王安石希望能考些经义、策论。到底是诗赋取士还是经义取士，王安石变法是有道理的。后来变法也没有成功，科举制一直延续到清末，考的东西都不是实学。我们中国人真正接触数理化不到100年。在这个意义上来说，我觉得也要有点乐观精神，就像我对人工智能的观点一样，不能把只发展了70年的人工智能，跟发展了上亿年的人类文明来比。同样的，不能把刚刚只学了不到100年数理化的中国的发展，跟从古希腊以来开始追求真理、追求科学2000多年的其他国家相比。严格来说，我们的科技也就发展了一二百年，可以说我们现在处于科技发展的初级阶段。

其实，我们现在还停留在跟小商小贩争生意的阶段，但是我相信经过一段时间，肯定会发生改变，而且这两年已经有了很大改变。中国有14亿多人，各个方面非常有潜力，只要有足够的空间、时间，肯定会发展出来。我们要看面对什么事情，如果面对大灾难，中国人就比较强，可是面对科技我们就比较弱。

一方面，我们需要各种改进，需要各个方面的努力；另一方面，我们也得承认需要与世界合作。我们可以通过新的方式去培养人，像丘成桐先生回到清华，要培养数学人才，像杨振宁先生等，很多人回来要培养人才，慢慢地这些人才也会变得有能力、有情怀。

中科院去年成立哲学研究所，人们慢慢发现科学和哲学是要结合的。我特别要强调一下，中国人的思维要发展，可能哲学是很重要的一个要素。这里面我们经常会碰到很多科学家，凡是能够想得比较深或者眼光深远的人，都读过哲学。北大引进了华人世界最顶尖的计算机视觉专家朱松纯老师，他对人工智能的判断，背后有一些哲学思考。他觉得人工智能现在是大数据，数据是很多的，而任务是很小的，即专家系统，用一堆数据解决一个事情。他认为人类不是这样，人所需要的数据是小的，但是人可以通过小数据做很复杂的任务，比如因果推断能力，很多常识推理能力是人类思维的核心。他比较关心这个，因此他做的所谓人工智能研究就很有哲学洞见。但是国内很多做人工智能的人，就只是在做算法，而不会在这个层面上思考问题。当然这也是风格不同。

朱松纯回到北大之后会找楼宇烈先生、王博老师去讨论。我当时在想，不应该找科学哲学、外国哲学的学者去交流吗？一开始有点疑惑，后来我想明白了。人工智能背后的哲学思维和科学思维是不分的，他具有这种科学－哲学素养，恰恰需要找他所缺失的东西，例如东方的道家、佛教资源。这就是为什么很多人会说科学家喜欢找佛教徒这种看起来跟他好像极不相关的学者交流。对于科学家来说，他自己已经不缺科学－哲学的基本资源，他需要不断用新的资源去激活自己。这里面我觉得有个大的问题是，科学家跟艺术家一样，他要发现这个东西，除了他自己的储备之外，可以用任何办法，只要能得到想要的结果，然后再用其他方法去证明它。那么要得到这个结果，他可能会受到各种各样不同资源的激活。就像艺术家一样，他甚至可能通过喝酒或者其他方式，只要最后能够呈现出这个东西，在他得到结论的时候，不一定是一步一步来的。比如发现苯环的凯库勒，做梦梦见了苯环的结构。等他得到结果后，他就跟一般人不一样，他得从结果找原因，把前提跟结果连在一起，只是他可能会通过直觉想到一些很漂亮的结论，然后再把它们连起来。

这些科学家包括艺术家要得到最终作品，得到所需要的结论的时候，需要被不同的资源激活，但是他要证明这个结论是对的，就得跟推理、证明、实验结合才能做到。经常会出现一个现象，很多科学家比如爱因斯坦，跟做量子力学的人可能没法交流，但有可能跟一个佛教徒很容易交流，那是因为他们在结论上有些东西有类似之处，这就是为什么现在跨界对话很流行的原因，其实很多能够探索未来的科学家都是很开放的。

很多国家会出现各种各样的教派、思想团体，非常怪，很多人愿意接触，接触之后会产生各种不同的思想形态，这对科学来说本身是有帮助的，科学本身也是一个需要被不断激活的东西。我们中国人写诗歌、纪实小说、历史小说，科幻的成分很少，我们爱看历史剧、纪实小说，而很少接触科幻、幻想作品。如果能在科幻、幻想方面更多地做一些研究、推广和培育，那肯定对我们是有好处的。

一乘：《三体》给您的最大感受是什么？您怎么描述三维以上空间？

梅剑华：我没有看过《三体》，但我很看好中国的科幻小说发展，尤其像刘慈欣的小说写得很好。这可能跟我个人的兴趣有关系，因为我觉得一个真正的科幻，是它的科幻形态，会最终造成我们对人类文明本身伦理的反思。在刘慈欣的小说里面，我看不到这种反思。你会发现它好像是另外一种金庸小说，你在金庸小说里面看到的东西，是我们现实生活中都有的，和我们的伦理生活是一样的，只是那些人武功很高强而已。就像科幻小说里面有很多科技，可是它基本的伦理观念、生活观念和现实是一致的，所以很多人爱读，读得懂。但是我觉得它应该是另外一种情况，我希望的那种科幻或者幻想小说是能够通过各种各样的想象，从根本上颠覆我们对生活的基本看法，提供另外一种可能的想象的空间。曾经有个朋友，他想象过，比如我们现在的这种繁殖方式发生改变，我们现在是一夫一妻制，一个精子跟卵子的结合才能生育一个孩子，可是如果说我们的生物机制在另外一个世界里面，变成了永远是五个男性和五个女性群体的结合才能生一个孩子的话，那伦理观念就完全变了。又或者假定在那个世界，我们的生物机制只让我们活到30岁，可能现在我们所有的制度都要发生改变。

在古代，人为什么那么早结婚？十六七岁很早就得结婚，结婚也好，生育也好，这是人生产的一部分，古人很早就进入养儿育女的阶段。他们得把这种文明传承下去，所以很早结婚。现在为什么很多人单身？是因为这个社会的工业发展之后，不需要你很早地从事劳动生产,维持家庭。这其实是技术本身对文明造成的一种改变。

我自己没有怎么看科幻小说,现实已经够魔幻了,我们很多技术的发明造成了很多现象发生,包括代孕、基因编辑等很多现实的问题,这些东西应该得到更充分的关注。

哲学和科学的交汇[①]

1. 首先想请您谈谈，今年您投入精力最大的事是什么？您为什么想去推动这件事？

这一年我主要致力于跨学科合作交流：组织策划出版《认知科学》跨学科学术期刊；在刘晓力教授主持的中国人民大学哲学与认知科学平台担任研究员，开展跨学科系列学术论坛；为计算机科学家朱迪亚·珀尔的《为什么：关于因果关系的新科学》和认知科学家侯世达的《我是个怪圈》撰写书评并推介；策划筹办人工智能跨学科会议、屈原哲学与文化高峰论坛等。我在更小的范围内组织参与了不拘一格的跨学科交流，例如经济学与哲学、心理学与哲学、艺术与哲学等交流。我的想法是在哲学学科内部推动不同类型哲学之间的互动，在更大范围内推动哲学与科学、人文学科之间的互动，进一步推动哲学反思与社会实践的互动。

哲学交流是一种系统性反思活动。学院体制下，哲学有自己的确

[①] 本次访谈的文字原载于《信睿周报》2019 年第 16 期。

定主题：哲学传统中经典文本的理解阐释、当代哲学中专业问题的论证分析以及二者的融合，诸如此类。但语言哲学与语言学、心智哲学与心理学、伦理学和道德心理学、科学哲学与科学技术都有密切联系。哲学和其他学科存在广泛的交汇，哲学并不代替其他学科，而是去反思其他学科本身不太考虑的"它们的"问题，在这个意义上哲学没有严格意义上的主题。如维特根斯坦所主张的：哲学并非事质研究，而是概念研究。

哲学和科学的交汇是当代最重要的交汇：人工智能、生物技术的发展召唤我们重新理解、认识、评估我们自己。哲学能带来沟通学科、促成对话的思考，促成哲学和科学尤其是认知科学之间的对话是我愿意去推动的一件事情。

2. 您认为 2019 年在您的专业领域最重要的人物 / 事件 / 趋势有哪些？

基于人类实践生活的哲学反思越来越受到重视。这种哲学与和现实关联密切的伦理学及政治哲学有所不同，也与分析风格的语言哲学和心灵哲学有距离，介乎二者之间又涵括二者，使其讨论的空间变得相当广阔。这不是心灵上二元论和物理主义之争，也不是政治上的自由主义和保守主义之争，而是基于人类行动所带来的相关问题如意图、因果、目的、愧疚、想象等的系统深入的理解。当我们面对心灵现象、政治抉择这些根本问题而茫然失措时，从人的行动看心灵在世界之中的位置，追求对人类实践行动的贯通理解也许是一个新的出路。

陈嘉映先生在山西大学"语言与哲学"系列演讲和在杭州中国美

院的"象与表征"演讲,就昭示了这一新路的可能性。多年来他致力走出当代主流哲学传统,质疑语言与世界的表征论,从概念考察入手,注重有感之知,这种思路逐渐为国内思想界认同。在这个共同背景下,复旦大学出版了实用主义(包括匹兹堡学派)的系列研究丛书,北京大学、中国人民大学、北京师范大学开设了安斯康姆《意图》研究课程和读书班。北京师范大学组织召开的"规范性之谜"会议以及维特根斯坦学术工作坊等也交相呼应,涓涓细流,汇成江河。

3. 您认为 2019 年在您的专业领域被忽视了的人物 / 事件 / 趋势是什么?

形而上学探究基本被忽视了,虽然武汉大学苏德超教授常年开设"形而上学"通识课程。但在学院里,形而上学作为哲学最为核心的部分几乎被完全遗忘了,只有极少数的学者在从事关于时间、存在、同一性、个体化、真理、虚构的研究。希望有越来越多的学人关注哲学的这一基础论域。

4. 请您谈谈明年的研究计划,会特别关注哪些方向?

在跨学科交叉和介入现实生活的基本背景之下继续研究心灵哲学中的问题:意识问题、因果推断、实验哲学等。重操旧业回归中国传统:搜集整理研究唐祭仪式、重新理解新儒家与科学的关系、释读儒家经典著作等。我更想做的是让哲学以某种方式介入现实生活,但这个我暂时还不想说。

5.最后,请您推荐一本您今年读到的、让您感到眼前一亮的书。

除了赵汀阳先生的《历史 山水 渔樵》,我还想推荐吴飞先生的《〈三体〉的哲学解读》。

作为隐喻意义上的哲学之书,我认为孙周兴先生建立的"本有哲学研究院"和徐敏先生的"喻家山哲学小屋"都很有新意。他们把哲学带到了更为广阔的精神世界之中,让哲学恰如其分地介入了现实生活,给学院哲学注入了活泼刚健的生命动力。

哲学家也做实验？[①]

《心理新青年》：梅老师好，首先特别感谢您在百忙之中接受我们的专访。我们比较好奇您的人生经历和故事。能不能谈一谈您在选专业和领域的时候，为何入门哲学？当初为何选择成为一名哲学研究员？

梅剑华：一开始，我并没有选择做哲学。我高中读的是理科，本科学的是化学，硕士学的是中国哲学，到了博士才学分析哲学、语言哲学、心智哲学。

我的外祖父受过私塾教育，家里有《论语》《孟子》《唐诗三百首》等藏书，受时代影响，也有《毛泽东选集》《蒋介石生平》《鲁迅杂文选读》等读物，这些书大概初中时期读到。高中就读秭归一中，我曾在一中的杜镇远图书馆借读了大量的文史书籍，县城里的求索书店也出售一些非常有品质的书籍，大量的文史阅读构成我早期的精神底色。

[①] 这次访谈的文字于2021年7月21日发表于"心理新青年"公众号，感谢中国人民大学胡潇蒙老师策划此次访谈。

这一时期我读了《湘行散纪》、《史记》、五四文学、知青文学等。上世纪90年代末期，传统文化复兴，西学大量普及，我有机会读到偏思想类书籍，比如《胡适文选》、《梁漱溟文选》、王元化的《思辨随笔》等。这些书慢慢地引导我去阅读中国思想史和中国哲学史。

大学时期我的专业是化学，我可能很早就意识到自己不会去从事化学行业，肯定会做别的事情。可是一个人在十八九岁的时候，也不知道未来会做什么，就是想读一些觉得有意思的书。一次上"毛泽东思想概论"课时，任课老师说，要了解青年毛泽东，可以看看李泽厚。于是我就借了李泽厚的《中国现代思想史论》，一看就非常喜欢。之后，我把他所有的书都看完了。李泽厚先生的论述题材极其广泛，包括马克思、康德、儒家、美学等。从他那里，我知道该去读康德、儒家思想，然后慢慢地找到20世纪90年代末期一些学者出版的书。我当时看过邓晓芒、刘小枫、赵汀阳、陈嘉映等老师的著述，又从陈老师的书开始了解维特根斯坦。

我的硕士导师是白奚教授，道家研究的知名学者。2004年我到了首师大哲学系，从读硕士到毕业工作，再到2019年离开，我在首师大待了15年。来到首师大是非常偶然的事情，结果却成了我人生中很重要的一段经历。

到了北京之后，我对自己的要求就比较明确了。虽然在读中国哲学的硕士，可是我在北大旁听了很多课，包括分析哲学、语言哲学、心灵哲学、维特根斯坦研究、知识论、形而上学等。当然我也听中国哲学课，如庞朴先生讲"先秦哲学与文化"，叶秀山先生讲"哲学导论"，这些讲稿先后都出版了。那时我的兴趣已经从中国哲学逐渐转向了西方哲学。后来我去北大读博士，导师是韩林合教授。很多人说我本科是学化学的，然后硕士学中国哲学，博士学西方哲学，跳跃蛮大的。可是对我来说，好像没什么跳跃。哪怕我在高中读理科，也会读很多文科书，大学也一样，从来没断过，我感觉自己的发展是连续的。我也不认为存在文理科的区分。我的很多哲学老师本科读的都是理工科，不是想象的那样，学哲学就一定是文科出身。哲学本来就是文理会通的。我参加人大的哲学与认知科学平台的活动，也是跨学科的。哲学已经不是单一的学科，本身就具有学科交融的特点。

《心理新青年》：感谢您的分享，非常有意思的故事。您刚刚谈到师承关系，您觉得北大的学术氛围和您的博士生导师等整个学术环境对你产生的影响有哪些？有哪些方面是特别深远的，直到今天还在潜移默化地影响着您呢？

梅剑华：谈到北大的影响，我觉得要分三个阶段。

第一阶段，1998年是北大建校100周年，当时我读到蔡元培、陈独秀、鲁迅、胡适等写下的关于北大的文字，感觉自己在精神气质上趋向北大。北大是向上的、包容的、开明的、敢于自我批评的。第二个阶段是我北上求学时期。读博之前，我大概在北大蹭了六七年课，每周都会去北大外国哲学研究所听课，从北大东门进去，讨论室在老化学楼的227教室。现在回想，2004年秋季是北大分析哲学的黄金时期：韩林合老师开设了维特根斯坦的《逻辑哲学论》研读课和《哲学研究》研读课，叶闯老师讲了克里普克的《命名与必然性》研读课，程炼老师讲了"心灵哲学"课程和"语言哲学"课程，徐向东老师讲了"知识论"课程和"自由意志"课程，还有邢滔滔老师和叶峰老师讲了"数理逻辑"课程和"集合论"课程。我当时比较系统地上了很多分析课，也跟这些老师建立了联系。直到现在，我的为人和为学都深受老师们的影响。

那个时候，几个在北大上课的朋友建立了一个叫"哲学合作社"的网络平台，参加的人有北大的本科生、律师、工程师、上海和山东的网友等，还有像我这样蹭课的学生。我想那一段时间，可能是中国互联网哲学讨论最活跃的时期。2004年到2009年左右，我们会把自己在课堂上或者读书时产生的问题放在网上讨论、交流。合作社平台持续了很多年，很多人，包括学生、诗人、工程师，我上面提到的几位北大的老师，都很喜欢在合作社平台上讨论哲学。分析哲学追求比较严密的分析，使用逻辑论证、概念论证、思想实验，它可能更多的来自"智性的焦虑"，始于对问题本身的好奇，像解数学题或解谜一样。当时，这种风格的哲学在国内还比较小众。

第三个阶段是我到北大读博士期间。那个时候我已经参加工作了。我的博士生导师韩林合的导师是洪谦先生。洪谦先生民国时期在梁启超的建议下去欧洲留学，师从维也纳学派的领袖人物石里克，先读博士，后做助手。1938年，纳粹上台掌控了奥地利，石里克不幸遇害。洪谦先生就回国了，之后一直在北大教书。

韩林合老师的研究以维特根斯坦哲学为核心，维特根斯坦是20世纪分析哲学中最重要的一个人物。虽然现在有人会说维特根斯坦跟主流分析哲学有很大的差距，可是维特根斯坦早期的著作《逻辑哲学论》是逻辑经验主义学派的"圣经"，晚期的著作《哲学研究》也是日常语言学派的重要思想来源。他个人的生活和写作方式跟当今的分析哲学差别非常大，他脱离于主流传统。韩林合老师一直在研究维特根斯坦，他出版了研究维特根斯坦早期和晚期的著作。韩老师是非常严谨的学者，他也做中西比较的研究，有关庄子的研究。

  韩老师对我的影响有好几个方面。第一，我从来没有专门研究维特根斯坦，因为我觉得有韩老师这样的学术研究标杆，我们可能要花更多的精力才能够有所推进。我更多的是把维特根斯坦作为思想资源去阅读，从来没有把他作为一个研究对象。北大有个学术传统，做任何一门学问必须依靠第一手文献，如果做古希腊就应该懂古希腊语，如果做维特根斯坦就应该懂德文，要掌握第一手资料，全面地掌握学者的研究成果。这是我从韩老师的学问上体会到的。第二，我最开始学的是中国哲学，当我在研读西方哲学的时候，就总是很自然地把中国哲学跟西方哲学做对比。我们用西方哲学去研究中国哲学，都会不自觉地套用西方哲学的很多概念，甚至理论框架和分析方法。韩老师做中国哲学研究有一个特点，他相当自觉地不在中国哲学研究里使用西方哲学特有的概念，而是用中国哲学内部的概念去展开问题。这让我们意识到，中国的文化和西方的思想在很多方面相当不同，这就要求我们做思想比较、哲学比较的时候要非常谨慎，不要轻易地套用现成的概念。

  《心理新青年》：好的，谢谢！心理学学生、学者都是很仰望哲学的，但是很遗憾的一点是，我们心理学的学术训练系统里好像太少涉猎哲学。能不能请您谈一下，谁是您最欣赏的哲学家？为什么？

梅剑华：20年前，我会推荐维特根斯坦。10年前，我会推荐克里普克。可是现在再问，我可能不大会说最欣赏的哲学家是谁。我现在做研究，可能会读不同人的论述，但没有特别喜欢某一个哲学家。如果说愿意去读某一个哲学家的系统论述，我会觉得亚里士多德非常好。他跟后来的哲学家不一样，天下学问的方方面面，包括物理学、动物学等很多研究领域，都能从他那里找到一些思想资源。因此，如果一定要推荐的话，我会推荐亚里士多德，中国人民大学的苗力田先生主持翻译了《亚里士多德全集》。

《心理新青年》：好的，谢谢！哲学具有源远流长的历史和众多的分支流派，请您简要地介绍一下您个人的研究领域，还有目前为止您最大的学术贡献是什么？

梅剑华：我可以说清楚我的研究工作，但是关于学术贡献，不能自我吹嘘。

我个人特别关注科学和哲学的关系，目前主要涉及三个研究领域，第一个是心智哲学，第二个是实验哲学，第三个是人工智能哲学。这三个领域实际上是彼此相联系的。

第一个心智哲学，这是我目前的研究核心。心智哲学本身是一个跨学科领域，研究意识问题，研究心灵在我们自然世界中的位置。身心问题的一个主要立场是物理主义，所有的事物归根到底都是物理的，或者都可以还原成物理的。有一些学者是还原的物理主义立场，例如叶峰老师，他认为所有的事物都可以还原。我自己是非还原的立场，主张像意识这些心理状态是依赖于物理的，但它不能完全还原。我自己有一个提法叫"有我的物理主义",这和叶峰老师"无我的物理主义"适相对照。实际上,这也是和叶峰老师、陈嘉映老师长年交流形成的,虽然二位老师不见得同意我的观点。

我们要从日常感知开始探究意识问题,我觉得基本存在物应该是像人、桌子、椅子、山川河流等日常对象。我现在最基本的对心智哲学的立场是从日常对象出发,在这个意义上去理解意识的神经科学研究、形而上学研究。这是一个非常庞大复杂的计划,可能接下来很多年都需要以此为中心。

第二个实验哲学,这是我发文章比较多、也容易有想法的一个领域。我是在2010年左右开始进入实验哲学的。实验哲学是个交叉学科,用实验的手段研究哲学的方方面面。我最早研究语言哲学,很自然就把实验哲学和语言哲学交叉,做了一些实验语言哲学的工作。后来我反思实验哲学的方法论问题,实验哲学注重量化分析,但是在社会科学领域注重质性分析等。我认为实验哲学应该走量化分析与质性分析结合的路子。实验哲学特别重视实验调查,可能忽视语言的重要性。但我们的问卷设计都是文字,涉及很多概念,因此对语词的敏感是非常重要的。我有一个大胆的判断,实验哲学的第一哲学是语言哲学或者叫实验语言哲学,对语词本身的敏感甚至进一步反思才能帮助我们设计出更好的问卷或方案。

第三个人工智能哲学,这个领域我发表的文章不多。人工智能和人类智能是相关的。人具有因果推断能力,面对世界的时候获得的数据很少,但是可以做出很好的推理,那么机器人是否可以呢?现在流行大数据,该怎么样让机器人像人一样思考呢?像珀尔和朱松纯等主张的那样，它需要一些基本能力，例如因果推断能力。从这个意义上来说，实验哲学和人工智能哲学都属于心智哲学，都是要探讨人类的心智，如意识、推理等受到何种机制约束、受到何种因素影响。

这三个看起来彼此分离的领域，实际上最终是统合在一起的，都是涉及一个认知主体认识世界所产生的相关问题的研究。

《心理新青年》：谢谢您的介绍！希望您再谈一下，哲学家为什么要做实验，也就是实验哲学的思想根基是什么？争议之处是什么？做实验的方法和手段能给哲学已有的理论带来什么新的思潮、理论或者洞见？如何看待"实然"和"应然"之间的问题？

梅剑华：我觉得我们交流中特别核心的就是这几个问题了。

关于思想根基，我可以先从大的方向来说一下。我为什么很关注实验哲学，包括跨文化心理学研究呢？我最早读新儒家的著作，像梁漱溟等人谈到东西方文化差异，中国人重直觉，西方人重理性，等等。这些话在100年前说得很宽泛，可是并没有落到实处。在我看来，现在的文化心理学和实验哲学是能够把当时所说的中西方思维差异的说法落到实处的，能够对我们100年前模糊提出的差异给出一个比较全面系统的解决方案。这也是我后来会关注实验哲学的原因。实验哲学研究领域很宽，哲学的所有分支领域都可以有关于实验哲学的研究，例如可以有实验的形而上学、实验的语言哲学、实验美学、实验伦理学，等等。实验哲学家在回顾传统的时候，认为哲学的一个根本工作是要了解人类的实际处境，了解人类究竟是怎么跟外部世界打交道的，不管这个世界是生物物理环境，还是社会文化环境。在这个意义上，实验哲学回归了古希腊哲学传统，尤其是亚里士多德传统，哲学跟科学是没有分开的。从古希腊到康德以前，没有看到哲学和科学的明显分野，哲学没有那么专业化。

从这种角度看，实验哲学是古希腊哲学的一个当代延伸。我和中国人民大学的古希腊哲学专家聂敏里老师有过交流，他对这个问题非常感兴趣，2020年还写了一篇回应文章《哲学实验与实验哲学》。我觉得实验哲学在两点上可以和古希腊哲学互动。第一，不区分哲学与科学、经验与反思并重的探究。第二，古希腊哲学风格接近精英的哲学，而实验哲学是一种平民大众的哲学，关注大众对哲学问题的直觉。这对传统哲学也是一种矫正。

当代对哲学的理解跟在柏拉图和亚里士多德时期不同，在那个时候哲学就是对真理的追求，现在我们似乎不能这么说。因为现在科学是对真理的追求，代替了哲学－科学的位置。哲学随着科学的不断专业化，其内涵也发生了变化。维特根斯坦讲，科学是事质研究，哲学是概念研究。科学探究的风格也反映到哲学中，自然主义哲学家引入了科学方法，比如实验、观察、验证等。另外一派哲学家注重概念分析、语言分析、逻辑分析等。实验哲学也属于自然化哲学。因此对于那些倾向于概念分析或者解释经典的哲学家来说，他们认为实验哲学不是哲学，想把实验哲学往科学那儿推。可是另一方面，科学家又觉得实验哲学不是严格的科学。

实验哲学家约书亚·诺布（Joshua Knobe）跟认知心理大师丹尼尔·卡尼曼（Daniel Kahneman）曾经有一场对话。卡尼曼一开始质疑实验哲学，他认为实验哲学虽然跟心理学的研究方法一样，但并没有像心理学那样发现新的事实。实验哲学恰恰诞生在学科交叉处，是心理学和哲学都不太关注的一个中间地带。

实验哲学不像语言哲学有一个固定的领域，也不像形而上学、伦理学等，它研究的领域很宽泛。传统上利用经验方法或者自然科学方法的叫实验哲学，现在我们把考察直觉的叫实验哲学。直觉在各个学科门类里面的重要性是不一样的，比如直觉在伦理学中是非常重要的，对伦理学研究有促进作用。在比较偏科学的方面，比如科学哲学，直觉就不太重要。实验哲学一个核心的部分是要讲直觉对哲学理论的重要性。科学、数学不依赖直觉，所以在涉及数学和科学问题的时候，直觉就不重要，尽管数学家的直觉和科学家的直觉对他们发现数学理论和科学理论很重要。人跟世界打交道所形成的直觉很重要，因为这些直觉涉及的问题不能完全做成科学，比如伦理学。再比如语言，我们使用语言就是关于语言的直觉，如果语言学理论不关心直觉，那就不能成为一个理论，语言总是人在使用。就像伦理学一样，如果一个伦理学理论完全跟人们的直觉反着，那么它本身就需要额外的辩护。而爱因斯坦的相对论就没这个问题，它跟人的直觉没关系，跟日常生活没关系，它是非常大的尺度里的科学理论。神经科学那些微观的东西跟我们直接相关的生活也没关系，只要能解释现象就可以，它也不需要直觉。所以在实验哲学里讨论直觉的时候，有的直觉非常重要，有的不是那么重要，有的完全不重要。很多人说哲学不需要直觉，我认为这要看研究什么问题，如果研究数学和逻辑的哲学问题，可能需求弱一些，而研究伦理、语言甚至知识的哲学问题，可能需求就强一些。

谈到直觉，很多人一开始就会说直觉是非反思的、直接的、当下的、没有推理的。后来有人提出有反思性直觉，直觉里有推理的内容。我做实验语言哲学想到，不要光看直觉，还要看理由，因为理论是需要有理由的。我觉得调查理由也是一个有效的方式，这其实就是量化分析和质性分析结合的思路。

《心理新青年》：我们再深入探讨这个问题，因为这其实是实验伦理学中很核心的一个问题，就是情理之争。人在做道德判断或者社会判断的时候，更多的是依赖直觉，它当然是重要的。但是它是不是占主导位置的？人们会更多基于直觉、基于情感驱动，还是更多基于推理？这也是心理学一个非常重要的核心争论。不知道哲学家有没有讨论过这个问题？

梅剑华：我曾经写过一篇文章，提出实验哲学方向应该从注重直觉转向注重理由。做问卷调查时，很多人认为答卷全靠一种直觉驱动，而实际上人们在回答调查问卷或者读到一个故事时，已经启动了一种推理机制。我们想知道的是，选择这个答案，背后的理由到底是什么？如果能够把理由写出来，可以做对照，一组是写理由的，一组是不写理由的。我们发现很多人的理由千奇百怪，很多是不相关的。我们要找到答案和理论之间的关联，就不能忽视被调查者背后复杂的考虑。这就是为什么我会说从直觉到理由，引入质性分析的原因。这还涉及直觉和理论的辩护关系，到底一个理论的基础是直觉还是其他因素？一个人在做判断的时候，到底是理性推动，还是直觉推动？这是一个独立的问题。

当我们讲一个道德理论的时候，基础是什么？如果一个人在做理性判断的时候，是大脑的情绪区活跃，那么这个理论怎么跟人们做判断的实际情况建立联系呢？这仿佛是一种悖谬。我们怎么去证成一个理论，背后就是"实然"与"应然"之争。

自然主义谬误也是伦理学里的大问题。哲学最核心的一个问题可能就是规范，我们日常会形成很多规范，这些规范不管是伦理的规范、语言的规范还是其他规范，到底能不能有自然化的解释？到底能不能还原到自然层面？这个问题是一个非常根本的问题。现在并没有一个特别一致的答案，但有一个越来越为人接受的基本看法：规范可能是自治的。在很多意义上它不能还原成描述的东西，两者应该是"应然"和"实然"之间的关系。脑区活动和做判断之间是有关系的，可是这个关系不能还原，不能说这些判断本质上就是你脑区的活动，是完全物理的东西。我们讲事实的时候，可能会说事实都是科学提供的，但你不能把那些规范还原成科学事实。现在有还原论倾向的人，会倾向于把规范还原为事实，还原为科学所能探测的事实，还原成描述的事实。这一潮流在20世纪曾经非常兴盛，现在逐渐衰落，已经不大会有人认为规范能够完全还原成自然事实。现在面临的问题是，如果不能还原，该用什么东西来解释规范？又该怎么解释自然事实跟规范事实之间的关系？我们怎么把规范跟规范所指导的实践建立联系，怎么把规范跟底层的科学事实建立联系？这些问题目前还在争论之中。

《心理新青年》：有个问题涉及您刚刚提的人工智能哲学。现在机器人无人驾驶出现的道德两难决策也是实验伦理学得出来的，如果它是描述层面的问题、"实然"层面的问题,最终的结论能不能真正指导我们的生活实践?或者说,机器人无人驾驶到底怎么去设计算法、设计规则才能真正投放到人们的生活中。

梅剑华:我考虑的角度不太一样。我们现在给机器人赋予的规范,在根本意义上还是人的规范。给机器设定什么样的规范能够更好地帮助人们?关于这个问题,现在很多人争论它到底是道义论的,还是功利论的。

这对于人类都是个问题,凭什么要求机器能解决?试想一下,我们在实际面临一个情境的时候,到底根据什么情况去反应?人类做不到,凭什么要求机器做到?

最近有一些研究机器伦理学的人做"从众伦理学"。人们广泛接受道德平庸这个概念,即我们在社会上不要求比别人更好,也不要求比别人更坏,不要求成为恶人,也不要求成为楷模,中不溜就可以。其实中等适度的规范目前可能是比较适合机器人的,最能够接近真实情况。如果只要求中等适度的话,我们就可以从数据中提取有用的东西,大数据就能派上用场。我们不需要设计形式系统,就能让机器人像人一样反应,它可能有时候会反应错。可是如果设计成非常单一的指令系统的话,那么它犯的错误可能更多。从这个角度去理解规范,你很难给它设计一个基于某种特定理论的规则。我们现在讨论机器人伦理学,只是因为我们讨论人类的伦理学存在困难,同样的困难也会出现在机器人上,就像我们讨论人类的意识一样,讨论不下去,就在动物上再去讨论一遍,可问题还在那儿。我们的伦理学研究,并没有弄清楚伦理理论有什么用,这其实是很根本的问题。我们不是根据伦理主张去生活，人很可能并没有按照某一个确定的伦理原则行动，可能只是根据情境做出反应。机器人伦理学凸显了这个问题：伦理规则的用处到底体现在什么地方？我觉得这也推动了我们系统反思理论和实践之间的关系，这是一个特别需要谨慎对待的话题。

《心理新青年》：好的，谢谢！您应该是哲学学者中对心理学涉猎比较多的。心理学脱胎于哲学，当下的概貌是它既有自然科学的科学发展，又有人文社科的思辨。我们这个公益平台想推进人文取向的心理学，我们也觉得心理学家肯定是应该研读哲学的。如果哲学家读心理学，会不会给哲学带来一些新的冲击或思潮？心理学家研读哲学的话，哲学能给心理学带来哪些思想升华或理论变革？您觉得哲学和心理学之间是如何相得益彰的？

梅剑华：我自己现在爱读一些心理学书籍，也包括经典的著作，如威廉·詹姆斯的《心理学原理》等。（维特根斯坦就读过很多威廉·詹姆斯的著述。）

对我来说，当不把哲学理解为一个纯粹思辨的工作的时候，想稍微吸取一点经验的时候，心理学是放在第一位的。哲学在根本上是认识自己，而心理学所讨论的情绪、记忆、感受种种都跟我们认识自己有很大的关系，心理学讨论自我的问题和哲学讨论自我的问题都有很多交集。

其实哲学也和心理学一样有两种取向，一方面比较倾向科学，一方面比较倾向思辨。我以前读到过华东师大的心理学老前辈李其维先生的一篇关于心理学元本体论的文章，他认为现在心理学最大的问题就是太过于相信自然科学,所有的心理学都要还原到神经层次。但是心理学的基本概念、基本框架并不能还原到神经层次,心理学应该建立一个独立于神经科学的领域。这种学科自治思路应该跟哲学合作,因为心理学所建立的这些概念,哲学里都有很多反思和讨论。在这个意义上,心理学和哲学接轨应该是非常自然的。

《心理新青年》:在研究心理学过程当中,除了概念上的交叉交集,您觉得从直观的感受层面讲,读心理学对研究哲学有什么帮助吗?

梅剑华:谈到读心理学对哲学的帮助,当对意识、情绪进行哲学上的讨论时,可以先看看心理学家怎么说,这可能是一个起点。因为心理学家有大量研究,可以从这个起点开始去讨论相关问题。从某种意义来说,心理学为哲学提供了讨论的材料。有些哲学家的材料来源于对生活的观察或者内省,但个人化的内省是不足的,如果能有心理学家提供第三人称的客观框架,再结合个人的思考,就可以在意识问题上有一个实质的把握,不会空洞。我比较喜欢纽约大学的一个哲学家内德·布洛克(Ned Block),他太太是哈佛的神经科学家,他自己就非常了解前沿的心理学、神经科学等。心理学给哲学提供了一些基本的科学材料、术语区分和新发现。如果哲学家谈论心理学家同样关注的问题,就要守住界限,不能谈一些在心理学上看来明显是错的东西。

还有一些是哲学家以前不关注,但心理学家关注的领域,哲学家现在去关注,就相当于开拓了新的领域。比如,以前谈意识的时候,哲学家不大谈"注意",后来开始关注了。一个调查提到,从 1950 年到现在，心智哲学这个领域里的研究越来越多地利用了科学的方法和成果。即便只有哲学上的思辨，也需要找到经验佐证。我曾经写过一篇文章叫《经验探索与概念分析：实验哲学的二重证据法》，提到哲学既需要概念的论证，也需要经验的证据。如果完全是概念论证，其主张却无关于世界，那就不行，得有真正跟世界相呼应的地方。比如讲"意识"，不仅要在概念上区分出功能意识和现象意识，还要通过实验印证这种区分，布洛克就是这个思路。

《心理新青年》：您刚才谈得更多的是心理学能为哲学带来什么新的贡献，我刚刚在想，哲学又能给心理学带来什么新的变革？当然这个问题比较大。从我个人工作来讲，像实验伦理学，原来我们做道德心理学的时候，可能比较低阶地考虑加工的过程之类，但是近10年来，实验伦理学在伦理学当中的功利论、美德论等，其实给我们提供了特别多的思想基础或者思想内容，就是我们怎么样去用实验的方法研究伦理学问题，像电车难题，还有伦理学中特别著名的思想实验，都可以给我们提供素材和内容。我们用实验社会心理学的范式把它改编成道德情境，比如道德的两难、道德的违规或者道德判断等情境。我觉得这可能也是比较好的结合方式，就是哲学思想、实验思想，边缘思想传统和实验社会心理学的研究方法直接碰撞，就产生了实验伦理学的新的交叉地带。

梅剑华：说到哲学对心理学有什么用，第一，在非常初步的阶段，哲学家会对概念高度敏感，这一点可能跟心理学家对实验敏感一样。哲学家会在实验设计和讨论时，注意到基本概念之间的区分，这可能是受过哲学训练的人跟做心理学的人不太一样的地方。

第二,哲学本身会给心理学提供很多素材。哲学家有很多思想实验,这可能会给心理学带来很多新的东西,尤其在伦理学方面是非常多的。电车难题只是其中一例。

第三,最根本的是,如果心理学要真正地超越,仅仅靠哲学家提供概念或素材的帮助是不够的。心理学本身需要有一种哲学心理学。像现在做的电车难题,当然能够开启很多研究,但根本的问题就在于,还是需要反思规范跟自然的关系,要清晰地认识到心理学研究到底能在什么意义上帮助我们认识自己。我觉得这可能是哲学、科学和心理学要面对的共同问题。

《心理新青年》:好的,谢谢。作为对哲学好奇的心理学学生或学者,我们想知道从哲学的角度,怎么看待人生的意义,或者如何追求真善美这样一个终极的价值。

梅剑华:我所研究的分析哲学并不直接提供人生意义的答案。分析哲学会首先讨论"人生"是什么意思,"意义"是什么意思。普特南有一篇文章叫《"意义"的意义》。关于人生意义的探讨,一般人会想到尼采、海德格尔这种欧陆哲学传统,如尼采的虚无主义、海德格尔的向死而生,等等。分析传统更靠近专业化学术的、科学的传统。人生问题在分析哲学里一度是被悬置的。比如逻辑经验主义学派会认为,这个世界上有两种问题有确定的答案,第一种是关于逻辑和数学的事实,第二种是关于自然科学、经验的事实。前者通过逻辑分析为真,后者通过经验证实为真。如果既不可分析又不可证实,那就没法谈论它，比如人生意义，这属于生活，而不是理论，属于去体悟、感悟的，而不是通过理论言说出来的。但是当代分析哲学和逻辑经验主义时期已经有很大的不同，关于人生的意义、死亡等讨论也进入了分析风格的伦理学和形而上学领域之中。

我个人理解人生的意义可能像马克思·韦伯所讲的"以学术为业"一样，当你去做自己的事情，会产生一种所谓智识的焦虑。哪怕做的跟现实世界没有任何关系，你也可以通过做这些事情去对抗无聊性和现实带来的挤压，让自己活得有意义。

我们最开始做哲学的时候，觉得做学问不是社会的主流，经商、从政才是主流。哲学是很边缘的东西，这种自我边缘认知本身就会对人生意义有一种定位，你就是要 make a difference。我在北大听课的时候，有时候一门课就一两个人听，还讨论特别抽象的问题，例如同一性。如此无聊的、不现实的东西，还有人讨论，这本身会给你带来一种人生的意义。

《心理新青年》：*谢谢！如果想要推进心理学和哲学之间的碰撞，对于入门的通俗的取向，您会推荐大家看什么哲学书？*

梅剑华：我推荐 4 本书。第一本是休谟的《人性论》。休谟的文笔很好，中文版也可看，很流畅。书的内容分三部分，第一部分谈感觉，人类怎么从对世界的感知建立对世界的认识，有感觉、印象、观念、时间空间的观点，有基本的推理，有因果的判断。第二部分论述情感，第三部分论述道德。休谟主要探究人性的科学。心理学也是研究人的，休谟的书可能会对做心理学的朋友有帮助。休谟之后，学术进入学院阶段。休谟也写英国史，像亚里士多德一样，探讨天下学问的方方面面。康德的著作有很多专业术语，比如先天综合判断、先验直观、自在之物等。而休谟的《人性论》基本使用日常语言，如论骄傲与谦卑，稍微专业的语言也被他解释得很清楚。它涉及人性、推理、情感、道德等，是跟心理学比较合拍的一本书。

第二本就是斯蒂芬·施蒂奇（Stephen Stich）的《理性的碎片》（The Fragmentation of Reason）。这本书的视野很宽，书中对知识的理解跟现在主流的分析哲学不一样，比如主流谈论知识，从柏拉图的知识定义、笛卡尔的怀疑论开始。而施蒂奇认为讲知识，应该从培根的《新工具》讲到卡尔·波普尔的《猜想与反驳》，他关注的并非知识是如何得到定义的，而是我们怎么获得知识。我们通过归纳或者演绎获得知识。人在做归纳推理和演绎推理时容易出错，犯一些认知错误。在这个意义上，《理性的碎片》实际上是跟丹尼尔·卡尼曼的《思考：快与慢》有很近的关系。它有一些宏大的叙述，比如怎么理解知识、怎么理解人类的行为，它站在人类认知的角度对我们怎么理解知识提供了基本的图景。我觉得一个心理学家看到这样的内容可能会有所启发。目前这本书已经翻译成日文出版。

第三本是梁漱溟先生的《东西文化及其哲学》。我觉得做心理学特别是文化心理学、社会心理学的人可以看一下，书也不难。梁漱溟先生非常重视心理学。他最后一本书叫《人心与人生》，他喜欢看比如《自然辩证法通讯》上的文章，上世纪二三十年代也读心理学教材。他谈东西文化差异的时候也想从心理学层次谈，借用了一些材料，但是比较初步。不过，他谈了很多大的东西，这些可能对心理学家是有用的。我一开始喜欢新儒家,从新儒家到实验哲学,看起来是两个完全不搭的领域,但我做实验哲学的初衷实际上跟梁漱溟先生做东西文化比较有关系。我读到理查德·尼斯贝特(Richard Nisbett)的《思维版图》(the Geography of Thought),就想起了梁漱溟先生的论述。

第四本是哲学导论教材,后浪公司出版的一本书叫《做哲学:88个思想实验中的哲学导论》。里面有哲学家大量的思想实验,也许做心理学研究的朋友们看到之后会有启发。

《心理新青年》:我对您提到的特别有感触。尼斯贝特还有很多实验社会心理学是来源于哲学传统的。他提到的分析思维和整体性思维,西方的这种思想是来源于亚里士多德的形式逻辑,也就是说a和非a不可以同时成立,就是排中律。原本他想要假设推理是具有人类普遍性的。而彭凯平老师在密歇根的时候和他讨论,就觉得东方人特别是中国人的思维方式不是这样的,中国人更多是辩证的,是整体性的,对于阴阳之间的互相矛盾是可以容忍的。这样的交流促使诞生了这样非常经典的思维方式的东西方文化差异比较的理论。他们的思想基础是哲学,这也是哲学能够给心理学带来的很大的帮助。

梅剑华:对,不仅是哲学,中国的文化中有很多是非常值得去研究的。比如分析思维、推理,西方人很清楚因果推理、演绎归纳等。可是中国人的推理方式不同,中国人会讲类比、比喻等。《庄子》《荀子》都体现了这类思维方式,这在当代是可以进行一些心理学探究的。《易经》的根本模式是阴和阳,如果用心理学来探究这种模式可能会非常有意思。

《心理新青年》：您说的很对。我们其实很想挖掘传统文化资源，可能大问题还是学生在接受心理学训练时不学这些，所以很难开展这种对话性的研究。

梅剑华：对。现在怎么把古代的东西进行心理学研究，这是一个问题。现在只能调查当代人的直觉或对当代人做脑电实验。而面对古代世界，心理学家能不能有一种好的办法来研究古人的认知模式，这是非常具有挑战性的。

《心理新青年》：这是我们文化心理学下一步的大方向，就是要构建中国特色话语体系。

梅剑华：我自己是转了一圈回到原点，一开始喜欢新儒家，后来发现在做实验哲学的时候，能够从中国哲学新儒家找到呼应。文化心理学、社会心理学包括实验哲学，在某种意义上回答了100年前像李大钊、梁漱溟、熊十力等人对中西文化的评判。这是哲学问题背后的科学回答。

《心理新青年》：我们比较佩服您常年思考自己感兴趣的深刻问题，同时也在做构建理论的工作。考虑到理想和现实的平衡，不知道您有没有一些体会和建议，国内的学生学者们怎么样能够平衡或者兼顾到既能在评价体系里生存，又能坚守学术理想？

梅剑华：这确实是很普遍的问题，其实在哲学领域也是一样，可能更严重。这里有个大的问题，从20世纪四五十年代以来，国际期刊的学术评价体系已经在全球盛行。在这个体系里面，首先我们需要文章符合评价体系，另一方面又会觉得如果永远写这种符合评价体系的文章，自己真正想做的东西，可能不会出来。研究一辈子，写了两三百篇文章，最后没有人看一篇，都淹没在数据库里。人的价值在哪里呢？人总是希望自己有东西能够留存下来，而不仅仅是一些数据。对我自己来说，这也是一个问题。我现在会觉得除了发表，更要注重文章本身的思想性、语言表达，甚至要跟自己的终极关切有关系。

但是，一方面，不能吃不着葡萄说葡萄酸，还是要尽量努力在国际期刊能够有所发表，向国内外同行学习经验。我很尊重那些在国际期刊发表哲学论文的同行，只要了解这个行业的残酷性，就会知道，在国际哲学期刊发表文章的难度要远远高于在国际自然科学、社会科学期刊发表的难度。另一方面，也要建立自主的学术共同体。哪怕是在期刊上发表文章，我们也希望能跟人聊，能交流，能有回应。通过这种方式建立小型的学术共同体，然后再扩大到不同的领域交流。我以前可能是局限在自己的研究领域，比如说我做实验哲学，只跟做实验哲学的同行交流。可是后来慢慢地，我会跟做心理学的朋友交流，甚至跟做宗教学的朋友交流。比如宗教学朋友邀请我去开会，我就想去做一个宗教认知科学的研究，它也跟宗教心理学相关，这样会扩大视野。也可能我会跟做艺术的朋友交流，沟通哲学与当代艺术。固守自己的核心领域，又能够跟不同行业的朋友交流，吸收不同的资源，尽可能推进自己在核心领域的研究。我以前只写学术论文，现在会写书评。

既守住自己的核心，又能跟各个方向的人交流，我觉得这可能需要慢慢地去寻找共同体，逐渐形成自己的研究方式。

《心理新青年》：好的，谢谢您的建议！能不能请您给我们一些寄语？

梅剑华：首先，祝你们这个平台越办越好！它的作用是多方面的：第一是加强了心理学内部的交流，第二是促进了心理学跟其他学科的跨学科交流，第三是推动了心理学科普。现在中国的心理咨询、心理治疗有很广阔的实践空间，心理疾病的多发也会让我们更多地关注心理学的进展。

最后有一个小小的建议，我觉得今天这样的访谈，特别是跨界对话，最好不要是问答式，可以是对谈式的，即兴追问。这样可能会谈出一些很有意思的话题。今天的对话，胡老师也给我很多启发。对话是一种平等自由的交流，可能会更容易促进思想的深入，对读到这些对话的人也会有所助益。

第四部分

行动

他对强者是反抗的,对弱者是同情的,也许这就是他的命运吧。他的诗歌、哲学和人性难分难解,编织交融,在这个混乱的时代成为一个"执拗的低音"。

程广云和他逝去的江湖

我们已经不适应这个江湖了,因为我们太念旧了!

——《喋血双雄》

记忆总在不断地回顾和新的经历中被改写,尤其是关于人的记忆,纠缠太多道德、利益、品味的考量,而变得飘忽不定。我想在对程广云老师的印象还没有改变之前(天知道还会不会有所改变),先记下一笔,为流逝的岁月做一个见证吧。

初入京城

2003年暑假,在武汉"漂泊"的我打算报考北京大学哲学系中国哲学专业。在那段考研复习的日子里,一个闯荡江湖的朋友飞鹰来到武汉"隐居"。白天他跟我到自习室看书,看女孩。我读西方哲学史,推荐他看陈嘉映老师的《感人·关切·艺术》。晚上休息的时候,我跟他去健身房锻炼、练散打。夜半回来，我一个人跑到楼顶上打沙袋。考试结束后，我没有回家，选择在武汉岳家嘴的出租房里过了一个人的春节。2004年3月8日初试成绩出来了，我以一分之差败北，失去了以往的理想气概，决定申请调剂。在这期间，我给陈来、陈少明、李翔海、刘小枫等老师写信，希望争取到一个复试的机会。给我回信的有三个老师，陈来老师建议我调剂首都师范大学，陈少明老师委婉地拒绝了我，因为我中哲的分数实在太低，刚刚及格。李翔海老师则问我有没有调剂到其他学校的打算，我立即告诉他从陈来老师处得知的信息，可以调剂首都师范大学哲学系。

若干年后，我和这三位老师都有了接触。2005年首都师范大学哲学系成立大会那天，晚饭后我送陈来老师回蓝旗营，还说起他当年的推荐。2006年冬天，我和程广云老师去上海复旦大学参加哲学系主任联席会议，在报到的时候，会务人员知道我的名字后告诉我，李翔海老师也参加这次会议，让我去他的房间找他。当时我心头一热，那天晚上在外面聚会结束之后，我去李老师房间拜访了他。当时我的兴趣已经转向了分析哲学，我给他说了我的打算，李老师一再询问我：学过逻辑和数学没有？有没有征求韩林合老师、陈嘉映老师的意见？他说没有基础不要随便转专业，说得比较严厉，我有点词穷。回头想来，李老师为我的前途担忧，真是古道热肠。机缘巧合的是，几年以后我成了韩林合老师的博士生、陈嘉映老师的学术助手。最近听说李老师移师北大马克思主义学院，惭愧的是一直没能拜访。2007年秋天，陈嘉映老师在黄山开会，招我过去雅聚。我在那次会议上见到了陈少明老师。中秋之后的那个晚上，我们住在黄山之巅光明顶。晚上，月亮升起来了，我们一干小辈找到一方无人光顾的山脊，躺在斜斜的石面上远望苍茫的群山，看山上皎洁安静的月亮，听少明老师论道孔子中庸。是年秋天，少明老师来北京。我代程恭让老师邀请他来我系参加学术报告，当时陈明老师也参加了。在随后的评点中，陈明老师说，这个讲题他阴差阳错地听了三遍，能够同时赶上陈少明老师同一个主题讲座的，除了陈明这种纵游江湖的人，又有谁能这么凑巧呢？

话说 2004 年 3 月 10 日左右，大学同学回武汉找我聚餐，大醉一场后回到卧室睡下。正朦胧间，电话铃响起，我接通电话，对方问："是梅剑华么？我是李翔海。"我一个激灵爬起来，酒醒了一半。虽然我在给李老师的信中留下了我的手机号码，但并没有奢求回电。交谈之间，李老师告诉我，如果我愿意去首都师范大学读研究生，他可以向那里的中国哲学学科负责人白奚老师推荐我。绝处逢生，我当即答应，随后准备入京事宜，感激之情不在话下。同时，我也从其他渠道得知中央民族大学哲学系也招收调剂考生，因此我做了两手准备，万不得已也可以调剂中央民族大学。第二天，我到网吧上网搜索白奚老师的信息，意外发现我以前借阅过他写的书《稷下学研究——中国古代的思想自由与百家争鸣》。大约是 2000 年的秋天，我意外看到李慎之先生写的系列文章，碰巧在图书馆翻到白老师的书，看到李慎之的序言，就借回来草草读过，现在回想真是缘分所系。

2004 年 3 月 13 日晚上我坐火车来北京，3 月 14 日上午到了北京。第一次到北京，新奇且茫然。我转了好几路车，先到中央民族大学哲学系，中午碰巧遇到李泽厚先生的大弟子赵士林老师，他喝得满脸通红，好像是和武大的彭富春老师刚聚会结束，和他聊了一会儿，他大概觉得我水平凑合,给系里的秘书叮嘱了下,让我好好准备复试。当时系里的秘书是靳晓芳老师,她建议我住在民族大学后面的家属院一高地下室,到北图办理图书证,这样每天可以专心学习,准备复试。如此,我就在民族大学西门外住下了,一直到复试结束。在这期间,我还拜访了白老师,那次面谈让我决定选择首都师范大学哲学系。回家之前,我还把在京购买的哲学书籍存放在白老师处。准备复试期间,我去了五道口瞻仰了早期的摇滚天堂,去天安门爬了城楼,去了鲁迅日记中经常提到的琉璃厂,去了白石桥五塔寺的天则经济研究所听萧功秦老师的讲座,去了工人体育馆看"深紫乐队"和崔健的演出,但我去得最多的是北大,除了办理实际事务之外,我也混迹其中听了一些讲座。

我第一次在北京住地下室。刚来的时候,我住的那一间空空荡荡就我一个人,孤寂难眠,尤其是起风的时候,冷风卷着楼外的自行车铁皮棚顶哗哗啦啦响了一夜。到北京的第一夜,我想起了张楚在地下室拿着破吉他写歌,闲暇时候看恩格斯《自然辩证法》的情形。人虽异,处境却相同。复试后我回到家里读了一段时间的书,六月初又来到北京。飞鹰早我在北大未名湖后边觅得一个居所,于是我在北大混迹了一段时间,直到9月12号正式开学。

2004年:一堂课的学生

2004年9月,我来首都师范大学师从白奚老师读中国哲学专业硕士研究生,但心不止此,我常常混迹于北大课堂,首师大倒成了我的暂居之所。记得那年秋天,陈嘉映老师和刘小枫老师在北大外哲所开设系列讲座,陈老师的"科学思维与日常思维"从亚里士多德的天学讲起,后来以此为主题出版了《哲学 科学 常识》一书。刘老师讲的是斐德罗、共济会等,开始他所谓之古典学的名山事业。我恭逢盛会,都听了下来。

同学之间瞎聊,偶或听说首师大政法学院有一个读书班,读点当代西方哲学之类,老师是哲学教研室的程广云。这是我第一次知道有这么个人。我本科读的化学,读中国哲学属于跨专业,需要修一门马克思主义哲学原理课程,这门课程的授课老师正是程广云。我装模作样去听了一次课,就没再去。在这个意义上我是程广云的学生,一堂课的学生。从此之后,我再没有听过程广云老师的其他课程。后来和他在一起闲聊时,我谈哲学的时候多,他倒做了我的听众。

2005年:被修改的大会发言

2005年春,宿舍同学赵大建因为和程广云的安徽老乡关系,走动亲密。一日大建对我说,哲学系需要引进一个外国哲学方向的教授,问我有没有人选可以推荐。当时一冲动,我就给程打电话推荐了一位老师。电话里他的声音冷漠、简单,还有点不耐烦。不几日后在院里碰到他,打了个招呼,他也是冷冷淡淡,印象中有点像我想象的尼采、卡夫卡那种心理阴郁却充满抗争的人。我想初次接触程的人,对他的印象都不会很好。这期间耳闻程广云要办一个《多元》杂志,我的几个同学都参与其中,如朱慧玲、阿荣、周玉霞、刘君花、曾婷等几个,他们也是程广云哲学读书班的忠实参与者。首师大、《多元》、读书班、程广云这些词在我身边常常冒出来，可跟我似乎没什么关系。我只是个旁观者，我在读克里普克的《命名与必然性》、塞拉斯的《经验主义与心灵哲学》、戴维森的《对真理与解释的探究》，汉密尔顿的《数学家的逻辑》。在某种意义上，我的精神家园在北大，在更远的地方，首师大于我而言只是一个过客。

不过，事情在2005年9月发生了变化。政法学院哲学教研室的一干老师经过长期酝酿，准备成立哲学系。2005年4月25日，学校通过了成立哲学系的决定。9月25日召开成立大会，由程广云担任哲学系系主任。这次成立大会是哲学系第一次大会，所以各方面都需要大量的准备。大会需要系主任发言、教师代表发言、研究生代表发言、本科生代表发言。一天，程广云给我打电话，希望我做研究生代表发言。我也不知道为什么让我来发言，后来和程老师探讨过这个问题，存在以下几种可能：他看了我2004年在《哲学动态》上发表的《2004年北京市中国哲学学会综述》，觉得文笔还算流畅可读；我在他马哲课堂上的表现让他耳目一新，我居然在讨论马克思关于必然性概念的时候，用到了克里普克的必然性概念；来自同学周玉霞和朱慧玲的推荐。最后这个原因已冥冥不可考，我相信是缘分吧。从这次开始，他这样一个特立独行的体制中人把另外一个有点儿个性的体制外人接上了体制之船，从此休戚与共、肝胆相照。我想大概也只有真正想干事而又真正无所畏惧的人才有这种心胸吧。我接下任务，开始撰写发言稿。开会前一周，程广云组织服务大会的学生聚餐，看了我的发言稿，他大批一通："发言稿的第一段是代校长讲话，第二段是代院长讲话，第三段是代我这个系主任讲话,下面就没什么话了。这样的稿子没法用啊。"我当时听了,一下就明白该怎么写发言稿了,遂推倒重写。第二稿再给他看,未改一字用作了大会的发言稿,后来收在《首都师范大学哲学系成立纪念文集》中。

那次会议,夏年喜老师作为哲学系的书记主持了大会,程广云老师作为哲学系的主任做了主题报告,程恭让老师作为教师代表致辞,我作为研究生代表发言。2005 年秋,三位老师互相支持、同气相投,一时传为佳话。二程、黄金三角的说法不胫而走,于今想来,不免感慨,有白云苍狗之叹。会议开得很成功,上午是哲学系成立仪式,下午是哲学学术创新会议,结束送完专家之后,在校门口和程广云老师闲聊,我随便扯了几句学术界的八卦,立刻引起他的兴趣,我想大概是从那时起,他和我的交往开始密切起来的吧。

从 2005 年 9 月到 2006 年 6 月,哲学系举行了 15 场哲学讲座。每次讲座,我都负责海报宣传和会场服务。但我很少听这些讲座,会议的间隙我就溜出来在外边待着。广云老师也在做完介绍后,就溜了出来,碰到我开始瞎聊:从讲座人的学术开始聊,最后扯到李泽厚、杜维明、甘阳、刘小枫、陈嘉映、赵汀阳等人,以及学术和思想的关系、中国当前的学术现状和走向,等等。这些闲聊一开始在讲座间隙展开,后来持续到私下聚餐的饭桌上,并延续到现在。也大概在那时,我们彼此之间有了互相的了解,他的志趣大抵在刘小枫和赵汀阳之间,既想追求思想的迷人性,又试图追求思想的清晰性和重要性。这些聊天聊到后来,就是要办一个政治哲学的国际会议。

2006 年：政治哲学国际会议、引进陈嘉映老师

这一年最关键的事有两个，第一个是 9 月底的政治哲学国际会议，第二个是年底走访陈嘉映老师。从春季开始，广云老师开始招呼我做《多元》杂志的部分工作，我约了叶闯老师和李麒麟的论文、彭天璞的译文。需要提到的是，当时程恭让老师也创办了《天问》杂志，我作为哲学系中国哲学专业唯一的男生，负责了一些具体的事务，我和我的中国哲学专业同学刘君花、王伟、黄义华担任了《天问》杂志初期的校对工作和后期的编辑工作。王伟后来读了程恭让老师的博士。其间，硕士师弟杨浩兄也参加进来。杨浩兄晚我一届，他报考了北大哲学系，复试未能通过。一日，他找到首师大寻求调剂的机会，遇到我的室友赵大建。大建遂将杨浩介绍给我，一聊之下，知道他钟情于佛学，我就给程恭让老师做了推荐，杨浩兄果不负期望成为程老师最为得意的弟子，在 2008 年程广云老师和赵汀阳老师组织的国际奥林匹克征文大赛中获得优秀奖，程老师赞其不辱师门。后来杨浩兄考上北大读博士，师从汤一介先生学习儒学。程老师在《天问》中开设了昆玉河畔研究生论坛，王伟、刘君花、杨浩和我的文章都先后发表在《天问》几期中。我还曾将《天问》郑重其事地赠送给北京大学哲学系的吴飞老师，吴飞老师因为我的硕士论文与宗教人类学相关，还让我着手翻译一本英国巫术与宗教史的著作。

暑假开始，我们一直在策划政治哲学国际会议，计划邀请 100 人，将国内所有与政治哲学相关的人"一网打尽"，最后到会的大约 60 人，阵容相当齐整。在程广云老师的提议下我担任了大会的秘书长，大建

则担任了大会的会务长。这是哲学系第一次召开大型国际会议，开会头天晚上，由于人员的变动，不得不调整会议日程。整整一个晚上我和广云老师都在干这个事，分组分类确定日程，一直熬到早晨 6 点，才确定最终的会议日程表，交付印刷。我记得早晨走出国际文化大厦，晨曦初现，我们的精神疲倦而又兴奋，轻松地用着早餐，等待会议开幕式。这次会议开得相当成功，很多后期的发展都或多或少与这次会议相关。比如周濂兄和我们哲学系建立了密切的关系，林国荣兄跟程广云老师读博士，徐向东老师和周濂兄几次成为引进的对象，白彤东老师在我们系做了好几次讲座，刘小枫老师来我们系做了古典诗学的系列讲座。由白彤东老师向我引荐的温海明兄为程恭让老师引荐了中国哲学大家安乐哲教授，他是温海明兄在夏威夷大学求学时期的导师。那次会议的中国哲学学者 Stephen Angle 教授也在我的联系下，被程恭让老师邀请在系里做了讲座。此外，林国华兄的学术受到程恭让老师的高度赞许，二人建立了学术联系。其他的影响还有很多，比如说影响了哲学系后来的格局等。但于我而言，则是和程广云老师建立了一种牢固的关系，这种关系似乎不是师生关系，但也不太像朋友关系。用他的话说，是建立了一种合作关系，我知道这是他平等虚无的精神的体现。但正因为他一直坚持这种合作关系的理解，所以我的责任心和归属感与日俱增，最终没能完成去"西天取经"的夙愿，咬牙切齿决定立地成佛。

2006 年夏季开始，我和程广云老师见面吃饭聊天的次数很多，几乎全部都是他买单，我居然也心安理得地享受这一待遇。彼此的交流增多，自然促进了理解的深入。当时我们都想一定要引进一名外国哲学的重量级人物。在这之前,我们还曾着力引进柯小刚先生。也就是在柯小刚先生来系里办讲座的那次聚会,我认识了后来成为广云老师硕士、现在就读于北京大学政治学系的毛毛,还有广云老师曾经的学生、后来从学于北大吴飞老师、现在负笈意大利求学的吴功青兄,以及国学功底卓越、即将成为程恭让老师博士生的樊沁永兄。2006 年年底,广云老师就着哲学系主任联席会议的由头,带着我和哲学系另外一名教师朱清华老师一起去了上海、广州。在上海,我约了陈嘉映老师,陈老师刚好还约了其他几个朋友,最终我们几拨人凑在一块,在上海浦东陆家嘴东方明珠旁边的俏江南聚餐,同席的有后来日渐熟悉的张志伟老师和孙周兴老师。这次见面,我们初步探知陈老师愿意动动的意图。随后几日,我们到广州中山大学见了鞠实儿老师。鞠老师是嘉映老师好友,他也向我们推荐了嘉映老师,这一系列因素最终促使嘉映老师 2008 年加盟首都师范大学。广云老师后来念叨多次,为了请陈老师吃饭,结果没能去上海大剧院看歌剧《胡桃夹子》。然而,引进嘉映老师给他带来的巨大成就感恐怕是一场歌剧无法取代的。2010 年的哲学系主任联席会议上,刚上任的北大哲学系主任王博老师碰到其他几个哲学系主任,不无好奇地打听"程广云这小子是谁?"哲学界的朋友都对广云老师引进人才的眼界和力度刮目相看。

2007 年:分析哲学、罗生门

这年初夏,广云老师对分析哲学的热情高涨,他拉了夏年喜老师和我一起读克里普克的《命名与必然性》。每周读一次书,我们读得很认真，他对塞尔的描述理论抱有相当的同情。可就在读书期间，依然有一些非学术的因素影响了我们的进度，最后我们都放弃了这个读书计划。这个压力来自于一次哲学系进人引起各方不同意见的问题，我在哲学系待得久，关于这个事件，我至少听到过四种不同版本的描述，有时候连我自己都不知道究竟哪一种描述是真的，"罗生门"在现实中上演了。这也是一次重要的经历，让我明白事情并非黑白曲直就可以清清楚楚了结的，也让我明白，你能改变的只能是你自己。但不管怎样，广云老师当时的真诚、勇敢、抗争和倔强给我留下了深刻的印象，也深刻地影响了我。是年秋天，我留校参加工作。

2008 年：查尔莫斯、崔健

这一年 3 月初，嘉映老师加盟首都师范大学哲学系。广云策划了欢迎会，他一再要抬高我的位置，让我也做了个即席发言。他总是把别人捧得很高，把自己放得很低。这种为人处世的风格怕是很多人学也学不来的。暑期奥运会期间，我们邀请著名新锐哲学家、澳大利亚国立大学查尔莫斯教授来哲学系讲座，查尔莫斯教授来之前和我电邮商讨主题，其中一个主题内容偏技术，讲的是信念与命题。另外他想讲一个一般性的题目，他给了我一些选题，我看到"语词之争"的题目，觉得这比较能引起嘉映老师的兴趣，就定了这个题目。果然嘉映老师对这个问题有自己的独到看法，并稍后撰写了《关于查尔莫斯"语词之争"的评论》一文。叶闯老师和夏年喜老师就前一个偏技术的主题撰写了相关文章，江怡老师和我则就后一个主题撰写了相关文章，同时我还翻译了《语词之争》的讲稿。这些内容都发表在《世界哲学》上。广云老师后来盛赞这次合作模式，认为相当成功，可以延续类似的模式。这年秋天，借着嘉映老师的东风和赵汀阳老师的友情出演，广云老师策划的德国文化节颇热闹了一阵子。德国文化节的演出部分在"798"艺术区进行，我和广云老师去"798"艺术区看崔健的演出，那天晚上我护着他第一个冲进现场，他坚持看完了演出。估计全场除了崔健，他的年龄最大，对他的体质和毅力我表示佩服。

2009年：庐山

夏初，我在嘉映老师的力荐下转到哲学系工作，成了广云的下属、同事兼朋友。是年秋天，哲学系主任联席会议，广云带夏年喜老师和我去江西九江开会。南昌开会那天，我们照完相就溜走了。广云老师说会议没什么开头，还是看滕王阁吧。除了嘉映老师，我很少发现如此讨厌开会的人，但他更有点小平的风格，喜欢私下讨论解决问题。每天的大会我们都躲着出去玩，晚上回来后，他就四处电话，拜访要人。开会结束之后，我们集体参观了井冈山，一路溜达着看题词，唯独对邓力群上井冈山的题词感兴趣——"上井冈山伟大、下井冈山也伟大"。从井冈山回到南昌之后，我们说服夏老师去庐山。庐山成了我们这次旅程的亮点。在庐山的牯岭镇漫步时，广云老师一再讲以后要常来庐山，我则怂恿着他以后把哲学系人马拉到庐山来开会，他就心领神会地笑笑——他有天生的政治神经。在美庐，他买了中正剑，扬言要用中正剑来劈掉恶人。那种神态，好似小孩玩打仗游戏。刚到的那天晚上，我们三人去庐山电影院看老电影《庐山恋》。看完后，夏老师和我都想再看一遍。广云说了一句让我们绝倒的话："不能这么缺德没有人性。"——他有自己的美学品味。那次回来，每每都想着庐山，不知道还有没有机会重游庐山，还有没有当年的心境。

2010年：普遍性会议、《团泊洼的秋天》

这一年我开始在北大念博士，4月份嘉映老师召集开了一个普遍性会议，我抓了广云老师做发言人，会议最终形成了文集《普遍性种种》（华夏出版社出版）。我翻读了广云老师的文章，内容毫不逊色于其他几位学者，唯其答问踌躇低调不知所云。这也是广云老师的性子，骨子里他总是谦逊的。是年秋天去深圳、广州开会，在蛇口哨口旁的草地上，我挑逗着他做俯卧撑、压腿，最后累了，他躺在草地上朗诵郭小川的《团泊洼的秋天》。这个时候的他，不再锋芒毕露、怨天尤人、愤世嫉俗，他是自由的、放松的、真诚的……

补　记

这是一个未竟稿，我曾经承诺广云老师，哲学系十周年的时候，把剩下的五年记忆补齐，再写一个整体的印象。世易时移，好像不再有这种心力劲儿了。剩下的五年，我们之间谈得更多的似乎是诗歌、哲学和人性。他仍然为哲学系做了不少工作：培养年轻人，引进人才如叶峰老师等，推动哲学教育如出版《哲学教育》等，召开哲学教育会议。这些该属于年终总结上的东西，在此，我更愿意多谈一点私人化的东西。

广云喜欢写诗,他在 1990 年代写的诗歌还曾入选过诗集。如果他一直写诗的话,该有好几本诗集了,也是一个颇有名头的诗人了。造化弄人,广云学了哲学,做了系主任,只能忙里偷闲,写上几首。广云喜欢海子的诗歌,但他的风格更近北岛,也许是因为我们还处在北岛所感怀的时代吧。我喜欢他的几首诗:

我独自面对太阳的刀口

当事实如铁　照彻天空的时候
我独自面对　太阳的刀口
我不需要夜幕　梦
和撒满谎言的满天星斗
让月亮像八月的桂花
像飘满桂香的酒吧
当事实如铁　照彻天空的时候
我独自面对　太阳的刀口

拒绝

血早已冷却　早已冷却
我拒绝你　拒绝一切
拒绝像拒绝一样的安慰
……

不要忘记，血早已冷却　早已冷却

我拒绝一切　拒绝你

拒绝像拒绝一样的问候

都说文如其人，看了广云的诗的人大概也会对他这个人多有几分了解吧。2014年冬，一位熟悉的朋友遭遇不幸，广云在会议间隙赋诗一首：

有感于勇敢思想的人们

那些日子像花

一瓣一瓣地飘

当你俯身拾起的时候

云朵在天空中飞翔

你在灯光中的思想何其明亮

夜在融化

河正进入黑暗

留下伤心的岸

他转发给我，我也即兴和了一首打油诗：

致临界者

那些日子如风

柳叶或者尖刀

当你仰望星空的时候

渔船在死海里漂泊

你在冰川上的血迹已然凝固

海洋硬化

船正驶入极地

留下笔直的舵

最后一句是他帮我改的。广云的诗大概属于感世一类，这也难怪，经世文学向来是中国文学的主流。广云的专业是马克思主义哲学，他的兴趣却在文化哲学和政治哲学。其中文化哲学方面，他关于神话的分析颇具新意，读者不妨看他的文本解读：《从"愚公移山"到"吴刚伐桂"》。不过他只是开了个头，没有深入探讨下去。我记得他的魔幻小说也只写了小半，剧本也只有个大纲。我有时戏言，难不成你是模仿李泽厚先生，每个主题都只弄个论纲。我私心希望他能把这个神话文本分析继续做下去。

他从马克思主义理论切入政治哲学研究领域，已近十年，在马克思主义政治哲学研究领域，建立了一套新的话语系统。他写的《无产阶级政治实践合法性的理论论证》一文，从马克思的"斗争就是存在"这一宣称出发，重新建构了马克思政治哲学话语系统。在进一步的研究中（参看《论非暴力反抗或公民不服从》）他发现，以罗尔斯为代表的政治哲学家所利用的基本概念都是名词，如正义、制度、理性等等，而以马克思为代表的政治哲学家所利用的基本概念都是动词，如斗争、反抗、运动等等。基于此种发现，他提出了一种基于动名词体系的政治哲学。他将这一套自己发明的马克思政治哲学体系和哈贝马斯商谈理论、博弈论结合起来，形成了一套严密清晰有力的政治哲学论说体系。在随后的研究中，他又展开了政治哲学的历史维度和文学维度。自 2012 年开始，他组织了民国政治哲学讨论会，先后在《战略与管理》上发表了《民国三大政治遗产：人民主权·以党治国·政治协商》、《革命动员与共和诉求——重评孙中山的三民主义》、《革命悖论：重思文革》等鸿文。自 2014 年开始，他又转入对《水浒传》的探索，做了系列讲座——"冷兵器时代的故事：英雄传奇水浒传"。他在政治哲学上的观点得到了赵汀阳老师、鉴传今老师和徐长福老师等人的高度认同。徐长福和他在学术观点上多有契合，徐在我们系做过一次"为人民服务需要人民同意吗"的讲座。广云则去中大讲了一次孙中山的政治哲学。他的《无产阶级政治实践合法性的理论论证》英译文收入由赵汀阳主编的一本英文《新左派文集》中。他是新左派吗？我不知道。但我知道他是斗争派、反抗派。

广云老师困苦的一段日子里，曾撰写过一个短篇文言的人性论，其主旨曰：人性本贱。词句已模糊，大概是说当你对一个人忠诚付出的时候，他对你的要求会越来越高。稍有懈怠，就会被斥为背叛。我体会不多，但能感觉到广云内心的苦闷。如此深知人性，广云还是该出手时就出手，仗义执言。他不求回报，只要受助之人日后不责难他，就感到满足了。广云不是好的下属，却是好的朋友。他对强者是反抗的，对弱者是同情的，也许这就是他的命运吧。他的诗歌、哲学和人性难分难解，编织交融，在这个混乱的时代成为一个"执拗的低音"。

哲学合作社

关于哲学合作社的回忆，要从 2004 年秋天说起。那年我北上求学，到燕园蹭课。哲学系秋季学期开设了大量的分析哲学课程。我记得有韩林合老师的"维特根斯坦《哲学研究》"专题课和"维特根斯坦《逻辑哲学论》"专题课、叶闯老师的"英美分析哲学"课（读克里普克的《命名与必然性》）、程炼老师的"语言哲学"课和"心灵哲学"课、徐向东老师的"知识论"课和"自由意志与道德责任"课、叶峰老师的"一阶逻辑"课。后来再也没有出现四五个老师同时开七八门分析哲学课程的盛况了。其他课程包括叶秀山先生开设的"哲学导论"（程炼老师担任助教）、庞朴先生开设的"先秦哲学与文化"、靳希平老师开设的"希腊语导论"等，我也都蹭过。外哲所邀请陈嘉映老师和刘小枫老师做了两个系列讲座，我也去听了。我还参加过几次陈来老师、王博老师和杨立华老师的中国哲学史课程，但最终没能坚持下来。一次，王博老师让我念一段《庄子》原文，他特意问我哪里人。我说："湖北人。"王老师说："湖北普通话很好听的，应该像程炼老师那样铿锵有力吧。"但我这一口湘鄂西根据地的普通话实在糟蹋了庄子的原文,因此去得少了。杨立华老师讲中国哲学史,第一次讲,用北岛诗歌开场,极富魅力。老三教的教室里,坐了100多号人,几次都抢不到位子,只好作罢。

幽僻处可有人行?苦于钻不进热闹的我,在一些不在乎发音、不用抢位子的分析哲学课程上,认识了后来哲学合作社的朋友们。分析哲学的课程,只有韩林合老师是上午开课(周三的上午和周五的上午),其他课程大多安排在晚上。对我们这些喜欢熬夜、蹭课的人来说,不啻福音。

我在韩老师和叶老师的课上认识了彭天璞。我在所有蹭的课上都遇到了彭天璞,彼此渐渐熟悉起来。那时,他已从北京医科大学退学重考到了北大哲学系,正读大二。因为他,我认识了朱岳。朱岳当时还是律师,经常在看守所见完当事人就直奔北大老化学楼来讨论语言哲学。据他说,每次来外哲所听课,有一种从地狱直升天堂的快慰。在程炼老师和徐向东老师的课上,我认识了北大伦理学的三位博士:葛四友兄、谭安奎兄和李曦兄。他们的故事,留待以后再说。

是年冬天,朱岳、彭天璞,还有在山东大学读研究生的刘金山、上海的工程师冯哲几个人相约创办哲学合作社网络论坛,合作社的前身是黑蓝文学论坛的辨析版。上面说到的几个元老都是黑蓝时期的网友。彭天璞当时跟我说办合作社,我一乡下人还没太明白是怎么回事,没有积极加入。等转过年我加入的时候,合作社论坛上已经吵得一塌糊涂了。我记得当时是赵汀阳老师的一篇文章引起的争论。后来很多老师都注册加入了合作社,如新社员(程炼老师)、拍案惊奇(朱菁老师）、老农（邢滔滔老师）、未瑗（唐热风老师），这是记得网名的几位老师。孙永平老师、徐向东老师、谢文郁老师也都参与了。钟磊兄和程炼老师有关于心灵哲学的辩论，大概发生在他刚出国那一段吧。李麒麟兄也参加过一段。那几年应该是网络论坛哲学讨论的黄金时代。我记得经常和朱岳吃完饭，坐公汽回家的路上要发短信讨论同一性问题，回到宿舍，上网又在论坛上和彭天璞聊信念之谜。线上哲学讨论，线下聚会，甚至到外地出差抽空见哲学网友，似乎是生活的常态。

2006年冬天，我和程广云老师去开会，特意约了上海的冯哲，记得那次同他在复旦和外滩聊的是戴维森的真值条件语义学。到广州又见到了朱菁老师，那也算是合作社聚会吧。以后大概每年在北京都会相约合作社聚会。后来，老师们越来越忙，参加活动的次数也越来越少。主力是滔滔老师和叶峰老师，叶老师甚至能做到每次必到，逢酒必喝。印象最深的那次是2008年元旦，邢滔滔老师、程炼老师、孙永平老师、若泉师姑，学生辈的有朱岳、刘金山和我，我们在海淀图书城对面的一家川菜馆子吃饭、唱歌，宵夜一直到清晨。普通话发音铿锵有力的程老师硬是半夜打电话，把夸他普通话的王博老师从家里拽了出来，我们在"西门烤翅"一直聊到天亮。

毋庸置疑，合作社的发展，主要靠一些爱好分析哲学的朋友。2005年，仲海霞到北大读研究生，2008年到加拿大读博士，后来成为合作社（2011年左右）的中兴力量。2006年，刘金山到北大读博士，以此为契机，我们搞了些聚会，凝聚了力量。当时"坩埚"横空出世，他在合作社的讨论吸引了很多人。2008年，他拿到纽约大学的录取通知书去读博,Kit Fine 力挺他。我们见面的时候,他带了一个巨大的硬盘,给我拷贝了一堆电子书、哲学音频和视频。后来王华平兄在哲学合作社论坛上发帖找资料,我还给他刻了一张光盘。2007 年,彭天璞出国前后是合作社活动的一个高潮。王晓阳兄把他关于意识的私密性一文发到了论坛,彭天璞正好也关心这个,大家闹得很热烈,我们见面的时候还聊这个。OZ(景雁)也是那个时候认识的。还有华科的 max(徐敏兄),当时一直没能谋面,迟至 2011 年第一次在华师大参加分析哲学会议才见上。

2008 年,彭天璞把合作社变成了双生球。当时野心都大得很,左手写分析哲学论文,右手写小说诗歌,还能捎带做点音乐。这种左右通吃的搞法,也吸引了一些文学圈的朋友。其实哲学合作社的早期一批人都是文艺青年,像王敖、做利维坦公众号的吴淼(写诗时叫"二十月")、七格、3q、太上老军等都是合作社"双生球"时期文学球的版主。

2004—2007 年属于合作社的草创期,2008—2010 年属于双生球时期。双生球的后期,组织出现了分裂,主要是大家对论坛的主旨以及讨论问题的方式等意见不一。双生球主要靠彭天璞维持,他贡献巨大。不用问,"双生球"的创意来自普特南的孪生地球。

后来,朱岳在豆瓣给合作社建立了一个分舵,不过总体有些消沉。2011 年夏,我到重庆西南大学参加中英美暑期学院(生物学哲学主题),那是第一次见到酋长、方卫、文奇几个。我常看到酋长领着一帮年轻的男男女女远远走过,谈笑风生。我大多闷在屋子里泡论坛,有一次天气太热,实在睡不着,就给朱岳和刘金山发了一条短信:"合作社不能就这么完了!"朱岳说,他看到我的短信,一抹眼珠子,没穿衣服,就爬到电脑边上看论坛帖子。那时,我们委托海霞在加拿大帮我们重新注册了合作社,请她管理。她不仅做技术维护,还非常有效地推动了哲学讨论。有很多在海外读博士的同学都加入了讨论,遗憾已经忘记网名了。只记得胡星铭老兄就是那个时候加入的,绰号"天长小道"。据说他们还在纽约组织了哲学合作社海外分舵小聚。坩埚初到美国的时候,一次来信说在纽约大学遇到一个北大经济系的朋友,说他认识我,那估计是一起蹭过哲学课的。世界就这么小。

海霞的网名叫安小略,所以社员亲切地称呼她为安书记。在这前后,我记得有若林源三、gill、新立城北、刘德华、万美文,还有北大一个逻辑学系的博士同学(modoustollens)等经常参与讨论。但朱岳参加得少了。其实,自从坩埚上场之后,朱长老就说,他可以退场了。朱岳是合作社初期的元老,他觉得合作社的早期讨论,都是民间哲学爱好者,既生机勃勃,也不讲规范。等到越来越多的哲学行当的人参与,讨论就变得专业了,一般插不上话了。这是一个事实,我也挺遗憾。后来我一直在想,能不能在专业和非专业之间做一些沟通,让每一个好思考的人都愿意说话。

有了微信以后,合作社就愈发萧条了。每年只有到续费时,我们几个老社友才聚在一起,发几声感慨,凑个份子钱。乃至小涛加入时,只给他封了个光杆司令,空有一腔热血。我这个人有点念旧,不愿舍弃最初的东西,一直想把合作社的网络论坛维持到给各位社友包括我自己写讣告写悼词的那一天。现在看来,有点不合时宜了。

最后发一张 2006 年 12 月岁末哲学合作社聚会的照片送给大家。

从左至右依次为:

程广云、刘金山、夏年喜、朱岳、徐向东、邢滔滔、仲海霞、叶峰、孙永平、梅剑华、洪浩、彭天璞(前面的羽绒服是滔滔老师的)

越界：从尼采到实验哲学

网络流传一个当代分析哲学家推荐的阅读书单，这是西班牙网站 Demasiado Aire 做的一个专题，对当今世界知名哲学家进行调查，询问他们在本科阶段，哪三本书对他们的影响最大。其中有 28 个哲学家做了回复。国内熟知的伦理学家查尔斯·泰勒推荐了《知觉现象学》《卡拉马佐夫兄弟》和《平信徒神学》，心智哲学家查尔莫斯推荐了他博士导师侯世达的两本书《哥德尔、艾舍尔、巴赫——集异璧之大成》《心我论》和帕菲特的《理与人》，科学哲学家范弗拉森推荐了《存在主义是一种人道主义》《空间的哲学》和《数学的基础》，帕菲特本人推荐了《伦理学方法》《功利主义》和托马斯·内格尔的《无源之见》，宗教哲学家普兰丁格推荐了《理想国》《中世纪哲学研究》和《感知》，形而上学家威廉姆森推荐了《单子论》《表象的结构》和《思想的对象》，逻辑学家普莱斯特推荐了《数学原理》《语言的逻辑句法》和《从逻辑的观点看》。不难看出，大部分哲学家的推荐都和他自己将来所从事的研究有密切的关系，只有极少数是比较个人化的。例如，范弗拉森推荐的萨特著作，也许是因为自己在个人精神生活上受到了萨特的影响。20世纪六七十年代，存在主义对欧美年轻学生产生了覆盖性影响。以研究心理因果而闻名于世的心智哲学家金在权也是从了解存在主义才开始进入哲学行当的。

推荐比较耐人寻味的是实验哲学研究领域领军人物加西华·诺布（Joshua Knobe）教授。他推荐了尼采《论道德的谱系》、维特根斯坦的《哲学研究》和克尔凯郭尔的《战栗与恐惧》。这些哲学经典和他之后从事的心理学与哲学之间的交叉研究似乎没有任何关联。从阅读尼采、克尔凯郭尔到引领实验哲学思潮，不知道有怎样的精神历程。诺布1996年本科毕业于斯坦福大学，2006年博士毕业于普林斯顿大学，博士导师乃是普林斯顿大学哲学系前系主任吉尔伯特·哈曼，当代自然主义哲学的重要推手。1970年克里普克做《命名与必然性》讲座，哈曼是录音稿整理者之一。另外一个是托马斯·内格尔。诺布毕业后在加州Chapel Hill分校担任助理教授，因其实验哲学工作，声名鹊起，很快被挖到耶鲁大学哲学系，担任耶鲁大学哲学系和认知科学的双聘教授。1974年出生的诺布是自然主义哲学的少壮派。

诺布少时既迷恋大自然又酷爱机械技术，常去森林里学习了解各种树木的拉丁名字，给自己房间里安装各种彩色灯带。诺布的父母相当开明，尊重他的种种选择。诺布一家住在美国东部马萨诸塞州，去西海岸斯坦福大学读书时，他想骑行穿越美国去上学。亲友长者皆反对，但父母支持他。诺布于是骑行六周到达了学校，比预定计划还早。当时斯坦福大学有一个跨界本科项目，可以自己选择各种课程组合成一个学位，诺布于是给自己发明了一个本科学位：跨界伦理学。把哲学、心理学、宗教、神经科学、政治学等各个学科的伦理议题组合起来的伦理研究。现在哲学系,伦理学的交叉研究渐成主流,但在20世纪90年代很少见。本科时,他特立独行,一度住在学校附近森林自己搭建的帐篷里,甘当马勒(Bertram Malle)的研究助理,一起做实验,以求减少开支。当时马勒正在斯坦福大学读博士。

马勒日后成为知名的心理学家,担任布朗大学的认知-语言-心理科学教授。他关注常人意图行动的直觉,通过实验调查来理解意图行动。两人在《实验社会心理学》杂志上合作发表了一篇文章《意图的大众概念》。[1] 人们在解释行为时,常常区分有意行动和无意行动,这背后隐藏着大众关于"意图"的共同观念。这篇文章设计了四个实验,逐步确认、分析大众的"意图"概念,表明这一概念包含了欲望、信念、意图、觉察和技巧五个组分。文章对比了已有的"意图"行动模型,探究了这一模型在社会认知、发展认知中的作用。

在做心理学实验的同时,诺布也钟情于传统哲学,阅读亚里士多德、尼采、克尔凯郭尔、休谟、马克思和维特根斯坦。本科毕业之后,他去了德州的公益组织帮助流浪汉和穷人、去墨西哥教英语、到德国做翻译。虽然一度不想碰哲学,但他却一直在写自认为不属于哲学的学术论文:人们关于他人的看法如何受到道德反思的影响。长期以来,诺布自己过着学术双面人的生活:一面,他和马勒一起合作在心理学杂志上先后发表了6篇论文,实验调查是基本手段。另一面,他又写作日常推理中道德作用的"哲学论文",概念分析是主要工具。笔者曾

---

[1] The folk concept of intentionality, Joshua Knobe & Bertram Malle, *Journal of Experimental Social Psychology* 33:101-121, 1997.

撰写过一篇文章《概念分析与经验探索：实验哲学的二重证据法》[①]。诺布左手实验调查，右手概念分析，兼具两大学科（心理学、哲学）传统之长而不自知。

　　机缘巧合，一个学术批评让他的双面学术生涯合二为一。哲学家米勒（Alfred Mele）针对他和马勒的文章写了一个回应。米勒考查了他们论文的每一个细节，表明哪些是错的，哪些方向是对的，但仍然需要更进一步的实验来确证。让诺布震惊的是，米勒把心理学中关于意图行动概念的经验问题和诺布自己探索哲学中道德的问题联系起来了。米勒指出，诺布对意图行动的分析，仅仅诉诸了像信念和欲望这样的心理状态，而没有考虑道德特征在其中扮演的角色。按照他的观点，道德观念影响人们对行动的意图是一种错误。米勒的批评促使诺布从道德考虑重新设计实验。但更重要的是，米勒的批评让诺布逐渐意识到，也许研究传统哲学最好的办法就是做实验。从柏拉图、亚里士多德到19世纪的密尔和尼采，这些大哲学家都认为对人类实际存在的理解，会对我们的哲学探究大有助益。他们都探究关于心智的事实如何与伦理、宗教联系起来。果如此，则做实验就是理解人类实际存在的重要方法。米勒是佛罗里达州立大学的教授，他的研究方向是行动理论、心智哲学、形而上学和古希腊哲学，他对自己的介绍是：他所有的工作都围绕如何解释人类行为展开。解释人的行为，就是解释人之为人的特征，就是哲学的核心工作。需要指出的是，解释人的行为的交叉研究和心理学中的行为主义不是一码子事。

[①] 发表于《社会科学》2020年第5期。

回到马勒 & 诺布和米勒的争论。通常我们有两种思考行动的方式：第一，关于正确和错误、称赞和谴责这样带有道德评价的行动；第二，完全描述的行动：带有意图的行动、拥有理由的行动、独立的行动。诺布意识到这两种思考行动的方式彼此不能完全独立，而是互相影响。诺布在一系列关于意图的研究中发现了日后以他自己命名的诺布效应（Knobe Effect）[1]：一个行为被认定为有意还是无意，取决于受试者对行为主体的道德判断。考虑如下场景：

> 公司的副总裁向委员会主席报告，"我们计划启动一个新项目。这会帮助我们获得收益，但也会伤害环境。"
>
> 主席回答说："我一点也不在乎破坏环境。我只是想要公司收益。启动这个计划吧。"他们启动了这个项目，的确环境受到了破坏。
>
> 有一个对应的情况：
>
> 公司的副总裁向委员会主席报告："我们计划启动一个新项目。这会帮助我们获得收益，但也会改善环境。"
>
> 主席回答说："我一点也不在乎改善环境。我只是想要公司收益。启动这个计划吧。"他们启动了这个项目，的确环境得到了改善。

在破坏环境的语境里，受试者判断老板是有意为恶。在保护环境的语境里，受试者判断老板是无意为善。只是一个语词的改变，使得受试者对主角老板的意图做出了不对称的判断。大部分测试者认为公

---

[1] Knobe, J. (2003). Intentional Action and Side Effects in Ordinary Language. *Analysis*, 63, 190–193.

司主席有意为恶，无意为善。这样一种非对称效应还适用于抉择、欲望、有利、反对、提议这些概念。我们对人的道德评价影响经常我们对一个人种种心理活动的预期。这不免让人想起丹尼尔·卡尼曼在《思考：快与慢》中对经济行为的心理调查研究。卡尼曼用心理学手段去测试人们在进行经济活动时的一些系统判断，发现人们的判断受到心理效应（禀赋效应、锚定效应等）的影响，从而很难做出完全理性、全面的判断。诺布的跨界工作促成了在 Edge 上卡尼曼和诺布的一次对谈。那次交流，卡尼曼的问题非常尖锐。虽然他对心理学与经济学交叉形成的行为经济学贡献巨大，但他并不理解心理学与哲学交叉形成的实验哲学研究。他觉得在行为经济学中所发现的都是颠覆常人直觉的东西，新颖的东西。如果实验哲学的研究不过是验证了某些哲学说法，意义不大。不过，卡尼曼不太了解的是，实验哲学中的研究也有不少是非常新颖的。比较行为经济学和实验哲学二者在各自领域的位置和所受的批评是一个有趣且重要的话题。超出了本文范围。简单来说，即便只是通过实验来确证哲学中的一些既有立场，对哲学来说也是重要的。哲学并非空中楼阁，有其现实基础。

道德观念不仅仅影响心理意义上的东西，还影响常人的因果判断。诺布对人们的因果归责判断做了调查。考虑如下场景：

> 哲学系的秘书在她桌子上放了很多圆珠笔。其中系里的行政人员可以自由取用这些圆珠笔，但教员则需要支付费用才能去用。行政人员常常来取走圆珠笔，不幸的是教员也这么做。所以秘书不得不常常写信给全系人员，提醒大家只有行政人员才可以自由取用圆珠笔。某

个周一的早上,有一位行政助理在前台遇到了史密斯教授,他们两人都取走了圆珠笔。过了不久,秘书需要写一个重要的告示,她发现,桌子上没有笔了。选择

(c) 史密斯教授为此负责还是

(d) 行政助理为此负责?

调查结果表明,大部分受试者都认为是史密斯教授而非行政助理应该负责。从科学观点来看,二者都是责任人。但关键的区别在于教授做错了事,而行政助理不过是尽她应有之义务而已。常人的道德判断形成了他们关于事件之间因果归责关系的理解。[1]

斯宾诺莎对情感有一个解释。如果我们深入理解到一个人的行动被以前的事件所决定,我们可以继续爱这个人,但将不再因为这个人违反规矩而感到愤怒。关键的问题在于,实际上真的如此吗?要验证这一点,就需要进行心理学实验,看看实际生活中的人是否像斯宾诺莎所理解的那样,通过深入了解形而上学决定论获得情感的平静。

诺布的主要工作就是运用和认知科学、心理学相联系的实验方法,去研究和哲学相联系的问题。他主要研究关于人们道德判断直觉所受到的影响。诺布发现:人们理解世界的日常方式受到道德的影响。当代分析哲学的数学化、逻辑化和当代欧陆哲学的历史化、浪漫化,都远离了哲学传统中的经验科学方法。

实验哲学是一个跨学科领域。学界对实验哲学存在诸多疑虑。人

---

[1] Hitchcock, C. & Knobe, J. (2009). Cause and Norm. *Journal of Philosophy* 11, 587–612.

们会认为哲学并不关注常人怎么想，哲学是一种专门的系统研究，与常人无关，也无关心理学方法。这种认识有所偏颇，当人们如此考虑时，他们预设了一种相当晚近的哲学观念，尤其是 20 世纪分析哲学的主流观念。但在哲学传统中，有一些哲学家认为关于大众直觉的事实和哲学是直接相关的，另外一些哲学家则不同意。哲学并不仅仅关乎形而上学、认识论或概念分析，哲学更关乎人类的生存处境。斯宾诺莎的《伦理学》对形而上学做出了重要的贡献。但是，《伦理学》的主要文本不仅仅关乎形而上学，也关乎人类实际的心理。哲学家也在为这些形而上学问题如何澄清心理学事实做出争论。斯宾诺莎认为心理学事实与关乎人类生命和心智的哲学问题直接相关。实际上这也是实验哲学家今天面对研究的问题。诺布阅读亚里士多德、斯宾诺莎、尼采、休谟、克尔凯郭尔，为他们关于道德的思考所吸引。他研究生时期读哲学，发现这些思考完全属于哲学领域之外，只有外行才会感兴趣。甚至有人告诉他，休谟《人性论》中的大半内容都不能算作哲学。

重要的不在于实验哲学如何与主流分析哲学相关，而在于实验哲学能否帮助我们认识到人们如何思考、如何感受的事实，这些与传统哲学中考虑的话题有着非常直接的联系。诺布回忆在博士期间，参加哈曼的哲学课程，每次他提出的想法都被哈曼一一驳回。哈曼精于概念分析、提出反驳，以至于让诺布怀疑自己的智识能力。直到有一天他怯生生地和导师提到，自己所作的关于道德的心理学调查可否作为博士论文选题。没想到这一想法完全得到了哈曼的认可。哈曼虽然处于分析哲学主流传统，但一直支持哲学的自然化进路。老一代实验哲学教父斯蒂芬·斯蒂奇也毕业于普林斯顿大学。

即便承认哲学关乎大众，还是存在一个问题。传统哲学里，哲学和科学不做区分，呼之为哲学也可，呼之为科学也可。如果实验哲学完全不考虑当今哲学观念，还有什么资格可以称之为实验哲学？我们并不把心理学、神经科学叫作心智的实验哲学。也许，我们需要更新当代的哲学观念，考虑哲学作为跨学科研究的价值。想一想心理学和经济学的交叉，研究消费者决策的方式，这是行为经济学的主要工作。并不因为心理学方法，使得行为经济学不再是经济学的一个门类。其实，有一些问题无法严格区分学科，例如解读古典文本。我们既不能说只是哲学问题，也不能说只是古典学问题。如果我们想真的解释这些段落，最好的办法就是忽视学科区分，采用我们能用的任何方法去追索问题。当我们在讨论跨学科研究时，你会发现我们根本都不会提到跨学科这个事，关键是如何解决这个问题。以诺布关注的意图为例：有人关注意图行动的形而上学问题。在这个意义上，意图的心理学研究没有那么重要。但是，另一方面，如果你认为重要的是关于人类存在和他们感知世界的这一问题，那么意图的实验研究就是有价值的。在哲学研究领域，概念分析方法和经验研究并重。诺布调查半个世纪以来的心智哲学研究，发现在论文中出现了越来越多的科学方法、证据和结论。

也许是因为受到自己到底有没有能力做哲学的困惑，诺布还做了一个很有意思的学科文化调查。在学院里存在着不同的学科文化，例如在哲学系里，关于学者的评论和在心理学系的评论是非常不同的。当一个哲学系面临如下两个候选人：

（a）面试者对教学科研做出了有价值的贡献，例如教学经验丰富，发表不少；

（b）面试者没有在教学科研上做出任何贡献，但在行内公认为极度聪明。

诺布说，大多数哲学系一般会要第二个面试者。心理学系则完全不同，当大家要聘任一个人的时候，从来不会问"这个人有多聪明"，而是问"她做了什么发现"。如果你没有任何贡献，那你就没有任何机会。心理学系不会因为你有多聪明就会雇用你。这是两种不同的学院文化。哲学系学生主要焦虑自己到底是否足够聪明，心理系学生则焦虑于自己是否做出了具体的贡献。我们经常听到关于哲学天才的说法，例如罗素看了维特根斯坦的作品不到一页，就断定他是一个天才，这种众所周知的段子也影响了人们对做哲学的看法。在我们这个高等教育普及的时代，唯天才论可能会损害哲学行业，使得很多人畏惧哲学，甚至产生对哲学的错误想象。

"聪明"的诺布在分析哲学的主流训练中也感觉到自己的智力不够，产生困惑。幸好他找到了自己喜欢的哲学工作方式。王国维早年研习哲学，发现可爱的叔本华哲学不可信，可信的康德哲学不可爱。诺布从喜欢可爱的哲学开始，最终对可爱的哲学进行了可信的研究，弥补了自己的精神缺憾。诺布相当高产，发表论文将近一百余篇，在实验哲学的各个研究领域均有开创性成果，例如：因果、自我、意图、道德、意识等。但他有一个致命的"小残缺"，他的手很难用笔或打字。从读研究生开始，他就发现自己一周打字不能超过四五个小时。

为了克服这个困难,只好尽量减少打字时长,花大量时间在散步中思考。他在头脑中打腹稿,直到一切就绪,才会写作。语音识别软件的出现帮助了诺布。心理学调查、语音软件、合作发表,诺布的这些研究写作方式和通常的研究写作方式差异很大。他本身就是对哲学行业的一个革新,召唤我们应该以新的眼光去看待哲学。成名之后的诺布不忘初心,他和英美学界的尼采专家莱特(Leiter)教授,也是哲学品酒师的主持者,合作发表了一篇《为尼采的道德心理学示一例》[1],也算还了自己大学时代的心愿。

---

[1] Knobe, J. & Leiter, B. (2007). The Case for Nietzschean Moral Psychology. In *Nietzsche and Morality*. Brian Leiter and Neil Sinhababu (eds.). Oxford: Oxford University Press. 83–109.

一切诚念终将相遇

十年前是我学术生涯的开端，第一次正式参加中国分析哲学年会，在华东师大。第一次正式参加维特根斯坦学会年会，在人民大学。似乎一切是新奇的。十年后是学术研究的再次出发，不再逢会必开，感觉一切尚需沉淀。十年前，三十未立，敢说敢做；十年后，四十而惑，一切刚刚开始。

这十年，在做事上，协助老领导程广云老师引进陈嘉映、叶峰二位老师，接替广云老师担任哲学系主任，忙碌三年。三年前，调任山西大学哲学社会学学院，策划《认知科学》杂志，恍惚又是三年。这十年，前半段的工作重心在北上广，三个地儿轮流开会。后半段，中心在地方，每年端午都要回到家乡秭归参与屈原哲学文化活动。这十年，前半段的工作重心是线下的学术活动。后半段，线上的交流成为常态，每周一次读书会，每个月线上讨论成为惯例。

十年前的重心在海淀，我在首师大和北大之间来回穿梭，一周要骑车几次去北大听课，再回首师大教课，25分钟的骑行风雨无阻。十年后是双城记,从北京到太原,一周要跑上一个来回。北京的家,太原的课,两头顾,两个半小时的高铁车程感受时代的变迁。十年前的研究重心是语言哲学和心智哲学,十年后开始关注人工智能、技术哲学和儿童哲学。从纯粹的概念分析论证走向贴近经验、贴近生活、贴近时代的哲学问题。

一个人有多少个十年?从三十岁到四十岁,不妨看作人生最好的一段时光。三十几岁的年纪,不再如二十多岁轻狂,却也尚未沾染暮气,可以沉得下心来做一点自己愿做的事情。我的主业是心智哲学,围绕心智哲学,拓展了实验哲学、儿童哲学、人工智能哲学乃至形而上学研究。

当今之时,理解心智和大脑似乎成了哲学最为核心的工作之一。我曾对物理主义笃定不移:一切事物最终都是物理的,一切事物最终都可以为物理科学所描述和解释。这似乎成了我们这个时代的科学世界观。我在北大的老师们潜移默化地影响了我。在韩林合老师的指导下,我完成了关于物理主义的博士论文。韩老师是国内维特根斯坦专家,包容我做不同的研究,提示我注意到维也纳学派时期的物理主义。叶闯老师曾引发我对克里普克、戴维森、塞拉斯乃至布兰顿的持久兴趣。我最早接触心灵哲学,却是2004年秋季,程炼老师在北大外哲所的课上。十多年后,当我写《人工智能与因果推断》时,关于图灵和哥德尔,受惠于程炼和邢滔滔老师的课。这些课背后是"哲学合作社"网络论坛,2004年一直维持到现在,曾经是很多分析哲学爱好者的网上家园。今年搬到微信公众号,年轻的同学们默默为之付出。

最近几年,我逐渐认识到,物理主义在如何理解人类自身的特性,尤其是意识这一问题上，存在一些根本性的困难。也许，物理主义只处理那些原本在物理科学知识范围之内的事物，而无意于处理意识。但这似乎使得物理主义不能成为一个普遍的主张。我们关于心智、意识的直觉抵制科学的解释，这背后是如何看待科学和常识关系的图景。面对这一挑战，我提出了"有我的非还原的物理主义"这一主张，世间的基本存在不能仅仅包括物理科学所承诺的存在，还应该包括日常的宏观物理事物，例如我和你、天与地、山川河流，飞沙走石。非还原的物理主义把宏观物理实在作为基本的物理存在物，形成一种较为合理的哲学立场。有我的物理主义观受到我在首师大的两位老师兼同事的启发：一位是叶峰老师，他曾提出"无我的物理主义"。我的观点和叶老师不同，但主张无我的叶峰老师对我帮助甚大。另一位是陈嘉映老师，他对意识问题有不少系统的思考。在首师大、山西大学有一个讨论意识问题的小圈子，这应该提到很多经年累月讨论问题的朋友如刘畅、王晓阳、钟磊、陆丁、任会明、汤志恒、陈敬坤、沈杰，等等，不一而具。我受惠于诸位师友的思想滋养。

我最早的一次公开学术报告是在 2014 年 4 月做的。感谢刘晓力老师的邀请，我在人大哲学院五层会议室讲了"亨普尔两难：如何理解物理主义"，评议人是叶峰老师，但讨论环节主要是老友畅哥（刘畅）和丁哥（陆丁）的持久争论，这似乎是我们讨论的常态。我因为刘晓力老师创办的"哲学与认知科学平台"和人大结下了不解之缘，人大也成了这十年中我去得最多的大学。

一切诚念终将相遇。十年来，认识了诸多师友，有的师友参加了我的意识研究的重点项目；有的师友成了《认知科学》刊物的学术委员和编委,有的师友成了"哲学合作社"的建设者,有的师友成了"哲学与当代艺术"的主讲人,有的师友成了山西大学的新同事,有的师友成了随时可以聊哲学的朋友……

因缘际会做了一些小事,因小事而汇集一些有趣的人。

这十年,似无虚度?

行动让生命有意义[1]

我们一开始读哲学，不少人因为对生活产生了困惑而对哲学感兴趣，等我们读的哲学越来越多，却似乎忘记了当初的困惑，一头扎进了文献里。不管是当代的分析哲学、伦理学，还是古代哲学、科技哲学，都成了一种专业的学问。我们注重清晰的定义、概念分析和逻辑论证，就每一个立场进行辩护或加以反驳。思考的问题越来越深，越来越细。惊回首，你当前思考的东西还是一开始困惑你的东西吗？《你以为的人生意义就是人生的意义吗？》这本书把我们带回到原始的大地，真实的生活。坊间关于人生意义探讨的哲学普及读物不外两种。一种接近专业的学术讨论，从对"意义"的语言分析开始。另一种接近大众的励志读物，充斥着各种精彩的人生故事。前者失之以专，后者失之于浅。你将读到的这本书在专业和大众之间建立了一座桥梁。在这本书里，你会看到很多有意思的案例、故事、电影，等等，但作

---

[1] 本文是为《你以为的人生意义就是人生的意义吗？》所写的书评。朱利安·巴吉尼：《你以为的人生意义就是人生的意义吗？》，吴奕俊译，2022年。

者不限于此，而是从故事入手，展开系统分析论理，即事以论理，理在事中矣。

生命的意义可以算是一个最基本、最重要，又最容易被哲学所忽视的问题。任何一个问题问到最后，必然问到生命的意义。人天生惊异，爱追问个为什么。今天看来，问为什么有两个维度。如果我们注意到人类的追问能力和背后的推理机制，就会找到人的基本能力是因果推断这一说法。我曾在珀尔《为什么：因果关系的新科学》导读里，就人类关于因果的追问做了一种讨论。在那里，只涉及人们如何探索一个事情和另一个事情之间的关系时做出的推理。但另一种为什么关心的是追问链条，针对任何事情发问，只要将为什么的问题有意义地持续问下去，势必抵达生命的意义之问。程广云教授在一次访谈中谈到"什么是哲学问题"的时候，也谈到这一点，他说"追问为什么到最后就是哲学问题"。比较一下这两类为什么，对我们理解人工智能很有帮助，真正接近人类智能的人工智能不仅能够像人一样进行因果推断，还要能够回答这种关于为什么的生命意义的终极追问。

哲学可以做出自己的专业贡献，但要让人生富有意义，就不能只做个哲学家。休谟说："做个哲学家吧。但在你全部的哲学之中，还是要做一个人。"探究生命的意义这一哲学问题也许是作为一个人的哲学家最有意义的一种方式吧。作者大致分两个部分来讨论生命的意义。首先介绍生命的起源来理解生命的意义；其次，作者考虑了若干让生命有意义的方式来思考生命的意义。关于生命从何而来大致有两种解释：一个接受创世说，上帝创造了一切包括生命；另一个是接受自然科学，人类的生命乃是亿万年演化而来。于国人而言，接受生命的演

化解释几乎不言而喻,但稍加思考就会面临托尔斯泰在《忏悔录》中的质疑:

> 知识领域对我的生活的意义问题的回答总是:你就是你称为你的生命的那个东西;你是一些微粒的暂时的聚合物。这些微粒的相互关系和变化在你身上产生了你称为生命的东西。这个堆积体将会持续一段时间;然后微粒的相互关系将会消失,你称为生命的东西和你的所有问题将会了结……然而,这个答案不是对问题的回答。我需要知道我生命的意义,但它是一个巨大的粒子这个事实,不仅不给予它意义,而且还摧毁任何可能的意义。

在今天看来,托尔斯泰的质疑就是对世界持有一种物理主义世界观之人的质疑。物理主义者如何理解生命的意义?是的,一切事物在基本层面都是物理的。今天的我们难以接受灵魂转世、永生、上帝这样一些宗教观念。科学取得巨大成功,科学观念深入人心。我们不再接受超自然的事物,而是化超越为内在,把神性、宗教性、精神性的元素凝聚于人类精神之中,这似乎就是人类和其他万物的不同。庄子说:"自其同者视之,万物皆一也。"从物理视角来看,天地万物莫非物理。庄子还有一句:"自其异者视之,肝胆楚越也。"如果我们要深入理解人类的精神世界,就要注意到不同物理事物之间的性质差异。与其他物理事物相比,我们人类拥有突出的能力,能够认识事物,能够创造价值。不仅如此,我们还能同时认识到,人类的认识和创造能力本身乃是自然过程的产物。由于这些能力大多产生在人类感知周遭世界的层次上,并非物理科学所关心的内容,因此物理科学对于种种日常感知现象的解释就捉襟见肘了。所谓万物具有某种精神性,并非时下的泛心论。而是天地一切事物乃至那些不可见的微观粒子,都因人类的认知而变得富有意义。物理学也是人类认识世界的工具。生命的意义不能从它是巨大的粒子这一个事实得到彰显。毫无疑问,生命建立在巨大粒子集的基础之上,一旦生命成其为生命,就具有了自主性。对生命意义的解释,就需要在生命的同一层次上得到解释。不管生命为上帝所造,抑或自然演化,总要在世界之中有所作为。

正是行动塑造生命的意义。人类可以采取很多办法为生命赋予意义,例如帮助他人、追求崇高、寻求幸福、保持快乐、获得成功、活在当下、解放心灵,将每一天当成人生的最后一天来享受,乃至认识到生命本身的无意义,等等。作者对这一个个塑造生命意义的主张,引用大量的故事,结合分析论证来帮助我们思考人生的意义。帮助他人当然是一件有意义的事,不管是舍身饲虎的高僧大德,还是一辈子做好事的雷锋,他们的人生都充满意义,也让我们感受到了意义。当然,帮助他人不是唯一提升生命意义的方式。甚至对于某一个特定的人,他也不能仅仅靠帮助他人获得生命的意义。生命是整全,在帮助他人的同时,一个人也可以寻求幸福或保持快乐。只有在丰富多彩的个人生活之中,帮助他人这种利他主义行为才变得富有意义。一个绝对的利他主义者,也许是石黑一雄笔下的克拉拉,是被程序设定为利他主义的机器人。如果生活中没有偶然、没有可能、没有结束,似乎我们就不再那样看重生命的意义。幸好小说中的克拉拉并非永生,而是被遗弃在机器人垃圾场了。生命之短暂,为生命赋予了意义,要是克拉拉会永远存活下去，石黑一雄的这部小说就没有必要写了。人类的自私和冷漠会因为克拉拉的永生而显得微不足道。我想，读者大概明白我的意思，活得更久不能为生命带来更多意义。阿尔贝·加缪在《鼠疫》一书中说道："世界的秩序是由死亡塑造的。"

书中谈到著名伦理学家伯纳德·威廉斯对人生有限性的理解。在《马克罗普洛斯事件》中，威廉斯指出，活得太久可能会让人感到"无聊、漠不关心、冷淡"。威廉斯此论乃是基于卡雷尔·贾佩克的同名戏剧，故事以一个靠某种永生血清活到 342 岁的女人为中心展开。这个女人最终决定停止使用永生血清。发现真相的人尊重她的意见，并且烧掉了血清的配方。威廉斯阐释了这部戏剧的寓意，即人类不适合永生，有限性塑造意义。可是另一方面，我们也不得不看到，人类的寿命在不断延长，医疗技术的迅猛发展，生物制药技术的发展，器官移植、延缓衰老、基因保存、脑机接口乃至意识上传，人类在不断挑战有限性的边界。如果人类的生物生命得到巨大的改变，海德格尔所谓的有限性的"此之在""向死而生"都要受到巨大的挑战。据说 2021 年是元宇宙元年，虚拟现实业已发展到相当现实的地步了。我们的人类已不再仅仅是赤手空拳的人类，种种高新技术增强了我们人类生命的各个方面，从头到脚。我们的世界也不限于自然世界，VR/AR/XR 不断扩充虚拟世界的地盘。这一切都将干预我们对生命意义的理解。

作者坦言他在"本书详细地介绍了能够弄清楚人生意义这个问题的各种哲学式思考"。但是"这个问题没有最终的答案"。我们关于各种让生命有意义的方式，并不存在哪一种比另一种有更好的价值，哪一种比哪一种遵循更正确的标准。因为并不存在一个更高的视角来评判各自的选择。哲学家诺齐克曾提出著名的经验机器思想实验：想象有一台机器，一旦你进入机器就能得到各种虚拟的真实经验，让你体会最美妙的感觉，可你一旦进去就不能回来。问你愿意进入这样一种经验机器吗？大部分人的选择是：不进入这种虚拟的经验机器。但是，作者提醒我们："不过，我们应当小心现在不要犯错，把追求真实的愿望当作生命中凌驾于一切事物之上的至高价值。比如，如果另一个选择是在'真实'世界里受到永无止境的折磨，那我们可能会选择进入虚拟现实机器。如果食物和住处这种最基本的需要都没有得到满足的话，那么这些渴望肯定也就没那么重要。挨饿的人不会把'书写自己的命运'当成优先事项，而是想要面包。"在现实中的人们虽然憧憬远方和梦想，但要紧的是有一个最不坏的选择来度过当下。

阅读此书，未必能提升你生命的意义。生命的意义来自行动。不过，这种思考至少会让你明白，你的行动和你的禀赋、兴趣、意志、机缘乃至梦想彼此交织。你的行动就是生命的开展，意义因此而彰显。读完这本书，最好的回应方式，就是去行动吧。

第五部分

追问

人们从自己可以理解的地方出发,寻找天地万物的关联,即物以穷理。

学哲学面临的困境

给 jiayi 的信：

今天早晨起来听到你的微信语音留言，听到了你好几层想法。你觉得读哲学做哲学才是你最想要的生活，因此你想还是回到哲学。但是你有点儿怀疑自己的能力是不是能做好哲学，因此你想从硕士读起，补一些基本的东西。但这又面临另外一个问题，你的同龄人甚至比你年轻的朋友们有的已经在攻读博士，甚至已经在大学哲学系执教，这让你感到焦虑和压力。能不能学好哲学，能不能顺利读完学位，能不能最终进入哲学这个行当，这都是你当下不能预知的，但肯定是一个漫长的过程，面临诸多的考验。

人的一生大概经常处于悔不当初的心理状态，我也经常会反思以前的诸多选择和行为。如果我上大学就把英语学得足够好，如果我上研究生就把逻辑学得足够扎实，如果我毕业不选择留校，如果我不是把很多的精力放在哲学系的发展上，如果我不去和朋友合开教头餐厅……但我从未想过如果我不学哲学。事实上这么多年在个人的成长中，我唯一不后悔的就是选择哲学作为自己的职业吧。我记得叶峰老师在一次访谈中说，他觉得只有哲学才能满足他的智性需要。叶峰老师从普林斯顿大学毕业后，还做过五六年的软件工程师，后来终于转回哲学，2004年回到北大任教。上个月来我们学校做心智哲学报告的王华平老师，大学毕业之后，在我的老家宜昌工作多年，考上浙江大学的硕士，又读博士，后来到山东大学哲学社会学学院任教，在心智哲学领域做出了成绩。很多年前，刘闯老师介绍我认识了唐浩，大概你也知道这个人。唐浩老师本科读的是复旦大学的物理学，毕业申请到康奈尔大学读核物理博士。他读完硕士学位，可能是发现自己的兴趣在哲学，就转到匹兹堡大学的科学史与科学哲学系；读完硕士又发现自己的哲学兴趣在康德、维特根斯坦，又转到哲学系跟随麦克道威尔攻读博士学位。这样一个求学过程至少持续了十余年。唐浩回国后先在武大，后来到中山大学，现在到清华任教。在年轻一代中，他肯定是很有影响的维特根斯坦专家了。刘晓力老师当年到武汉大学跟随康宏逵先生学逻辑，康先生说，学好逻辑五十岁不晚，六十岁也不晚。我记得倪梁康老师的德国导师五十岁才开始接触哲学，他当时好像是通用公司的一个汽车工程师，在一个酒会上听到一个哲学家谈论大概是笛卡尔怀疑论的问题，觉得很有意思，就决定学哲学。他后来辞了工作，靠一点社会救济坚持读完了博士，到大学任教。"天才之为责任"说的是维特根斯坦，"兴趣之为责任"说的是凡夫我辈。坚持兴趣，把兴趣作为自己的职责，发展下去，成为自己精神之凭借，我想这是你我都不能放弃的。我想说，欢迎你重新回到哲学，至少在精神的层面上。

你说你怀疑自己是不是有能力做哲学,我想这个怀疑是没有必要的。"二战"以后,高等教育的普及和民主化趋势也极大影响了哲学,尤其是分析哲学的发展。当今的哲学虽然还顶着局外人眼里的晦涩、抽象、无用的名声,但它已经不再是传统的样式了。在哲学这个行当里的人,智商并不高于或者低于任何其他行当的从业人员。不过在我们国家这个文化传统里面,做中国哲学奔着成王成圣的理想,做西方哲学跟随柏拉图、黑格尔、维特根斯坦、海德格尔,还是生活在威权文化传统之中。民主化风潮之后的哲学是每一个具有高等教育背景、经历过一段专业训练的人都能读懂的,都能研究的。这里没有什么神秘。哲学之具有魅力,完全是因为它很根本、很有趣,而不是因为它神秘难懂。这一点在英语国家尤为明显。在任何一个哲学领域(如形而上学或者伦理学),读上一两本教材、一本论文选集(readings),就可以选择其中某一个问题搜罗文献进行深入阅读研究了。但是有一些基本的技术和知识背景需要补充,比如需要学习一些基本的逻辑。如果做心智哲学相关的,需要补充一些脑科学的知识。自然科学的基本常识、人文学科的基本常识和一些基本的逻辑技术是学哲学必备的,我想,对你而言,只需要补一点逻辑基础就可以了,也不需要太深。另外,不管做哲学中的哪一个领域,都需要对其他领域有个大致了解。小安习因果,难题不在技术,他的逻辑水平是不错的,但问题可能是对分析哲学的各个领域不太熟悉,因为因果研究中的很多术语都是其他哲学分支中常见的,所以需要补充一些背景。但我想,对其他哲学分支的了解,并不需要花费多长时间就能补起来。一个最基本的补充就是看各个哲学分支的导论性教材(如语言哲学、心智哲学、伦理学、科学哲学、形而上学等），就如你现在正在看的形而上学导论一样。深入的补是读文献选编，但这要视具体情况而定。最重要的补，是在研究中补，缺什么补什么，以问题为导向。基础是打不完的，技术是学不完的，所有的基础都应该是为你正在研究的问题服务（learning by doing）。写到这儿，我把我当年在豆瓣上写的一段文字抄过来供你参考：

2010-11-11 00：22：58

今天来上一阶逻辑课的只有五个人。第一节课结束后，卫同学走了，剩下我们四个选课的人。第二节课课间，博士、硕士和邢滔滔老师聊起了论文选题的事情，老师说当然要选前沿的、重要的题目。当年 Church 写了 *An introduction to mathematical logic*，教材内容不难，但习题相当难。Church 有自己的考虑，谁能把这上面所有的题目都能做出来，那么他就进入了逻辑的前沿。康宏逵老先生说全中国只有他和杨东屏两人把所有的题目都做出来了。说到康先生，老师说当年康先生用了很长时间解决了一个逻辑问题，在发表之前需要综述一下文献，结果发现这个问题早就被别人解决了。八十年代王浩回到北京，王宪钧问他，当时的前沿问题是什么？王浩说不知道。

说了这些，我们问如何才能找到真正重要的前沿问题，老师谈了两点。其一，只有大师才知道重要和前沿的问题，所以一定要跟大师，他们有好多问题放在脑子里，随随便便给你一个，你就能受益无穷。如果能跟上大师，即使你的基础很薄弱，也没有关系。他会给你一个正确的方向指导你读书，今天让你读这个文献，下次让你读那个文献，跟上一段时间，你就会对这个问题有一定的把握了，最终做成博士论文。你在这个方面的水平就会超过导师。为什么要跟对人？因为我们大多数人并不能把握方向，一旦把握方向，导师可以带着你穿越迷茫的崇山峻岭，到达最高峰。这个时候你已经取得一定的成就了，然后你可以再补充其他知识，如果必要的话。在研究阶段，尽量专门，不要为了学术训练，去学大量的基础知识，最终淹没在里面。四论（集合论、递归论、证明论、模型论）的文献浩如烟海，想要真正搞通，皓首穷经一辈子都不见得行。但是在研究的过程中，可以缺什么补什么，所有的辅助学习都为自己的研究目标服务，才能深入研究。

其二，不要觉得大师很神奇，大师也是人。你和他们讨论的时候也会发现，他们有时候也很平庸，关键是他们用功专一，同时能够把握大势。看起来好像很多大师的研究领域很广，其实不然，他们都是在某一个问题或者领域内取得很高的成就，其他领域或方面的成绩都和他所做的有着千丝万缕的联系，而不是完全孤立的。后来老师补充说王浩刚到哈佛就跟奎因，结果发现奎因在逻辑方面不过如此，就转向了哥德尔和塔尔斯基，日夕研读，把握了当时的前沿，做出了成绩。

从一个什么都不懂但有学习兴趣的爱好者，变成研究者甚至占领学术制高点的人，这中间有很多道道。我刚来北京时，上分析哲学课程，听叶闯老师谈分析哲学入门经验。老师建议我从弗雷格开始，罗素、维特根斯坦、卡尔纳普、奎因、戴维森、克里普克这样读下来，每一个人挑两三本主要的著作精读，花两三年的时间就可以把基础打得很扎实，当然数理逻辑也是必须学的（至少需要一阶逻辑、素朴集合论和模态逻辑的知识）。这在当时给我了很大激励，可是在这样的读书计划下，我发现有很多问题。首先，有些哲学家的著作很难懂，比如奎因的 *Word and Object*，以及维特根斯坦的任何著作。其次，有些书技术性强，比较枯燥，比如卡尔纳普的《语言的逻辑句法》。更要紧的是，我并不是对所有的著作都感兴趣，而碰巧我感兴趣的东西，又不在这个范围之内。但据说不把这些著作读完，读其他的书就很难把握要旨。最最重要的是，我经常参加分析哲学方面的课程，老师选定的书很少涉及这些经典著作。这样，你既需要花时间读经典，又需要跟上老师的进度，时间就显得很不够用。当然老师也建议不用来上课，严格执行读书计划就可以了，但那样又缺乏交流讨论的环境。我颇为此困惑了几年，当然也拉拉杂杂读了一些基本的书和一些新的文献。后来在合作社看拍老师的帖子，他建议多读 readings 和各种 anthology，辅以基本的教材，就能迅速上手。这个确实是王道，直接切入主题，选择和自己兴趣相关的读物，读书的效率大大提高。拍老师也说明了逻辑在哲学中应用的情况，让我心头大大放松一番。最近读书似乎更简单投机，碰到自己感兴趣的题目，教材也不看了，首先在 stanford 的哲学百科上看下这个题目的综述，接着上相关学者的个人网站看下大牛的文章，然后上 JSTOR、Springer、Blackwell 数据库或哲学论文搜索网站 Philpapers 甚至谷歌网，找下最近这个主题所发表的文章。把这三步做了，基本上对这个领域有个大概其的了解，最后才回头看相关的经典论述。从读经典到读论文的转变应该是我这些年最大的一个转变吧，当然关键的一些问题还是要看原著，但原著不能代替论文。

至于什么领域最前沿、最重要，如果多跟人交流，多上网看看信息，看看数据库，差不多能知道个大概。逻辑学的情况可能不一样，确实需要大师指引。这有点像陈省身当年去法国找嘉当。但后来陈先生也说了,现在信息发达了,出国似乎不是那么重要。当年复旦的一个学生想跟他读书,因故没能成行,他就给了复旦那个学生一个题目,那个学生做了十几年,终于取得了成绩。补充一个昨天晚上听到的教训:国内的一个逻辑学老师多年研究用只有逗号的符号系统,构造一个等价的逻辑系统,虽然确实做出来了,但没有什么意义,对逻辑学的发展没有任何实质的影响。

以上文字是我 2010 年在北大听邢老师的逻辑课时写下的,仅供你参考。你的智力和教养,足以让你从事任何领域的哲学研究,重要的是耐心和专注。作为一个具体的建议,我觉得你可以同时申请硕士和博士比较好,尽可能早日进入博士阶段学习。因为在博士期间的前两年都是硕士课程学习,没有必要再修一个硕士。在写 writing sample 上面有什么想法,我们可以随时讨论。国外大学的申请材料最重要的就是 writing sample。回国前我在罗格斯大学认识了从理工大学哲学系来做博士后交流的一个朋友,她在一所理工大学教了好几年哲学。她看到很多和她一样的朋友都在国外读了博士,在国际刊物上发表了论文,所以她很努力很拼。我建议她不如再申请一个博士,反正也不耽搁她做博士后,如果能申请到名校,回国后各方面压力会小很多。她刚刚考完 GRE,336 分,应该是很高的分。这一年多,我和她交流不少,她会经常批评我一天到晚在外面搞交际学术文化活动,不好好读书,浪费时间。如果好好读书,我也是可以做出一点东西的。这对我有很大的警醒。她是我见过的最为专注的人,她的生活基本上都是围绕着自己的学习组织的,她对各种逻辑知识的掌握,对各种计算机技术的熟稔,远超同侪。但这不意味着她没有趣味,事实上她对文学、音乐、电影的了解都是骨灰级的。记得有一次我们聊到了北漂,她顺手就推荐了海明威的《流动的盛宴》。

最后说一说你的现实焦虑,像路路已经到湖南师大任教了,像陈茜、张婉、新宇也都在国外攻读博士学位。我想这个应该成为学习的动力,而不是焦虑的原因。也许你觉得只有你才会面临这种情况,实际上,每个人都会面临。我在哲学系这么多年,很多同辈的学界朋友,早早升了教授(如浩军)、出版了大部头著作、在国际刊物发表了论文、建立了自己的学术声誉,等等,不一而足。而那些在政商界的朋友,成就卓著当年都是一起摸爬滚打的兄弟。有些在文化艺术领域发展的朋友,小说或译著都有厚厚的一摞。对他们,我很钦佩,反观我自己,并没有在学术圈取得和他们类似的成就。我有时候也焦虑,但我并不后悔自己当初的选择。无论如何,我在从事自己喜欢的工作,感到精神上的自足,唯一让我不满足的是我做得不够好。

写这封信的时候,一直在放猫王的歌。我是孤陋寡闻了,原来很多电影插曲都来自猫王。最熟悉的《教父》里,歌星教子方廷唱的 *As Long as I Have You* 就是他的歌。海外生活难免孤寂,幸亏还有音乐和哲学为伴。

祝好!

上帝无处不在?

2015年8月15日那天到达匹兹堡已经深夜,前来接应的朋友返程时走错了高速,一路在高高低低的山谷里盘旋。好不容易进入市区,驶经莫农加希拉河大桥,一眼望去匹兹堡市中心灯火辉煌。我念叨了一句:夜景不错。朋友说:白天你的观感就会很不一样啦,匹兹堡很破的。

说来,我对匹兹堡的印象也就两点:钢铁城市和王小波故地。匹兹堡是个传统的钢铁城市,以前人口规模达到二三百万,随着新能源的兴起,匹兹堡衰落了。幸好赶上旅游和高科技产业的浪潮,在北美诸多城市中也能占据一席之地。现在的匹兹堡人口也就二三十万。朋友说,在匹兹堡居住是比较惬意的,既没有大城市如纽约、芝加哥、洛杉矶的拥挤,也没有小镇、农村的荒凉。热闹有热闹的去处,清静有清静的地方。我住在奥克兰地区,这里可算大学城,匹兹堡大学和卡内基梅隆大学都在这个区域,还有风景优美的深丽公园。

当年王小波随李银河前来匹兹堡,想必经历了一段苦闷时期。虽然这里自然风景优美，人文历史悠久，但缺失了中国文化的语境，又难于融入美国社会，不东不西，怎一个憋字了得。匹大主图书馆二层是东亚图书馆，中韩日文献相当丰富，尤以中文为巨，不知道小波当年郁闷之时是否徜徉于此。

适逢我到匹村，前来访学的姜君尚余一个月时间回国，一个人待在匹城难免寂寞。他带我参加了和匹大关系最为紧密的匹大学生国际教堂。周日晚上是英文交流，其他时间则是各种读经班和烹饪班。除此之外，教会还提供各种方便的旅游活动，诸如华盛顿两日游、加拿大瀑布几日游之类的。难怪杨小凯撰文回忆初到美国的留学生涯，多次提及教会。他的太太小娟在教会的帮助下学会了英文，找到了工作，度过了最艰难的时期。这让他明白这个世界上居然还有一种无缘无故的爱，开始从学术上反思基督教和现实政治的关系。小凯晚年患了癌症，医院下了三个月的死亡通知书。既然最好的医疗技术已经救不了自己了，为什么不试试相信上帝呢？这也就是绝望中的希望吧。小凯在皈依基督教之后，又奇迹般多活了两年。在这两年中，他先后写下了反思基督教的文章：《基督教与宪政》《我认识基督教的三个过程》。

和我一起去读经小组的 Tim，是个华人，虔诚的基督徒。一次开车送我回家，看到路边茂密的丛林植被，不禁感叹上帝真是眷顾美国。我忍不住疑惑问了几句，按道理上帝眷顾万国，为何单单眷顾美帝呢？ Tim 性格内向，争论不起来。倒是在学生教堂认识了麦克，和他聊的不少。麦克毕业于密歇根州立大学，两年前来匹兹堡教堂工作。他喜欢看老电影、听老摇滚，无论是克林特·伊斯特伍德的西部片，还是六七十年代的摇滚，说上几个彼此都能对上，遂有知音之感。某天，麦克约了我周五一起喝茶，我想这是我交的第一个朋友吧，各种瞎聊，慢慢地，话题向上帝逼近。他开始循循善诱掏出小本子，画了几幅图给我讲解基督和世人的关系，听着听着，困了，还是来一杯咖啡提提神吧。

无神论者 Antony Flew（1923—2010），晚年皈依了基督教，他不断跟各种有神论者辩论，直到最后他发现支持上帝存在的证据要大过上帝不存在的证据，就信了上帝。我把这个故事告诉了麦克。他给我画了一个漏斗，给我解释说：信徒从各个不同方向进入信仰。有的人是因为家庭传统，有的是因为天性，有的是因为理性证据，但最终他们都要从漏斗的下面口中进入宗教，这对所有人都是一样的，就是要信而不要疑。为这句话，我思考很久，我们曾经深深植根在说什么信什么毫无怀疑的传统中，但我们似乎依然无法信仰上帝。

要信而不要疑，如何做到呢？一个周末我被拉进一个声势浩大的秋季培灵会，主讲者乃是从加州远道而来的刘牧师。讲道之前的唱诗相当讲究，台上有五个领唱。钢琴响起，不断反复，架子鼓，沉稳逐渐增快，将咏唱引向高潮，反复多次。又变为小提琴如泣如诉，像是信者在低声忏悔。钢琴加入，鼓点加入，再次进入大合唱，不断推向高潮。一开始，你还想看看词儿的意思，在这种整体灌注的态势下，你需要的只是加入吟唱，让自己的心灵接受震荡。在圣咏之后，已经有好些慕道者发生了变化。刘牧师讲道，睿智、真诚、激扬，不时互动，让身边的人互相交流呼应。我亲见一个女士，刚开始还谈笑自若，在刘牧师的布道之下，逐渐变得严肃，突然痛哭流涕，不能自制。一瞥之下，我心头也为之激荡。情感的作用是巨大的，在刘牧师的号召之下，不断有人站到台前，跪下，人越来越多。刘牧师用《圣经》中约书亚攻打耶里哥城之前的一个故事来比喻，约书亚到达耶里哥城，看到一个人站在前面，他就问："你是谁？"那人答道："我是耶和华军队的元帅。"然后约书亚跪倒问："我主有什么事情要吩咐仆人？"耶和华军队的元帅对他说："把你脚上的鞋子脱下，因为你站的地方是圣地。"刘牧师说："请每个人脱下你的鞋子，你的鞋子就是：自我、自私、自卑、自怜、自傲、自持、自满、自恋……"在这一段讲完之后，更多的人走到台前了。我心头也为之一震，不过我在想，其实佛陀和孔子也能帮我们脱下这个鞋子，甚至通过自我反省也可以。依据什么脱下并不重要，重要的是要脱下，不是吗？

周五的培灵会从晚上七点半开始一直持续到十点。回家的路上，久久不能平静，匹兹堡大学的华人学生有三四千，卡耐基梅隆大学的华人学生也有三四千，加上短期交流的人员和附近的居民大概也有万人之众，联系他们之间感情纽带的却既不是华人联谊会，也不是孔子学院，而是基督教会！这让我这种对中国文化抱有情感的人不免感到遗憾。

无论如何，要理解美国的政治和社会，宗教是一条重要的线索。《自由宣言》里有一句人尽皆知的话："人人生而平等，造物主赋予他们若干不可让与的权利，其中包括生存权、自由权和追求幸福的权利。"人人生而平等，这个生并非是 born，而是上帝创造（crate）为平等，我们和上帝之间的关系是不平等的，但凡夫俗子之间的关系都是平等的，不管王公贵族还是流民走卒，政治权利上是一样的。平等其实是一种契约。刑不上大夫、礼不下庶人的制度也只能存在于具有政治等级意识的社会。不过这些反思,都太过苍白。

匹大哲学系刚刚去世的 Richard Gale 教授,以研究形而上学、宗教哲学著称。他最为自豪的一点却是研究宗教哲学经年,但没有成为基督徒。美国具有宗教背景的天普基金会资金雄厚,经常资助一些试图用科学、哲学去论证宗教合理性的项目,我知道的几个研究自由意志和意识问题的教授都是拿的这个基金。但以研究意识问题成名的哲学家丹尼特经常激烈抨击天普基金会。信者、不信者,都在认真地坚持自己的立场。

匹城一景是教堂随处可见,有的已成历史遗迹,有的尚承担教化功能,更多的则被商用改造成酒吧、超级市场。最为壮丽的则是匹兹堡大学的教学楼 42 层的巡道教堂,哥特式风格建筑,1937 年落成。一层大厅庄严肃穆,在如此幽暗神圣的环境下,读书也多了几分敬畏之心。走在街上,遇到免费提供热巧克力饮料的服务员,接过一杯喝下去,才发现杯子上印着教会的标志,原来上帝无所不在。

虚拟的世界是真实的吗？

2016年秋，笔者曾有机会参加过查尔莫斯和一位伦理学教授 Matthew Liao 在纽约大学哲学系联合开设的课程"20世纪当代哲学"。主题是技术哲学（Philosophy of Technology），内容包括信息技术哲学中的系列议题：人工智能、认知延展和认知增强、互联网、虚拟现实以及一般性的计算信息技术问题的形而上学、认识论、伦理学和心智哲学，等等。查尔莫斯一直站在思想的前沿。1990年代，他在《有意识的心灵》（1996）一书中，提出了意识的难问题，引发了讨论意识的热潮。在该书第八章，他讨论了强人工智能，认为机器意识是可能的。后续的研究中，他一直对技术带来的哲学问题有持久的关注，第一次在哲学界正式论述了奇点问题（2009），该文章发表之后，引起热烈讨论。《意识研究》杂志出版了专题，包括26篇评论文章和他针对这些文章的回应。2016年他写出了《虚拟的与真实的》初稿，并在2019年扩充发表。2022年初他出版了哲学专著《实在+》。[①] 也许"实在+"或"虚拟实在"的提法会像他当年提出的"意识的难问题"一样，再次引发新一波研究热潮。

从大脑意识问题到虚拟实在问题，查尔莫斯可谓抓住了时代的思想脉络。冯契先生的名著题为《认识自己和认识世界》，查尔莫斯和冯先生的想法不谋而合。不过，在当代哲学语境中，通过探究大脑机制认识自己，通过探究虚拟实在认识世界。查尔莫斯的研究是在当代技术对大脑和世界产生巨大影响的基础上产生的，这种认识自己和认识世界的哲学探究是以技术作为"媒介"的。我所理解的技术哲学和当前学科门类的技术哲学有所不同。在我们这个时代，技术拓展了人类的生存形态、生存方式和生存空间。我们不是思考技术引发的哲学问题，而是通过技术思考哲学问题，思考我们人类的命运。由于生物基因技术、智能数字技术的变革，为人类延长寿命，乃至实现某种程度的永生（如意识上传）开启了一种可能性。这至少会削弱某些哲学的基本前提，例如以有限性、"向死而生"为基础的哲学论说就在某种程度上受到限制。当代技术对我们人类自身的改造使得我们需要重新认识自己。何为人之为人的特征？是心理特征、生物特征还是精神特征？奇点问题的关键就在于人类的智能和意识能不能被机器所复制和超越。这样的问题不再仅仅是哲学家的问题，而是变成了我们每个人

[①] Chalmers, D. (2009). The singularity: A philosophical analysis. *Science fiction and philosophy: From time travel to superintelligence*, 171–224. Chalmers, D. J. (2022). *Reality+: Virtual Worlds and the Problems of Philosophy*. New York: W. W. Norton. Chalmers, D. J. (2019). The Virtual as the Digital. *Disputatio: International Journal of Philosophy*, *11*(55).

的问题。我把技术哲学分成两种,一种是研究技术本身的哲学问题,尤其是伦理问题;另外一种是以技术为本体探索哲学问题。他在2016年开设的技术哲学课程的英文名是 Philosophy of Technology,这就是通常研究技术带来的哲学问题。在2022年新出版的专著序言里,他提出技术 - 哲学(Technophilosophy)。他坦言受到神经哲学家邱奇兰德《神经哲学》(*Neurophilosophy*)一书的影响。在邱奇兰德看来,神经哲学结合了两个方面:针对神经科学提出哲学问题,使用神经科学的方法和证据回答传统哲学问题。查尔莫斯认为,他所理解的技术哲学也是如此:通常的技术哲学针对技术提出哲学问题,更重要的在于,运用技术回答传统哲学问题。技术哲学的关键是哲学和技术的双向互动,既要从技术看哲学,也要从哲学看技术。

自20世纪90年代以来发展的虚拟实在以及最近兴起的元宇宙成了一个"存在论事件"(赵汀阳语),人类创造了一个不同于现实物理世界的虚拟世界。通常这样定义元宇宙:"一个平行于现实世界,又独立于现实世界的虚拟空间,是映射现实世界的在线虚拟世界,是越来越真实的数字虚拟世界。"[1]值得指出的是,虚拟现实、元宇宙和那些被人类无穷的想象力所归入的"元宇宙始祖"(文学等)相比,当前的元宇宙是以互联网技术基础,电脑、穿戴等硬件设备为依托的虚拟世界。正是在这个层次上,元宇宙和其他虚拟实在的实在层次是一样的,都是基于数字技术产生的。

讨论虚拟实在有三个基本问题:第一个是本体论问题——虚拟实

---

[1] 赵国栋、易欢欢、徐远重:《元宇宙》,中信出版社,2021年,2页。

在是否和物理实在具有同等的本体论地位；第二个是认识论问题——虚拟经验是否具有和实际的经验同等的感知地位；第三个是控制机制问题——虚拟实在是否具有和物理实在不同的控制机制。通常的看法认为物理实在具有更基础的本体论地位，实际经验比虚拟经验更为真实，现实的秩序会同样侵入并控制虚拟秩序。这些看法不无道理，但我认为相反的论题更值得辩护：虚拟实在在本体论地位上不弱于物理实在，虚拟经验和实际经验同样真实，虚拟秩序可以摆脱现实秩序。我从最后一个问题开始。

赵汀阳教授是在第三个问题上的主要代表者，他虽然高度评价元宇宙是一个存在论事件，但是他认为元宇宙可能会劫持我们这个社会，在分配资源上会倾向于虚拟现实，从而导致对现实人类的压迫，有权力者将会以虚拟之名劫持现实，形成一种"跨世界劫持"。[1] 这种疑虑当然有其道理，毕竟"有人的地方就有江湖"。但是，元宇宙的技术底层逻辑和实际世界不同，它具有去中心化的特征。元宇宙运用了区块链技术，防止了大公司主导某个行业的情况，因为"区块链不是简单的点对点网络和密码技术的线性组合，最重要的是，它让全部的区块链网络参与者取得共识。区块链网络中的每个节点，都成了历史的见证者，从而避免了因缺乏信任而无法完成的操作"。[2] 虚拟现实绑架现实的担忧也许源于对元宇宙底层逻辑的认识不足。

第二个问题是虚拟实在的认识论问题，大致分为两个问题：一个

---

[1] 赵汀阳：《假若元宇宙成为一个存在论事件》，《江海学刊》，2022年第1期，27页。
[2] 赵国栋、易欢欢、徐远重：《元宇宙》，中信出版社，2021年，18页。

是怀疑论问题，我们是否能够知道自己处于虚拟实在还是物理实在。查尔莫斯认为虚拟实在给出了一个笛卡尔怀疑论的新版本：我们是否知道自己身处虚拟世界。他一开头引用了庄周梦蝶等思想实验，认为虚拟实在帮助我们重新理解外部世界问题。查尔莫斯认为，实际上我们并不知道我们是否处于虚拟世界。但我认为单独讨论这个问题的价值不大，不过是传统怀疑论在虚拟实在的一个扩展。查尔莫斯接受模拟假设：我们不知道我们是否处于模拟世界，这一假设和我们关于实在的解释联系紧密。

另外一个是经验问题，我们创造虚拟世界是不是希望从虚拟世界获得更多的生活体验，从而提高我们的生活质量。查尔莫斯说虚拟经验是一种真实经验，至少从视觉、听觉来看，只要能刺激相应的大脑神经，就能获得相应的体验。也许实际经验要比虚拟经验更为真实，我们在实际事物中面临的是物理环境，而在虚拟世界中面临的是虚拟环境。但是，严格来说，很难讲这是同一种经验。因为经验的对象是不同的，也许可以说虚拟经验提供了更多的经验。例如滑雪，实际的滑雪体验和虚拟的滑雪体验非常不同。在真实世界中，一个菜鸟只能在初级道上滑雪，而不敢上高级道，否则会被摔得鼻青脸肿。但在虚拟世界中可以滑上高级道。即便在同一个低级道滑雪，也不能说实际的经验更真实，虚拟的经验次一等。我可以在初级道的虚拟空间中滑100次，而在现实世界中滑上10次就精疲力竭了。甚至，虚拟经验开拓了更多的经验维度，使得许多很难在现实发生的经验可以在虚拟世界中发生，从而拓宽我们人类认识世界的维度。从价值上来说，我觉得至少虚拟世界的价值不能以量化的方式和现实世界来做对比。缺乏人生的经历，我们很难再体会到宏大深远的历史意义，可是在大型的历史战争游戏之中会体会到那种人类的意义。从经验角度辩护虚拟现实是可行的。当然总有人会说虚拟实在不如实际世界，那是因为我们尚处在虚拟实在发展的初级阶段，而人类的实际经验已经演化了千万年。这种批评对虚拟经验是不公正的。至于虚拟经验是否在根本上依赖实际经验，这也不构成对虚拟现实的挑战。设想一下，如果你的实际生活和虚拟生活是五五对开的，会怎样？我觉得这就是技术本身造成的哲学问题，虚拟技术帮我们过上了更好的生活。

第三个问题是虚拟实在的本体论问题，有学者总结出虚拟实在的几个基本特征——虚实共生、人机交互、沉浸式体验，以此为基础讨论虚实如何结合的问题。我在这里讨论不依托于实际世界的特征。设想某一个虚拟世界定格在某一刻，不再变化，我关心这一刻切面的特征。波普尔在"无主体的认识论"中，谈到了三个世界的区分：物理的世界、心理的世界和抽象的世界。第一个世界是物理的世界，第二个世界属于人类心灵的世界，第三个世界是理念的世界，例如科学理论、数学、虚构作品所处的世界。虚拟实在属于哪一种世界？首先，虚拟实在要能实现，必须有一些物理硬件设备，例如计算机、穿戴设备等。其次，必须要有人进入虚拟现实去感知这个世界。第三，虚拟世界的逻辑和真实世界的逻辑算法一样，都可以存在于抽象世界。我们可以说虚拟实在兼具三个世界的元素，实际世界也具有这三个要素。在这个意义上，虚拟世界并不比实际世界更低一等。

在讨论虚拟实在（或现实）时，有一组术语"the real" "reality" "realism" "virtual reality"。我将"the real"翻译为"真实的"，

"reality"翻译为"实在","realism"翻译为"实在论","virtual reality"翻译为"虚拟实在"。① 当我们谈到增强现实、扩展现实技术的时候,有时候也用虚拟现实,多半是照顾通常理解,但实际上是和实在性有关的问题。"现实"在中文语境里有很多意思,除了指实际,也有一种评价在里面,不太适合作为整体的翻译术语。在《虚拟的与真实的》一文中,查尔莫斯说"I argue that virtual reality is a sort of genuine reality"。可以直接翻译为"虚拟实在就是一种真正的实在"。② 何为真实的(real),范恩(Kit Fine)认为所谓的真实,就是如果一个事物是基本的,它就在这个世界中是真实的。或者如果它是世界的基本组分,那么这个事物就在这个世界里是真实的。③ 我在前面提到查尔莫斯的模拟假设:我们原则上并不知道我们身处哪一个世界之中,因此只能根据所处的世界来理解真实。

查尔莫斯接受虚拟实在论:虚拟世界的物理对象是真实的并且它们是数字的。数字对象对于虚拟实在是基本的,那么它就是真实的。查尔莫斯进一步支持模拟实在论(simulation realism)。如果模拟假设是对的,那么我们处在模拟世界,模拟实在之中的对象也是真实的。

---

① 相关翻译和王晓阳教授有过讨论交流,我们都倾向于把"reality"翻译成"实在",而不是"现实"。王晓阳:《"虚实交融"还是"虚实交映":元宇宙的形而上学图景刍议》,中国社会科学网,2022.3.26.
② 翟振明教授在他关于虚拟实在的专著中,翻译为"虚拟实在",但是在最近的讨论中也考虑大众的用法,使用了"虚拟现实"的说法。翟振明:《有无之间:虚拟实在的哲学探险》,北京大学出版社,2007年。
③ Fine, K. (2002). The question of realism. In *Individuals, Essence and Identity* (pp. 3–48). Springer, Dordrecht. P26.

宽泛来说，宇宙包含很多世界，物理世界和虚拟世界都在其中，处于这些世界之中的对象都是真实的。我们该如何理解实在与真实？第一，实在是存在的。一个事物可以被感知和测量，可以表明它是存在的。但也要承认存在不能被感知和测量的事物，例如宇宙大爆炸等。第二，实在具有因果力。物理世界中的事物都具有因果力，高山流水飞沙走石。但也要承认有些事物是真实的，却没有因果力，例如数字等。第三，实在是独立于人类心灵的。如果有一种事物独立于人类心灵而存在，那它就比依赖于人类心灵而存在更具有实在性。第四，实在不是幻觉。即便我们处在模拟世界之中，世界向我们呈现的一切也都是有意义的，我们相信它们的存在并不会导致信念和行动的矛盾。第五，实在是真实的。他借用奥斯汀在《感觉与可感物》的立场，不去问何物真实存在，而是在实际的语言使用中，如何使用真实一词，例如我们不关心苹果是否真实，而是关心给你的是否是一个真实的苹果。根据上述五项标准，查尔莫斯认为模拟实在中的事物都是真实存在的。并不是把五个标准作为一种实在测试，而是把标准作为一种方向。既承认可测量、有因果力量的是实在的，也承认不可测量的、无因果力的是实在的。既承认实在可以独立于人类心灵，也承认实在可以产生真实的感觉，而不是幻觉。实在并非一种非常奇怪的东西，我们可以把日常的实在理解作为参考。可以说查尔莫斯对真实的理解并无多少标新立异之处。

对实在的怀疑有三种解决方案：第一，实证主义方案表明我们不能证实笛卡尔的怀疑，因此不能怀疑实在；第二，外在主义方案认为我们能够知道我们不是缸中之脑，因此不能怀疑实在；第三，观念论方案认为我们对虚拟实在中的一切拥有完全一致系统的感知,因此不能怀疑实在。与上述三种对怀疑论的拒斥不同,查尔莫斯接受外部世界的结构论。宇宙本身是有结构的,我们可以用数学和逻辑来描述这些结构,因此这些结构本身要比实际世界更为真实。在这个意义上实际世界和虚拟世界都是真实的。

赛德在《写世界之书》中提出了庖丁概念(逻辑概念和基础物理概念)。[①] 查尔莫斯的结构实在论和赛德有所区别。如果把基础物理概念换为信息概念,那么二者之间就是等同的,基本的信息以一种特定的方式组成,通过数学和逻辑的描述,刻画了世界的基本结构。真正实在的是数学结构或者说基本存在物是结构上的那些关节点,进一步,它们所奠基的物理对象和虚构对象也都是真实的。如果不区分范恩、赛德、查尔莫斯之间的区别,他们关于实在的理解具有一些共性:像数字、心理事物和虚拟对象都是真实的。所谓的真实,就是在那个世界中,这些对象要么是基本的要么是依赖于基本事物的,或者是反映实在结构的庖丁概念。例如在实际世界的庖丁概念是基本粒子和逻辑概念,那么在虚拟世界中的庖丁概念就是比特和逻辑概念。这些都是那个世界中的基本事物,因此是真实的。在这个意义上,虚拟实在的实在和物理实在的实在,在本体论上是同样基本的。如果有人指出我们还是感觉到实际的世界更真实,我有两个方向不同的回答:一个是经验的演化论解释,像帕皮纽在讨论身心问题时,认为人类天生具有二元论直觉。另一个是概念的回答,一个事物实际如何发生和一个事

---

① Sider, T. (2013). *Writing the Book of the World*, OUP Oxford.

物本身如何是两件不同的事情,不能用实际经验去证成本体论,因为我们并不知道我们身处在哪个世界。在这里模拟假设承担了重要作用。从《庄子》来理解虚拟之真实,我们并不知道自己是否处于某一个世界,但世界对于我们来说仍然是真实的。新技术的发展,使得我已非原来生物之我,世界也非原来物理之世界。不再是纯粹的主客二分,不再以主观之主体认识客观之世界,新技术将物我之界限模糊,离庄子所谓之"物化"不远矣。陈鼓应先生解释物化为:"物我界限之消解,万物融化为一。"这为我们提示了认识虚拟实在的新视角。

因果追责与疫情叙事

哲学系的秘书在前台办公桌上放了很多一次性圆珠笔。按照规则，系里的行政人员可以自由取用这些圆珠笔，但教员则需要支付费用才能使用。行政人员常来取走圆珠笔使用，教员也常来取笔自用。为此秘书不得不经常致信全系人员，提醒大家只有行政人员才可以自由取用圆珠笔。某个周一的早上，行政助理在前台遇到了史密斯教授，他们两人取走了仅有的两支圆珠笔。将近中午，秘书需要写一个重要的告示，但她发现，桌子上没有笔了。请问是谁让秘书没能写成告示？

（a）史密斯教授

（b）行政助理

这是一个关于归因直觉的测试，认知科学家 Joshua Knobe 虚构了上面的故事，发放问卷来调查受试者的直觉。研究表明，大部分受试者认为，是史密斯教授而非行政助理令秘书没能写成告示。从纯粹的科学观点来看，二位都是因果肇事者。但受试者选择史密斯教授而非行政助理，理由并不复杂：受试者普遍认为教授违反了系里的规章制度，而行政助理不过是例行公事。常人的道德观念塑造了他们关于事件之间因果关系的理解，事件归因源于道德责任。

此次新冠病毒引起公众广泛关注的核心事件是探究新冠病毒的发源地，这是一个科学问题，正如驻美大使在回答记者提问时回应道：不管公众如何猜测，病毒的发源是一个科学问题，应该交给科学家来处理。大众不了解也不太关心新冠状病毒感染的病理机制，但坊间各种各样的病毒起源故事、说法不绝于耳，这是一个值得思考的现象。人们关注新冠病毒起因有两个方面的考虑：第一，人们希望知道他们所不了解的新冠病毒的起源真相。第二，病毒对世界人民造成了重大的伤害，人们希望通过调查发现真相，从而进行追责。不难看出因果发现和因果追责交织在一起。人们根据自己对事态的了解，从各个渠道汇聚信息，试图建立一条关于真相的因果证据链条。越是编造得合乎叙事结构的信息来源，以及越是编造得符合道德直觉的故事，在网络流传过程中越能得到大众的支持。在历次重大事件中，总会有阴谋论的叙事。我们不应否认，一些事情有公众所不知道的原因，有所谓的"隐藏阴谋"。但走到极端的"阴谋论"，事事以阴谋重构叙事，则不可取。应该承认，预设所有公开的社会历史叙事背后都有一套隐晦的叙事，颇为很少接触真实政治社会历史的民众所追捧。

人们偏爱讲故事，不自觉地接受故事中的道理。科学哲学家 Alex Rosenberg 在其新著 *How History Gets things Wrong: The Neuroscience of Our Addiction to Stories*（2018）一书中指出，读者都偏爱有叙事结构的历史，这种叙事模式并非单纯的编年体，而是指人们以故事主角的动机、信念、欲望、意图、规划加以编造的情节、阴谋所形成的故事叙述模式。神经科学证据表明：理解这种叙事结构是一种比较省力的认知行为。要记住一堆统计数据之间的分析比较是困难的，而听到"敌人一天天烂下去，我们一天天好起来"这简单明了充满自信的判断，你就感到自己掌握了天下大势。认知省力使得大众更愿意接受符合自己道德预期的阴谋叙事。学院所提供的历史和故事有所不同，其方法主要受到社会科学研究范式的影响。当代历史学者选取档案、书信、日记、年表也包括出土文物、出土文献作为证据进行历史解释，很少采用叙述来重构历史。叙述历史并非仅仅是按照纪年体的模式罗列一堆史实。相反，叙述者常常选择重要历史事件发生时主要历史人物在做出选择、决定行动时的意图、动机和视野，来解释历史。讲述故事需要无情的屠杀、英勇的行动、密谋者的谋划……仿佛历史从来只是英雄创造的，因为故事需要主角，尤其是那些英雄主角：亚历山大、拿破仑、唐太宗、成吉思汗。有理由表明，自希罗多德和司马迁开始，故事、战争、屠杀要比圣徒和诗人的生活流传更广。心理学告诉我们：人类对故事上瘾的原因在于，想看到他们所崇拜的英雄是如何应对艰难险阻、完满结局的。好莱坞电影的大团圆结局是每一个观众心中的预期。人们对故事的渴求，使得很多科普著作都采取历史叙述的写作方式，例如霍金的《时间简史》、沃森的《双螺旋》。即便是科学家也爱读故事。

　　在历史书籍中，能看到叙述历史和非叙述历史的两分。具体而言，前一种偏向于整体历史叙述，后一种偏向于专题分析研究。前者如盐野七生的《希腊人的故事》《罗马人的故事》、黄仁宇的《万历十五年》以及唐德刚先生的民国史著作。后者如何炳棣先生《明初已降人口及其相关问题》《黄土与中国农业的起源》，严耕望先生的《秦汉郎吏制度考》、戴蒙德的《枪炮、病菌与钢铁》等。坊间流行的大量历史畅销书如《明朝那些事儿》，显然属于前一类，故事精彩，引人入胜。这样的历史读物因为采取了因果叙述模式，使得故事一环套一环，一个事情影响一个事情，主角偶然之小事引起了一系列惊天动地的大事业，读来引人入胜。说书大师掌握其中诀窍，关键时刻，戛然而止，且听下回分解，要不然怎能以此谋生呢？

疫情期间，在喜马拉雅电台听李学勤先生领衔主编的"细讲中国历史系列丛书"，发现听夏史很容易入迷。大禹治水、夏启立国、太康失国、少康复国、孔甲乱夏、夏桀亡国，夏朝471年，传17世，通过几个典型的故事就勾勒出夏代的历史。听商史就比较茫然。翻看商史，乃是照专题叙述：制度、甲骨文、经济生活，等等。听书所得印象，夏史要比商史更能建立整体叙事。夏代没有文字，本身能否完全确证尚在古代文明探索研究之中。因此其神话、传说、故事甚多。司马迁的《史记·夏本纪》也多基于《左传》和《尚书》的记载。殷商时期，因为甲骨文的发现，安阳殷墟的发掘，其考古材料得以确证殷商时代的基本情况。按照李零先生的说法：考古是大道理，历史是小道理。大道理管着小道理。所以殷商史有一分证据说一分话。商史叙述比较枯燥，大多结合了"地下之材料"和"纸上之材料"的二重证据法，才能勘定比较确切的史实。王国维先生就用这种方法，既证明了《史记·殷本纪》所记殷王世系的可靠，也纠正了一些错误。"细讲中国历史"这套历史普及读物中，夏史《中华文明的开端》的作者偏重于历史叙事，其章节为："五帝时代和先夏史""早中期的治水英雄鲧""大禹:"三代"第一王""禹定九州和铸九鼎""夏王朝的建立""夏王朝的兴盛""夏王朝的衰亡等……基本按照传世文献,尤其是《史记》中夏史的顺序展开叙述。殷商史《镌刻在甲骨上的史诗》的作者偏重于专题案例研究,其章节为:商代的历程、商代的制度、商代的甲骨文、商代的金文、商代的社会生活、商代的经济、商代的方国与小臣、商代的神灵关系等……同一套书采取了完全不同的编写结构,也是因为夏代多见于传说,而商代可以见证于考古。传说的故事是大家爱听的,文物上的证据就没有太多吸引力了。Rosenberg 早有论断,神经科学表明听故事会上瘾的。

我无意把历史叙述模式和科学研究模式做一严格对比,也无意停留在兰克史学的相关争论上。但需要指出,历史叙述的确符合人们的日常感性认知,这是人们试图理解世界的一种基本方式。故事叙述背后的逻辑是可感的因果认知,缘于人们日常生活的一种因果理解,不同于自然科学发现因果机制、法则。人做事情总会改变一些事情,这些既不是天文望远镜发现的事实,也不是显微镜在镜片上发现的事实,而是我们生活中的可感事实、有感之知。庞朴先生在《左传》中发现了先民使用的火历,不以周正的冬至为岁首,也不以夏历的初昏叁中为正月,而是另有标准:大火昏起东方之时,是一年的开始;待到大火西流,则预示冬天来临。这是一种围绕初民的生产与生活建立起来的纪时法。这种大火历是初民从身边世界的感知所确定的标准。

人们从自己可以理解的地方出发,寻找天地万物的关联,即物以穷理。以故事为核心的历史叙述模式就建立在人们日常推理的基础上。同一个事件,往往会有不同的叙述,这要看叙述者采取何种角度。历史学家和大众各有自己的标准。选择哪一系列因果事件作为历史叙述的中心，历史学家有学科训练熏陶出来的不凡之见。接受什么样的故事叙述模式，大众有其日染而不知的常识直觉。我们总希望把那些新奇但还不能被理解的事物整合到我们的认知范围之内，满足一种认知的安全。理解陌生之事能消除我们的恐慌，让我们获得心理安全。吊诡的是，真相往往是平实的，甚至是不起眼的。知见皆在寻常中，这种寻常很难通过常识发现，多半要经过世代科学研究探索才能得到。现在觉得习以为常之观念，几个世纪前大家为之以生命相争。

生于今世，民众思维方式或去古不远。据称瑞士国会的某个绿党议员就认为天空中的飞机拉线是一个阴谋，应该责成国会调查机构来进行审查。他们认为喷气式飞机在飞行时留在天空中的白线是一个秘密的行动，有组织有预谋地控制天气、人类行为等。事实上，飞机拉线轨迹的产生乃是喷气式发动机释放的高温蒸汽与冷空气在高纬度相遇的结果，一条轨迹不过就是冰晶流。但瑞士的绿党领袖仍然坚持相信中情局和俄罗斯才是这一神秘现象的背后主使。基本的科学常识就能解释神秘兮兮的阴谋。但正如 Rosenberg 的分析：历史上的阴谋论能捕获那些轻信之人，因为让事件 make sense 的方式利用了他们对事实的无知和对真相的渴求。

科学研究追寻探索事物的因果机制，历史叙述还原事实的真相（来龙去脉）。理解事物的因果联系就是理解我们身处其中的世界。故事、传说、神话、阴谋都是我们容易获知的一种理解，这里面包含了因果要素，其中多和因果责任相关。因为我们人类所理解的因果都是和人相关的。在这里，我们需要区分两种因果关系，一种是事件因果

（event causation），科学家通过研究发现事物之间的因果关联，进而获得事物的因果法则。另一种是行动者因果（agent causation），常人在生活中所遭遇的因果联系，某一个人的想法所促成的行动起了一些事情的变化。科学研究不考虑行动者的因果责任，而追问事件的因果机制。但历史叙述故事是一种基于因果责任的叙述。商鞅改革导致秦国崛起，伍子胥复仇鞭尸楚平王。希特勒上台导致第二次世界大战，杜鲁门按下核按钮日本提前投降，诸如此类。

人类的因果背后有人的意图、目标、筹划，对这种种心思的猜测构成了人们因果责任归属的直觉。心理学研究表明，在意图行动中存在不对称效应。看到大老板，人们会不自觉地认为他有意作恶，无意为善。看到高僧大德会理所当然认为他有意行善，无意为恶。这种认知反应帮助人们更容易和周围世界打交道，也因此会做出很多错误推断。真实的世界里，大企业家比尔·盖茨致力于慈善事业，某主教却是猥亵儿童案的罪魁祸首。

找到事情真正原因的第一步，大概是要将因果发现和因果责任分开。因果责任背后蕴藏了人们具有偏见的道德直觉和错误的意图归属。因此在收集数据时，首先需要排除那些蕴涵了因果责任的信息，因为那种因果责任叙述，恰恰可能漏掉重要的因果联系，加深具有道德维度的因果联系，从而形成错误的因果判断。人类推理的弱点也许就是人工智能技术的优势，智能机器不会选择性搜集符合我们价值判断的数据。但正如有学者指出的，我们所拥有的网络信息资源天生就是"脏"的，携带了价值判断和因果责任。但这就是我们无法摆脱的生存处境，我们生来就在充满偏见的信息大海上航行。借用维也纳学派代表人物纽拉特的比喻，人们在海上航行，无法找到船坞停下来修整，只能在航行中对船只进行维修。因此运用人工智能技术分析被"污染"的信息，应该是现实世界中最不坏的一个选择。况且计算机科学家正在不断探索因果发现的模型和方法。凡夫我辈难免认知局限，顶多能对携带因果责任的疫情叙事信息保持警醒。与其想象和传播疫情故事，倒不如把道德义愤转化为自己的善意行动。因果追责的事情让科学家或机器人去做吧。

解释鸿沟是可解释的吗？

一

太阳东升西落，大地四季轮回，自然世界与我们人类生活交织相连、真实可感。但太阳真的东升西落吗？如果我要和你较真，你可能不会像两小儿辩日一样，利用可感（冷热、大小、远近）来和我论辩。你大概会说，如果按照天文学的看法，地球在自转的同时围绕着太阳公转产生了我们日常可感的东升西落。如果有人问：你是静止不动的吗？粗粗回答你说是，但你也可以说不是，这时你引入了一套现代物理学的话语：相对地球这个系统来说，我是静止的；但我也在随着地球一起运动，只是由于地球和我之间的引力和惯性，我们根本感觉不到自己的运动。

我们有一套可感的语言，幸亏有了这套语言，我们才能和这个世界打交道。只言片语就能交流，甚至一个眼神就能明白彼此的心意，此时无声胜有声。我们有了多少次表白，为偶然一次的沉默谋取了意义。日常生活自然而然产生了日常语言。与世界打交道,日常语言足矣。只是有时,我们还不得不求助于另外一种语言或者说另外一种言说系统。那是因为,我们发现在某些情景中可感的语言不够用了,我们要接受离感觉远一点儿的客观语言(如物理语言或病理学语言)来述说月暗星沉、生老病死。有时候,我们要放弃日常的思维,去接受一种离日常经验远一点的思维方式来理解世界。尽管我感觉到世界如其所是,但在某些事情上更愿意接受科学的解释。现代的学校制度让我们发蒙之初就开始接受物理、化学、生理、地理、生物各种科学的系统教育,以客观整全的视角来理解世界和人类自身。在这个意义上,世界本身无所谓客观,如内格尔所言客观的原初意义是指我们的观念和看法[1]。在学科教育和实践生活中,我们逐渐摆脱自身的局限,从更大的背景来认识世界,我们似乎变得更客观了。甚至,我们会放弃感知的标准,去接受科学的解释,这或许是人类不断演化进阶的原因吧。

人类曾经相信自己是万物中之最灵者,地球是唯一受到上帝、佛陀或玉皇大帝庇护的世界。演化论告诉我们,其实人类是从猿猴演化过来的。宇宙大爆炸理论给出了更为宽阔的解释,地球只是浩瀚宇宙中微不足道的一粒。这一切造就了我们对科学的信仰,据说20世纪与以往最大的不同就是科学塑造了我们的世界观,因为科学既拓展了我们日常生活的实际需求,也加深了我们对世界和自我的理解。

科学帮助我们认识到比银河系还巨大的星系,也帮助我们认识到比质子还微小的粒子。20世纪后半叶,认知科学的蓬勃发展还帮助我

---

[1] 托马斯·内格尔:《本然的观点》,贾可春译,中国人民大学出版社,2010年。本文所引文献,如已有中文出版,则尽量引用中文版,以便读者检索。

们认识自身,尤其是大脑。宇宙浩瀚,大脑渺小,渺小大脑的活动却一点也不比宇宙星系的运行简单。大脑如何产生出错综复杂的意识?我如何能觉察到百无聊赖的孤独、感受到锥心刺骨的疼痛、体会到如梦如幻的快感?上述种种难以名状的感受能借助科学获得解释和理解么?在心智哲学的行当里,有一个重要的话题:大脑产生的主观经验如何获得满足理解标准的科学解释。这种主观经验仅仅是大脑活动过程(神经元通路的激活),单单依靠科学就能解释吗?抑或这些感受是"无法还原的象"[①],科学只能对之保持沉默?

有论者称主观经验是无法获得还原解释的,科学解释有自身的局限。在科学知识和感知知识之间存在一条罅隙,不管如何努力我们都无法把感知知识还原为科学知识,二者之间无法建立一种合理的联系,是为解释鸿沟。

二

什么是感知知识呢?我看到了红色、听到了心跳、感到害羞、忍受住疼痛,等等。科学知识的对应表述则是一个物理个体的视网膜上落入某种波长的光子,某个物理个体大脑中的 C 神经元被激活并产生了通路,等等。常人看来,视网膜上的光子解释不了我看到红色这个充满个人体验的事实;大脑中的 C 神经元激活解释不了我感到疼痛这个意义丰满的事实。解释鸿沟描述了我等常人对科学解释的警醒,总

---

① 陈嘉映:《无法还原的象》,华夏出版社,2005 年。

有科学做不到的事儿。康德说科学要为信仰留有余地,似乎科学还应该为主观感受留有余地。

　　细究起来,这里似乎有一个解释的不对称性,我们对于山川大地万物的认识既可以用感知语言来描述,也可以用科学语言来描述,没有谁觉得需要把感知语言完全转换为科学语言。直观上我们觉得这两套解释都对,至于需要哪一套描述,取决于实际需要。我们大致会说用感知语言描述的事实可以用科学语言进行描述。我们不会说科学语言阐释没有为我们提供基本的理解,世界就是科学语言所描述的那个样子,尽管我并没有感受到这一点。为什么在解释主观感受的时候,我们直观上觉得科学语言所描述的一切传达不出感知语言描述的内容呢?

　　我们对自然世界的理解可以接受两个层次的标准,有时候甚至要用科学的标准去代替感知的标准;对自身感受的理解却很难接受两套标准,甚至坚持感知标准不能用科学标准来替代。有一个理由说,关于我们自身的感知是切身的,对自我的把握具有绝对的确定性。而关于外部世界的感知却是可能出错的,因此后者需要科学来纠正我们感知产生的错误,而前者并不需要。

　　当说科学要为信仰留有余地之时,似乎科学对其他领地没有留有余地。尽管对于其他事物存在两种解释,但我们相信科学是终极解释。也许科学没有传递出日常感知的意蕴。但日常感知所理解的事实,也许可以在科学里得到更好的理解,如果你对科学有足够理解的话。

　　当我们说科学要为感受留有余地时,似乎感受是自然世界中一种特异的事物。科学解释不能成为感受的终极解释,甚至我们认为,科学根本没有解释什么是感受。尽管它确实说明白了感受的各种神经生理机制。但我们的直观感受是：神经生理机制并没有告诉我们什么是感受。有哲学家说在关于感受问题上要区分难易：科学家解决那些容易的问题，比如意识、感受产生的生理机制。感受本身是怎样一回事却是一个困难的问题[①]。

套用难易问题的说法，科学解释可以成为容易问题的终极解释，但不能成为困难问题的终极解释。这个难易问题的区分多多少少带了几分对科学的警惕，说得不好听点甚至是轻视。凭什么科学家就只能处理容易问题，而哲学家才能处理难问题？大脑的神经生理机制一直是认知科学上最难的问题，到哲学家这儿，就在原则上成了容易问题。据闻哲学家向来只提出和回答最难的问题。这话说来容易，即使在容易的问题上，目前也是举步维艰。克拉克在《惊人的假说》里面不过弄清楚了视神经的神经生理机制[②]。眼耳鼻舌身意六识的神经生理机制大部分还处在摸索阶段。当然科学家相信我们最终也能获得对它们的认识。哲学家也不否认这一点，他们说是的，也许到了最后的时刻，你们获知了对六识的全部认识，但那都是一种容易的认识。困难问题是原则性的，不能为容易问题所取代。

回想起来，我们似乎没有对山川大地的认知做一个容易问题和困难问题的区分，尽管我们确实有两种不同类型的理解。为什么在感受性这件事情上要区分了？我们为什么不追随先人对天文学、物理学、

[①] 大卫·查尔莫斯：《有意识的心灵》，朱建平译，2013年，中国人民大学出版社，2页。

[②] 克里克：《惊人的假说》，湖南科学技术出版社，2007年。

化学、生物学的理解,让认知神经科学成为感受性的终极解释呢?当然我们不否认关于感受性的知识对于我们理解的重要,就像先人关于山川大地的感知知识对他们很重要一样。在我看来一个特别的困惑是:为什么在关于山川大地的感知中,先人们接受科学的解释,保留自己的感性理解;而在关于切身意识的感知中,我们却拒斥科学的终极解释,把自我感知当作理解的标准?

对主观感受的理解能否还原为神经生理机制解释?这是一个特别困难的问题,远非本文所能处理。挂一漏万,让我们换一个与此相关的问题:我们能用更客观一点的语言来描述稍微主观一点的语言所描述的事情吗?[1]不用深究,这貌似就是可能的,虽然我们总是通过一套可感的语言表达将心中的感受情绪传递给他人,但高明的传达者却会用一些更为客观化的语言来描述自己的感受。你被人踩了一脚,我说:"踩得真疼。"换一个会形容的人可能会说:"疼得跟针扎了似的。"我们对"真疼"的标准众口不一,但我们大概对疼得跟针扎了似的有一个大致相似的标准。

在《普通认识论》一书中,石里克将这种理路表达得相当极端,他认为没有什么东西是物理学家无法描述的。物理学家不需要为诗人留有阐释空间,尽管诗歌在言说我们切身的感受这一点上占据着得天独厚的优势,但是在石里克看来,即使诗人也只能借助描述身体动作的词句来表达人的悲伤或喜悦。因为只有通过这些更客观、更可观察的东西,"诗人才能使这种悲伤成为可被听众直觉到的东西"。一个诗

---

[1] 还原是一个相当复杂的概念,在本文中,我采用两种语言之间的翻译来做解说,或许更为妥当。

人越熟练使用诗歌语言,就越少直接使用一些描述主观感受的心理语句,诸如我感到痛苦、我希望快乐、我渴望幸福,等等。按照石里克的说法:"他将代之以为力图用一种显然是间接的方法来达到他的目的,他将描述悲伤者行走的样子,他的表情,头部的姿态,手的疲乏的动作,或者记下他的片言只语——总之利用那些物理学家同样可以描述的事件,尽管物理学家将用另一些符号来描述它们。"①

石里克的解释如果完全成型将是一个极端还原论的雏形,我们不需要走得那么远。也许我们不能一口气把主观感受完全还原为神经生理机制解释,但是总可以把主观感受的言说转换成一个稍微客观点的言说。用一个更客观点的言说方式代替一个稍微主观点的言说方式,我们可以接受用生理学代替心理学,但我们不必一下子把心理学还原为物理学。

回想最初,困惑是:为什么面对大部分自然事实,我们可以接受两套标准,甚至放弃日常的标准接受科学的标准;而面对主观感受这个"自然事实",我们却不愿意放弃自我的标准,接受科学的阐释。我对这个问题并无确论。科学论者会强调:感受性一定可以通过科学得到解释,并不存在所谓的解释鸿沟。如果你觉得这是一个鸿沟,是因为你还不是一个真正的科学主义者,一旦接受真正的科学教育和训练,你就会放弃"鸿沟"这个幻觉。反对者不能接受这种回答,他们认为主观感受原则上不能被还原为神经生理解释,存在着无法为物理语言所言说的私人感受,面对感受性,我们不得不放弃科学的标准,求助

---

① 石里克:"论心理概念和物理概念之间的关系",载洪谦主编:《逻辑经验主义》,商务印书馆,1989年,466页。

于日常理解。

这两种答案都不太令人满意。在我看来，并不存在科学理解和日常理解的严格两分。我们的科学阐释中凝结了先人的日常经验，科学的发展和变化也反过来渗入、改变乃至塑造我们的日常理解。诚然，物理学家在谈论星球的时候，他心目中的天体和我们常人所想已大有不同，但是对这些星球的描述、规定多多少少源自我们的日常经验。科学家爱用日常的例子来为一些深奥抽象的理论寻求理解。我们要借助于日常关于球体的理解才能理解原子的模式。爱因斯坦用与少女相处感到时间短暂、盛夏与火炉相处感到时间漫长来解说时间的相对性。

不管是主张感知语言完全可以转换为物理语言，还是主张感知语言完全不能转换为物理语言，都忽视了感知语言和物理语言之间漫长的中间地带。用主观和客观来描述感知语言和物理语言之间的差异似更切合实际。我们用更客观一点的语言来描述较主观一点的语言所表述的事实，这是可行的。当我们使用两端的比喻，就出现了解释鸿沟，一端是感知语言（事实），一端是物理语言（事实）。让我们假设感知语言是绝对主观的语言，物理语言是绝对客观的语言[①]，在绝对主观客观之间，有着程度不一的主客观语言。一个事情，我们可以用较客观一点的语言来描述，也可以用较主观一点的语言来说。至于选择哪种语言，如卡尔纳普所言，取决于我们的实际需要。假设 A 到 Z 的序列，表示不同语言的连续序列，从感知语言（A）一直到物理语言（Z）。如戴维森所言，我们不能把 A 翻译成 Z，但我们可以把 A 翻译

---

① 这只是为了讨论方便所做的一个假定，真正主观的感受也许连感知语言也不能将其言说。因为一旦可以言说，则这种感受总有或多或少的客观之处。

成 B, 也可以把 Y 翻译成 Z[①]。相邻的语言之间的可翻译似乎是理解和解释的应有之义。

在我看来,感知语言能否完全翻译为物理语言这个提法本身造就了解释鸿沟,错误的问题只能导致错误的回答。西门庆勾引潘金莲这个事,用完全物理学的术语去解释是荒谬的,但我们可用一个较为客观的视角来描述西门庆的行为、表情和潘金莲的反应,事实上《水浒传》中就是以这种方式来说西门庆勾引潘金莲的。大脑如何产生一种主观的感觉经验,用切身性的术语去解释也是荒谬的,我们有时候用认知神经科学的模式去解释,如果我们[②]关心的是大脑机制如何运作的话。我们有时候借助一些常人可以理解的日常语汇来解释,到医院看病,医生给你量了血压、查了心电图、做了核磁共振,告诉你得了什么病,年轻医生告诉我一大串关于血液、血压等病理学术语,说得清清楚楚,我却听得糊里糊涂;老练的医生,几句话就让你明白了:你这血液好比水里污泥太多,所以流得慢。用更切身或更具有主观经验的几句话把需要用专门病理术语阐释的事情说了。

为了寻求理解,我们有时想要更主观一点的解释,有时想要更客观一点的解释。在寻求理解中没有泛泛的问题:主观感受能否得到科学解释?日常生活中,主观感受千差万别各有不同,有一些是纯然主观的,有一些是较为客观的,对它们的解释不是寻求原则上的还原解释,而是针对其实际情形,做出不同的解说。我们有时要把较为主观

---

① 戴维森:"论概念图式这一观念",载《对真理与解释的探究》,牟博译,商务印书馆,2007年,223页。
② 尤其是心理学家、脑科学家等。

的语言翻译为较为客观的语言来达致理解；我们有时反其道而行之，把较为客观的语言翻译为较为主观的语言来达致理解。有时候我们用 Z 来解释（翻译和解释可以互换）Y，用 B 来解释 A，但我们也可以用 Y 来解释 Z，用 A 来解释 B。并不存在解释上的传递使得我们最终用 A 来解释 Z，或者用 Z 来解释 A。原因大概在于，每一个相邻的还原或翻译都是针对某一个具体的情形，也许这个情形只是针对 E 和 F 之间，而不存在于整个序列之中。

　　针对主观感受我们放弃科学的标准，这个说法也许一开始就有问题。主观感受（subjective experience）是一个泛泛的词，我们得在不同的情形下，看看放弃了怎样的科学标准，也许我们放弃了物理学的标准而坚持了化学的标准，也许我们放弃了生物学的标准而坚持了生理学的标准，等等。我们总是用较为主观（客观）的语言来解释较为客观（主观）的语言，这也是人类理解能力不断拓展的一幅图画。在这幅图画里，不存在完全理想的物理语言、物理学、物理学家，每一步都是主观性和客观性的不断转换，在一个新的阶段和视野下，曾经被视为客观的东西可能会被视为主观的东西，曾经被视为主观的东西也可能被视为客观的东西。我们无法达致对某个事情绝对完满、理想、客观的理解。似乎这种对完满的否定性言说本身就是错误的。依我看，超越了认识能力的玄思才是导致解释鸿沟的原因。放弃了完满、理想、原则上可还原的"我执"，解释鸿沟仅仅是一种幻觉而已，不过这种幻觉已经不是科学论者意义上的幻觉，它不是被科学解释所填平的，如维特根斯坦所言：它是被消解的。

自由意志之惑

红尘中摸爬滚打，京城里努力谋生。凡夫如我，常常感到无可奈何，身不由己。我们多半是"双面人"。春风得意一二之际，相信奋斗拼搏，勇闯天涯。江湖沦落、失意八九之时，难免相信宿命、运气、天赋这些由不得我们自己决定之物。我们到底能不能自作主宰，还是只能随波逐流接受命运的安排？换言之，我们有没有自由选择的能力？一切是不是"上天"注定？这接上了哲学上的自由意志问题。自由意志是 5 分钟就可以了解基本，而 50 年也未必体会透彻的问题，是几个世纪都没有一致答案的问题。

所谓自由选择做一件事情大概是说：你可以做事情甲，也可以做事情乙，但经过慎思之后，你最终选择了甲。当然这并不意味着你就不能做事情乙，如果你愿意的话，你也可以选择乙。那么问题来了，你周末去找朋友大快朵颐，真的是一个自由的选择吗？深入想一想：一周苦敲代码让你极度疲劳，根本不想打开电脑；老朋友太久不见期待重逢；一直想找人撮一顿火锅满足自己；你并没有多么高明的周末计划，不过宅男一个。这些客观条件的存在，才导致你不得不"选择""决定"去找朋友吃饭，这种种条件都不是你在决定的那一刻可以改变的事实。你以为自己在作出自己的判断，其实找朋友吃饭并不依赖于你的自由选择，所有的先决条件已经给定，貌似可干的事儿还有很多，其实你别无选择，所谓的自由不过梦幻泡影。另一种想法认为：你做的每一件事情都是自由选择的结果，你的意志是自由的。这似乎反映了芸芸众生的直觉，我们相信生来自由。如果没有自由，人生未免太无聊。古人不太关注自由这件事，他们生活在一个等级分明的社会，行分内之事、符合秩序才是他们的心念所属，自由从来不是古人追求的首要价值。重视自由意志，毋宁是我们现代人的执念。

更多的自由可以满足我们更多的需要。我们可以选择看什么样的电影、读什么样的书、听什么样的音乐、交什么样的男女朋友，等等。这似乎不过是表层的自由，哲学家真正关心的自由是深层的。假设我们有最大的自由做出选择来满足我们的需要，事实上我们仍然可能被某种不可见的力量控制。在这样的世界中我们虽然可以自由地做一些事情，但很有限，我们对此没有最终的掌控，可能被无形之手所操纵。我们也蛮可以今天打卡上班，明天就溜号爬山，但这并非真正的自由。彼得·威尔导演的电影《楚门的世界》就描述了一个完全具有表面自由的楚门。

30年前奥姆尼康电视制作公司收养了一名婴儿，公司刻意培养，使其成为全球最受欢迎的纪实性肥皂剧《楚门的世界》的主人公，公司因此取得了巨大的成功。这一切只有一人浑然不觉，该剧的唯一主角楚门同学。楚门从小就生活在一座叫海景的小城（实际上是一座巨大的摄影棚），在他的"真实生活"里，他是这座小城里的一家保险公司的经纪人，楚门看上去似乎过着常人的生活，但他却不知道生活中的每一秒钟都有上千部摄像机在对着他，每时每刻全世界都在注视着他，他更不知道身边包括妻子和朋友在内的所有熟悉或不熟悉的人都是《楚门的世界》的演员。当导演需要楚门谈恋爱，就会派一个漂亮的女演员按照计划和他恋爱。在楚门自己看来，他和这个女孩子恋爱是完全发自内心认真选择的结果。在导演看来，他的行为不过是导演的一手设计而已。当楚门想出去旅游，导演就设计各种意外事故，最终让楚门放弃整个旅游计划。

楚门的行为最终是被决定的，并没有真正的自由，一切都是虚假的。如果接受楚门故事的逻辑，那我们得承认一种表层的自由，而否定一种深层的自由。我们的行为都是被操纵被决定的。被什么决定呢？人们的行为可以被命运、上帝、物理定律、逻辑定律、社会环境、无意识的或心理的或社会的条件等所决定。

这些不同形式的决定论都坚持一个核心观念：一个事件（比如选择或者行为）是被决定的，当且仅当早期的一些条件（比如命运、上帝、自然律等）已经足以导致这个事件的发生。换句话说，如果在先的决定性条件出现，则被决定的行为也会出现。

我们可以看到这样一种决定论的观点对自由意志是一种威胁，如果我们是被决定的，那么我们就不是自由的，这似乎是我们的一种直觉。关于自由意志和决定论之间的关系，可以分为两种类型：第一种类型主张自由意志和决定论是相容的，并没有冲突，这种观点称为相容论。相容就是认为二者可以同真。第二种类型主张自由意志和决定论是不相容的，这种观点称为不相容论。不相容就是二者必有一假，或者决定论为真，则自由意志为假，是虚幻的；或者自由意志真实存在，决定论为假。

我们更多会把决定论理解为和自然律密切联系的因果决定论，关于未来的进程完全为过去的事情和自然规律联合起来决定。想象有一个命题 P，它描述了从宇宙大爆炸一直到当下你读到这一页时发生的所有事情。有一个命题 L，它是一切自然规律的总和。因果决定论声称 P 和 L 联合起来决定了未来的进程。大部分哲学家相信，决定论是否为真只是一个偶然的经验判定，决定论既不必然为真也不必然为假。科学家可以探索研究决定论是否为真，哲学家并不关注这一论断。有科学家怀疑决定论，量子力学中哥本哈根一派的解释认为约束自然的规律就是不确定的。微观粒子比如夸克的运动轨迹只能由概率方程来描述。尽管方程可以大致预测夸克在某一时刻的运动方向，但实际是否如此却还是不确定。一般而言，决定论似乎适用于宏观事物，而不适用于微观事物。决定论本身的讨论就是一个巨坑话题，此处不赘。

相容论者相信即使决定论为真，自由意志依然存在。霍布斯和休谟就是传统的相容论者。不相容论者分为两种，一些不相容论者相信决定论是真的，人并没有自由意志，这些哲学家被称为硬决定论者；另外一些不相容论者认为，实际世界并非被因果决定，至少一些人具有自由意志，这些哲学家被称为自由论者。还有一些哲学家认为，实际世界既不是被决定的，也不存在自由意志，这是自由意志的否定者。大部分哲学家相信人类有一种普遍的自由意志直觉：被决定就不自由。如果一个人被完全决定了，他就失去了自由意志。不过新近的认知科学研究表明实际上大多数人都倾向于接受相容论的直觉。

如果接受决定论，不存在自由意志，那么似乎就不需要为自己的行为承担道德责任了。这也蛮好理解，你无法控制不得不做和你一心一意想做所承担的责任不大一样。设若你是个疯子，光屁股满大街跑，没有人会责备你，因为你的生理机制出了问题，行为由不得你自己。但若你是个自由的行为者，就需要为此承担责任。库布里克改编了伯吉斯的小说《发条橙》，并导演了同名电影，展示了这一处境。

影片以第一人称的形式讲述了一个名叫阿历克斯的少年犯的故事。在不远的未来社会里，几个充满暴力倾向的少年在阿历克斯的率领下到处寻欢作乐，无恶不作。一次入室作案中，阿历克斯由窗户进入"猫夫人"的寝室，被"猫夫人"发现。两人展开搏斗，阿历克斯失手将"猫夫人"打死。当他慌忙逃出猫夫人的公寓时，却被同伴报复而当场击昏，最后被赶来的警察逮捕。

阿历克斯以杀人罪被判入狱14年，为缩短刑期，阿历克斯自告奋勇，愿意把自己当作小白鼠为一个"厌恶疗法"的实验充当实验品。疗法简单：在给阿历克斯注射某种药物后，医生们就让阿历克斯目不转睛地观看各种令人发指的色情、暴力影片，以使其对色情暴力在生理上产生条件反射式的恶心。医生甚至用小木棍撑住他的眼皮，滴上眼药，让他不得不看这些恶心的电影。阿历克斯在实验结束后成了一个打不还手、骂不还口、无心女色、绝不危害社会的"新人"。

库布里克说："影片的主旨对人的自由意志提出了质疑。每个人都必须按照固定的方式和原则生活。当选择做好人或坏人的权利被剥夺以后，人们是否还真正享有人权？"阿历克斯成了一个"新人"，不再实施各种暴行。但是似乎很少有人对阿历克斯的行为给予称赞，毕竟阿历克斯不是自愿选择为善，而是一种新的生理条件使得他不能为恶。阿历克斯并不具有自主选择行为的能力，不具备自由意志，因此他的行为不再具有任何道德涵义，既不值得褒扬也不值得贬低。发条橙的故事向强决定论提出了挑战，如果决定论是真的，而且不存在自由意志，那么如何解释道德责任呢？自由意志、决定论、道德责任是一个"三角恋"，少了谁都凑不成一台戏。演戏容易说戏难，难倒了多少运思的先贤。

休谟说自由意志是形而上学中最重要的问题，他看到了自由意志对理解人类行为的重要作用。一切天注定（决定论）还是万事都由我（自由意志），抑或二者同真，又或者什么都无所谓，这不是我们在这篇小文中所能得到的结论，不过是起了个头。

沈从文在《从文自传》的结尾写道：

> 沈从文二十岁学生湖南凤凰县人，便开始进到一个使我永远无从毕业的学校，来学那课永远学不尽的人生了。

欢迎读者诸君，来到这个永远无从毕业的学校思考那些永远也没有答案的问题。

后　记

这本书是我十多年来发表在各种报纸、杂志、网络上的文字结集。主题当然是哲学，哲学的书、哲学的人、哲学的问题，以及围绕哲学展开的活动。

最初，我想用"越界之思"作为书名，因为这里的哲学和传统的哲学不大相同，更多是跨界的哲学，和认知科学、心理学、人工智能有着千丝万缕的联系。我自己的研究也围绕着意识、智能、因果、自我等问题展开，是一种跨界的讨论。除了做学问，我自己也组织会议、编杂志、写书评、写悼文、做儿童哲学课等。我的活动越过了学院的边界、哲学的边界。

我给《信睿周报》写过几篇书评，给《上海书评》《上海社会科学报》《解放日报》撰写过书评；给华夏出版社、中信出版社、上海文艺出版社、"学人"公众号做过各种新书推荐；给《科学　经济　社会》杂志写过系列学术短评；在"爱思想"网站、"心理新青年"公众号做过对谈。我把那些不能写成学术论文的想法变成了短论。在这个规规矩矩的时代，我想保存一点思想的自由。

特别愿意提到的是，我为《财新周刊》的逝者栏目写过几期逝者专题。每有学人辞世，我总想写上一点纪念文字。20世纪八九十年代的秭归乡下，我的外祖父是一位乡村教师，也是一位德高望重的祭师。每有人殁，他会撰写祭文，在祭礼上吟诵。寒冬腊月，在火塘边听他吟诵悼文，是遥远童年的记忆之一。如今，我也开始为逝去的学人撰写小小的悼文。这些事，愿做的人已经不多了。

我喜欢"越界之思"这个名字，也许是因为我的草根传统、边缘心态罢。我从乡下来，算不上"小镇青年"，更不是"小镇做题家"，是实实在在的乡下人。偏远山区十八年的生活经验是我精神的后援。最终，我选用《于是集》作为书名，序言已有交代，兹不赘述。

感谢华夏出版社，感谢罗庆兄张罗出版这个集子。清华大学的吴芸菲博士提了很好的建议，"学人"公众号的黎振宇君多有助益。编校期间，首都师范大学的陈潇博士、北京大学的博士生王子依、山西大学的博士生孟佳莹和硕士生杨芸等同学提供了不少帮助。一并致谢。

2023 年 12 月 6 日

图书在版编目（CIP）数据

于是集 / 梅剑华著. -- 北京 ：华夏出版社有限公司，2024.8

ISBN 978-7-5222-0616-5

Ⅰ．①于… Ⅱ．①梅… Ⅲ．①哲学－文集 Ⅳ．①B-53

中国国家版本馆CIP数据核字(2023)第251271号

于是集

作　　者	梅剑华
责任编辑	罗　庆
出版发行	华夏出版社有限公司
经　　销	新华书店
印　　装	三河市万龙印装有限公司
版　　次	2024年8月北京第1版 2024年8月北京第1次印刷
开　　本	880×1230　1/32开
印　　张	12
字　　数	265千字
定　　价	79.00元

华夏出版社有限公司　地址：北京市东直门外香河园北里4号
邮编：100028　网址：http://www.hxph.com.cn
电话：（010）64663331（转）

若发现本版图书有印装质量问题，请与我社营销中心联系调换。